ものが語る歴史　35
天文の考古学

後藤　明

同成社

はじめに

　本書は古代人と宇宙、具体的には古代遺跡と天体との関係について考えるものである。
　その対象であるが、まず一般的には、天文現象を記している古代文字や文書あるいは絵画などが思いつくであろう。しかしそのような問題は言語学者、歴史学者あるいは天文学史の専門家にお任せし、本書の課題は、遺跡ないし遺構の線形構造（alignment）から導き出される視線のベクトルが、空に見える天体、太陽、月、惑星、恒星などの位置と一致するか否か、一致した場合その意味は何か、という問題を論じる研究を中心に紹介することである。
　古代遺跡と天体が関係していたであろうということは、古くから言われてきた。一方、この種のテーマは古代文明宇宙人起源説などの「学説」のために、多くの研究者が敬遠してきたテーマでもあった。しかしここ数年、古代遺跡と天文現象との関係を追究する国際学会に何度か参加した結果、世界の中でも日本がこの分野で著しく立ち遅れていることに気がついた。また日本では、翻訳書も含めてこの種の学術的な研究書がきわめて少ないことにも気づかされてきた（詳しくは本書「おわりに」参照）。そこで、このような日本の立ち遅れた現状を少しでも変えたいと考えて、本書を執筆することとした。
　以下第1章では、関連する概念や分野名称の整理および関連する天文学の知識について論じている。この種の研究をするためには天文学者の協力が必須であるが、考古学者にも天文学の知識はある程度必要だからである。
　古代遺跡と天文現象に関して学問的議論に耐えうる研究が発表されるのは、19世紀末から20世紀初頭であるが、第2章ではそのような学史の整理を行い、天文の考古学が現代の考古学理論において持つ意義についても論ずる。
　世界の諸民族は、文明圏でなくても、豊かな天文文化を持っている。そこで

第3章では、民族誌における天文現象と人類の生活や儀礼との関係について論ずる。天文現象は、多くの民族において、季節や方位、つまり時空間認識の基本であることを紹介した。

　本書は天文の考古学をテーマとした書籍であるが、第3章の民族誌に頁を多く割いている。これは私の専門が文化人類学であることとも関係するが、もうひとつ理由がある。それは、日本ではエジプトのピラミッドやイギリスのストーンヘンジ、あるいはマヤやインカのような古代文明に関する文献は散見されるものの（アヴェニ 1999；アトキンソン 1986；近藤 2010；桜井 1982；ブレッシャー・ファイタグ 1984；ホイル 1883；ホーキンス 1964）、天文の民族学に関する本格的な文献がほとんど存在しなかったことに起因する。

　考古学の事例のみに興味を持っている読者は、第3章については読み飛ばすことも可能である。しかし、人類にとって天文現象がどのような意味をもつのかを問う第5章で、第3章の事例が議論の重要な要素になっていることを付け加えておこう。

　そして第4章では、世界各地の代表的な天文学的な遺跡について概説する。考古学の事例紹介であるが、地域には偏りがあり、また事例によって記述の濃淡があることを読者は容易に気づかれるであろう。これはひとえに私の力不足である。とくにメソポタミアやギリシャ、あるいはインドや中国の古代文明については、もっと仔細に論じたかった。また、近年研究が進んでいる東欧や、エジプト以南のアフリカの事例についても触れたかった。かなり頑張ったつもりだが、このあたりで力が尽きた、というのが本音である。幸いC.ラグルス編『考古天文学・民族天文学ハンドブック』全3巻が、ひろく網羅しているので、そちらを参照していただければ幸いである（Ruggles ed. 2015）。

目　　次

はじめに

第 1 章　概念や名称 …………………………………………………… 1

1. 分野名称の問題　1
2. 空の考古学・夜景の人類学　2
    - A．景観論の問題　2
    - B．スカイロア　3
    - C．基本的な問い　5
3. 天文の基礎知識　9
    - A．緯度による天体の動きの違い　9
    - B．赤緯・赤経の概念と天体の見える位置　11
    - C．歳差運動　13
    - D．天頂・天底の概念と天頂星の関係　15
    - E．太陽の動きの確認　17
    - F．月の動き　19
    - G．旦出・旦入および acronical rise/set の意味　21
    - H．日食と月食　22
    - I．惑星の動き　23
    - J．超新星爆発、彗星、流星　24
4. 天文学的解釈の注意点　25

第2章　考古学と天文学——その関係の歴史—— … 29

1. イギリスの状況　29

　A．ロッキャーの登場　29
　B．ストーンヘンジの謎は解かれた？——ホーキンスの登場——　31
　C．アレキサンダー・トムの偉業　32

2. 北米の状況　34

　A．初期的民族誌　34
　B．アメリカ南西部における考古天文学の発展　36

3. 近年の動向　38

　A．緑、茶、青の天文学　38
　B．現代考古学との関係　40
　C．フィールドの拡大　41

第3章　民族誌に見るスカイロア・スターロア … 43

1. 星座の見方の恣意性　43

2. 狩猟採集民の星座観　46

　A．南アフリカ　46
　B．イヌイット　48
　C．アボリジニ　50

3. 北米の民族事例　54

　A．ポーニー族のアースロッジ　54
　B．ナバホ族　61
　C．プエブロ集団　67
　D．カリフォルニア先住民　72
　E．イロコイ族　75

4. 中南米の民族事例　77
　　A．ユカタン半島　77
　　B．南米諸民族の民族天文学　79
　　C．生き続けるインカの暦　80

5. 太平洋諸民族の事例　83
　　A．ポリネシアの星と天空　83
　　B．星の航海術　87
　　C．キリバスのスカイロア　92

6. 日本の星民俗　97
　　A．日本の星民俗の特徴　97
　　B．農民・漁民と星座　98
　　C．航海用の星　101
　　D．漁師の「ホシアテ」　104
　　E．アイヌと星　106
　　F．琉球列島　110

第4章　考古天文学の現状　117

1. 中東古代文明　117
　　A．エジプト　117
　　B．イラク・シリア・イスラエル付近　123

2. ヨーロッパ　127
　　A．岩絵と人工物　127
　　B．南ヨーロッパ　130
　　C．西ヨーロッパ　134
　　D．キリスト教会　140

3. アジア　142
　　A．中国　142
　　B．南・東南アジアのヒンドゥー教寺院　146

4. 北米　152
    A．北米平原のメディスン・ホイール　152
    B．北米南西部　154
    C．東部のミシシッピー文化　159

5. 中米　163
    A．古代メキシコ　163
    B．メキシコ高原周辺　166
    C．ユカタン半島：マヤ　177

6. 南米　189
    A．形成期の遺跡　189
    B．ナスカ　191
    C．ティワナク　194
    D．インカのクスコ　196
    E．マチュピチュ　200

7. 太平洋諸島　203
    A．ハワイ　203
    B．ラパヌイ（イースター島）　210
    C．マンガレヴァ　215
    D．他のポリネシアおよびミクロネシア　217

8. 琉球列島　220
    A．考古学の枠組み　220
    B．三王朝時代と統一　221
    C．浦添王朝の太陽信仰　222
    D．久高島　223
    E．太陽信仰の系譜　224
    F．首里の太陽王国　226
    G．首里の二重王権　226

9. 東日本（先史時代）　228
    A．縄文ランドスケープ論　228

  B．北海道　230

第 5 章　古代人と天体 …………………………………………… 235

 1．古代建築のコスモビジョン　235
 2．観測から観察へ　236
 3．天体と時空間概念の発達　238
 4．意味に満ちた時空間　240
 5．天体と共に生きる——「束ね」理論と宇宙への関与——　242

参考文献　245
おわりに　263

天文の考古学

第1章　概念や名称

1. 分野名称の問題

　学史のところで詳しく述べるが、この種の研究が学問の土俵に乗ったのは 19 世紀末から 20 世紀初頭である。そして 20 世紀の中頃に一世を風靡した時代があり、宇宙考古学 (astro-archaeology) などという用語も提唱されたが普及しなかった (Hawkins 1966)。
　1970 年代頃から archaeoastronomy and ethnoastronomy という言葉が定着してきた (Aveni and Urton 1982；Chamberlain et al eds. 1996；Ruggles ed. 2015)。日本では archaeoastronomy に対して「天文考古学」という訳語が使われたこともあった。しかし ethnobiology は民族生物学、ethnobotany は民族植物学、ethnozoology は民族動物学などと訳されてきたので、archaeoastronomy は考古天文学、ethnoastronomy は民族天文学と訳すべきであろう。
　一方、天文に関する民俗一般を意味する用語として「天文民俗学」が日本の研究者・北尾浩一によって唱えられている（北尾 2001, 2002, 2006）。私は民族天文学という表現は、異文化に西洋的な天文学という独立した、あるいは切り取られた分野を想定して、相互比較を行う学問という印象を受ける。しかし第 3 章でも見るように、多くの民族では天文の知識は他の自然や動植物の知識あるいは生活の知恵と切り離せない。神話や伝説とも密接に関連する。したがって天文に関する民俗を広く研究する分野という意味で北尾に倣い、天文民族学の方が適切だと考える。
　同様に「天文考古学」の方がより適切だと考えるが、すでに国際的に考古天文学、民族天文学が使われているので混乱を避けるために使用しないこととす

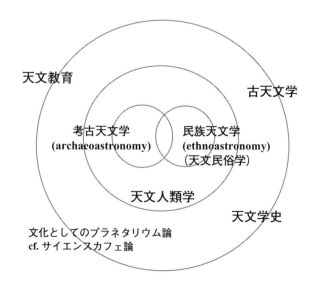

図1-1　文化天文学（cultural astronomy or astronomy in culture）

る。ただし両者をあわせて天文人類学（astronomical anthropology）と表現したい（図1-1）（後藤 2014a, 2014d）。

　さらにこれらは文化天文学（cultural astronomy）ないし文化の中の天文学（astronomy in culture）という分野に包摂されると考えてよい。文化天文学は考古学や人類学以外に、文学、地理学、科学史なども含む大きな傘であり、国際考古天文・文化天文学会 ISAAC（International Society for Archaeoastronomy and Astronomy in Culture）は2016年に新たな学術雑誌『文化の中の天文学（*Astronomy in Culture*）』を機関誌としたので、今後はこの「文化天文学」という用語が普及していくであろう。

2. 空の考古学・夜景の人類学

A. 景観論の問題

近年になってスカイスケープ（空景観）の考古学という学問名称が提唱され

(Silva and Campion eds. 2015)、2015年には『空景観の考古学（*Skyscape Archaeology*）』という学術雑誌が創刊された。

　さて過去10数年ほど前から考古学や人類学では景観（ランドスケープ）論が盛んである。これは人類と生態学的な意味での環境との関係（すなわち生業のための環境）だけではなく、環境をどのように認識していたかを含めて議論するものである。たとえば自分の周りの環境には食べることのできる動植物がいるだけではなく、かつての祖先の霊が宿る聖なる場所や悪霊の住む空間なども存在する。人々の景観認識はそれらの総合なのである。

　しかしこの議論に欠落していたのは夜の景観（ナイトスケープ）論である（Goto 2014a）。その原因の一つは、人間の五感の中で視覚が支配的であると独断する思考方式から来るのであろう。だが暗闇に入ったとき、人間は聴覚、嗅覚あるいは触覚の鋭敏化を体験するであろう。もちろん視覚は夜でも重要であり、隕石の落下でもない限り、天体は視覚以外ではほとんど知覚されないのであるが。

　暗黙に昼間を仮定していたと同時に、従来の景観論は地表面にある現象しか認識していなかった。つまり地表面より上の現象を見ていなかったということである（Iwaniszewski 2015a）。それらは雲や星辰のように決して固定的なものではない。むしろ常に動く、流動的な景観である。これは海や川にも当てはまり、批判されるべきは流動性（fluidity）の無視であった。

　つまり総じて従来の景観論には大きく抜け落ちていた側面があった。それは①夜の景観、②空の景観、そして③常に流動的な景観、この3つである。流動的な景観には海景観・水景観なども提唱されている。

B．スカイロア

　フォークロアとは狭義では昔話や言い伝えのことである。しかし本来の「ロア」とは「民間に伝えられたこと」を意味する。それは物語や伝説だけではなく、さまざまな実践的な知識を含んでいた。物語や伝説もある意味では社会の規範やしきたりを教える作用をもつので、「フォークロア」とは民間に伝えら

れてきた「智恵」というべきであろう。

　フィリピンの漁村で調査したときにフィリピンの研究者がウォーターロア（water lore）という概念を使っているのを知った。これはフィリピンの漁村に生きる人々が代々受け継いだ水に関する漁業の知識（魚の知識、海の気候や波、潮流の知識、等）およびさまざまなしきたり、禁忌、怪奇現象などを含む総体的な概念であった。フィリピンの研究者と対話すると、人類学や民俗学がどのように住民に貢献するかにきわめて敏感であることに気がつく。たとえば幽霊のような怪奇現象も子供たちに禁忌や道徳を説くという意味で有用だと考えるのである（University of the Philippines Visayas 1987）。

　私はそれまでどちらかというと「生態人類学」、すなわち環境条件と人間行動の有機的な関係を探る方法論のトレーニングを受けていた。伝説や言い伝えのような「迷信」は別分野の研究者が見るべき対象であると考えていた。しかし一方で、神話を研究し『「物言う魚」たち』（1999）などの著作を書く機会があった私は、神話や伝説と、「科学的」あるいは「実践的」な知識は一体のものであるという考えをもつに至った。それはフィリピンの研究者の使用する「ウォーターロア」、もし海に特化すれば「マリンロア（marine lore）」という概念の影響であった。

　さて私が海辺に立って海を見ていたとする。その視野の下半分は海である。マリンロアの世界だ。しかし視線をあげれば上半分は空である。マリンロアがあるなら当然スカイロアがあるべきである。そして両者は水辺線で一つになる。

　たとえばミクロネシアの航海師（航海士ではない）が依存する現象には天体以外に、雲、雷鳴、空気（匂い）、風、鳥などがあげられる。島の上では水蒸気から雲が発生する。その形を航海師は見るわけである。あるいは雲にサンゴ礁の色が反映していれば島や浅瀬があることが遠くから推測できる。鳥は種類によって島から飛ぶ範囲が決まっている。朝は島から海、夕方は鳥の飛翔を見て、島のある方向および距離が推測できるのである。同時に航海師と認められるには、星の歌や神話を正しく謡いあるいは語り、人格的にも尊敬される人物

である必要がある。そうでなければ島民は航海の際に命を託せないからだ。

　これらの要素は地上あるいは水上より上界に属する。マリンロア同様、このように大気圏より上にある要素に関する「智恵」をスカイロアと呼びたいのである。ミクロネシアを扱ったドイツの古い民族誌で使われている空の科学を意味する Himmelskunde も科学（Wissenschaft）の範疇で論じられているが、スカイロアに相当する概念であろう（Krämer 1937：122）。

　もちろん、スカイロアは地上や海面の要素と統合されるべき智恵である。

C．基本的な問い
（1）ランクフォードの提唱

　考古天文学を研究するためには天文学の基礎知識が必要である。専門的な知識は天文学者に協力を仰ぐとして、考古学者や民族学者はどの程度の知識をもっていればいいのだろうか。ヒントを与えてくれるのは、米国の神話学者 G. ランクフォードの本である（Lankford 2007）。ランクフォードは文献資料を駆使し、歴史言語学の祖語再構成と類似した方法を使い、北米神話の原型を描きだそうとする神話研究者の第一人者である。その学風は穏健で、考古学や言語学の成果を含めた総合的で説得力のある議論を展開する（Lankford 2008）。

　彼はいう。神話研究の延長で北米先住民の宇宙観や天文神話に興味をもち、(考古天文学）の本や論文をたくさん読んだが違和感があった。彼らは「古代人が科学者であったと証明することが第一目的のようであった」（Lankford 2007：1）。すなわち、天文と人類学の問題設定が限定的、場合によってはマニアックな問題に限定されていることに違和感を覚えた、ということであろう。それに対して自分の興味は、①北米先住民の間の天文に関する民俗の広がりや共有性、および②夜の空は謎に満ちみちているので、それぞれの集団がどの現象を選択して意味や謎解きをしているか、という点であると述べている。

　そして彼は、そのために資料を読み解く視点、あるいは問いとして16項目をあげた（Lankford 2007：8-9）。これらの項目は具体的かつ実践的であり、

民族学者も文献を読むときに注意していけば情報が集まる、あるいは聞き取り調査のときに留意すれば、民族天文学に取り組むことができると、私は考える。

1) 天体が東西に動くのはなぜか。西と東という方位に潜む謎は？ この意味では北と南は比較にならない。星は東で生まれ、西で死ぬように見える。またこの現象と生物学的な誕生および死に寓意的な関係はあるのか？
2) 北の謎。北天には、動かず、星の回転の中心になる星がある。またその星に近い星は一晩中回るように移動する。これらの星は何が特別なのか。それはなぜか。
3) 太陽が昇るときに2、3の例外を除いて星が消えるのはなぜか。
4) 星の位置関係が変わらないように見えるのはなぜか。
5) 月の謎。とくにその不規則に見える出現と満ち欠けの謎。
6) 太陽と月、惑星、および恒星がそれぞれ異なったスケジュールで動くのはなぜか。
7) 太陽は季節によって出現と没入の地点が変わるが、それはなぜか。
8) 7つの不規則な光は特定の道を通り、極端に北や南に行かないように見えるが、それはなぜか。
9) 放浪者の移動する経路に12個の特定の星の集団がある（黄道周辺にあるいわゆる12星座）。放浪者の位置はそれらの近接性で語られるが、この12個の星座の意味は何か。
10) 星がみな同じ色ではないのはなぜか。
11) 規則的な星座以外に1つだけ巨大な光の筋がある（天の川）が、それは何か。
12) 1つだけ明るい光の固まりがある（プレアデス）が、それは何か。
13) 太陽と月はときおり赤暗くなったり黒くなったりし、幸運にも回復する。それはなぜか。
14) ときおり星が空から降ってくるが、それはなぜか。

15）ときおり尾をもった星が空を移動し、最後には消えてしまう。それはなぜか。
16）ときおり新しい星が誕生するのはなぜか。

（2）S. ファビアンによる民族天文学の質問項目

また民族天文学の教科書を書いた S. ファビアンの提示した質問項目も実践的で有用である（Fabian 2001：97-100）。彼は太陽や月、恒星、惑星、その他の天文現象ごとに質問項目を掲載している。

【太陽】

昼から夜、また夜から昼への移行がとくに注目される。また夕方と明け方の太陽の没入と出現は文化的にどのような意義があるか。

1）そのような観察は文化的にどのように利用されるか。
2）毎日、太陽の位置が時間を知らせるか（もしそうなら、その方法は）。
3）太陽の動きは季節的な活動と関係しているか。それはどの季節か、またどのような活動がそれに伴っているか。
4）太陽の活動に依存する、他の日付の（至点や分点以外の）活動はあるか。
5）太陽の観察に基づく、日付や周期は存在するか。
6）至点は観察されるか。
7）分点は観察されるか。
8）熱帯において、天頂通過はどうなるのか。また天底通過は関連する概念か（天底通過日の重要性を決めるためには、その日の日の出と日の入りの位置を決める必要も生じるであろう）。
9）極北では、いかに夏の光の季節と冬の闇の季節が認識され、理解されているか。人々は極北の太陽とこの現象をどのように結びつけているか。
10）太陽の食は知られているか。またいかに説明されているか。

【月】

一般に月の会合周期ないし朔望周期（synodical period）、つまり月の相に対し人間は興味をもつ。しかし月の位置や恒星周期（sidereal period 恒星との関

係）の重要性も同様に確認すべきである。

1) 月の相の文化的関連性は何か。
2) その相とどのような活動が一致しているか。
3) 月のどの位置が注目されるか。とくに新月の出現に関して、大事なのはその角度か、大きさか、あるいは明るさなのか。
4) 月齢と関係したシステムはあるか。それは太陽暦や太陽年（tropical year）と関係しているか。太陰暦と関係してどのような文化的風習があるか。
5) 月と恒星や惑星との合（conjunction 2つの天体が同じ黄道上にあること）は知られているか。もしそうならその重要性は。
6) 月の食は知られているか。もしそうならそれはどのように説明されるか。

【星（恒星）】

夜に最初に見える星、あるいは明け方に見える明るい星はしばしば時間や季節を知るために重要であった。

1) ある夜、どの星や星座が命名されているのか。
2) どの星／星座がもっとも文化的に重要なのか。
3) 宇宙の極は認識されているか。
4) 旦出と旦入は重要か。
5) どの星が夜の時間を告げるために使われるか。
6) 星／星座はどの季節と関連づけられているか。
7) 星の中に黄道のような道は認識されているか。
8) 天の川は何とされるか。その中の暗い部分を星座と見るか否か。

【惑星】

惑星に関連する在地の概念を理解することは、かなりの程度、観察者の惑星の同定、位置、そして軌道の理解に依存している。

1) どの惑星が観察されるか、それはなぜか。
2) もし金星そして水星が同定できるのなら、それらは夜と朝とで同じ天体だと認識されているか（明けの明星、宵の明星は同じ星とされるか否か）。

3) 惑星は恒星と違う種類として区別されているか。
4) もし明けの星と宵の星という観察があるのなら、それは惑星にだけ適応されるのか。そうだとすれば、それはどの惑星にも適応されるのか。あるいはどの明るい星にもそうなのか。
5) 内惑星と外惑星の区別はあるか。
6) 惑星の退行現象は認識されているか。

【その他の天文現象】
1) 空とは何か。空を横切る天体はどのように説明されるか。
2) 虹とは何か。
3) 太陽や月の周りの輪光は観察されるか。それは何を意味するか。
4) 流星とは何か。それらを観察したときの反応はいかに。
5) 彗星は知られているか。それは何か。それは何を意味するか。
6) オーロラ、北極光と南極光とは何か。その意味は何か。

3. 天文の基礎知識

A. 緯度による天体の動きの違い

　緯度が異なると見える天体が異なる。たとえば南半球では北極星は見えない。また緯度によって天体の回転が異なる。北極点では北極星を中心に星々は回転し、沈まないのである。一方、赤道では星は垂直に昇り沈む。そして北極星は水平線に見え隠れする。極点と赤道の中間緯度では、星は斜めに昇って沈む。緯度が高くなるほど、その角度は鋭角になる（図1-2）。

　北半球では、北極星を中心に沈まない星「周極星（circumpolar star）」が生まれる。たとえば、北斗七星は日本では沈む星だが、北海道の北部では周極星となる。緯度が高くなるほど周極星は多くなり、北極点ではすべてが周極星となる。ただし人類が見ることのできる天体の半分しか見ることができない。天の南半球の星は見えないからだ。南極点ではこの逆になる（図1-3）。

　なお北半球では天の北極、南半球では天の南極の高度（仰角）が自分のいる

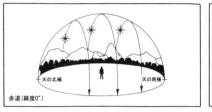
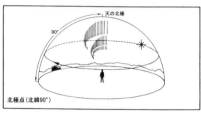
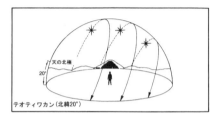
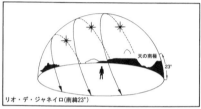
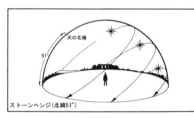
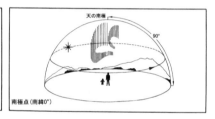

図1-2　緯度による天体の動きの違い（Fabian 2001 より改変）

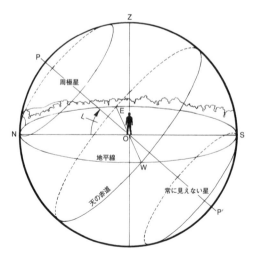

図1-3　周極星の概念
（Aveni 2001 より改変）

場所の緯度に相当する。つまり、現在北半球では、天の北極近くにある北極星の高度が自分のいる緯度に相当する。北極星はほぼ動かないので、そのため北の方角の目印になるだけではなく、緯度の推測にも使われる。たとえばミクロネシアの航海師は、自分の島の緯度にいることを北極星の高度で知り、その高度を保って西か東にカヌーを走らせるのである。

　また回転の中心となる北極星には、宇宙の中心のようなイメージが付加される。典型は中国の天帝である。一方、南半球では「南極星」は存在しない。したがってアフリカのサン族あるいはオーストラリアのアボリジニのような狩猟採集民、ニュージーランドのマオリのような農耕漁撈民、あるいはインカのような文明を見ても、宇宙の中心的神のような概念は発達しない。

　しかし天体が人間の認識を決定しているということではない。あくまで天体は「アフォーダンス」を提供していると考えるべきである。アフォーダンスとは「環境の様々な要素が人間や動物などに働きかけ、そのフィードバックにより動作や感情が生まれること」を意味する。ポリネシアの神話で好色な男性のアルデバランが女性のプレアデス（スバル星団）を永遠に追い続けると語られるのは、牡牛座に属する両星の関係、すなわち、プレアデスがアルデバランの先に昇るという関係がアフォーダンスを提供するからである。ミクロネシアではけんかした兄（アンタレス）と弟（プレアデス）は決して顔を合わせないといわれるが、天空のちょうど反対側にあって、ともに空に見えることが少ない蠍座とプレアデスの関係を正しく表している（Staal 1988: 221-222）。これもアフォーダンスの例である。

B. 赤緯・赤経の概念と天体の見える位置

　遺跡から地平線や水平線を見たときに特定の天体が見えるか否かの議論に必要なのは、観測地点の緯度（latitude）、方位角（azimuth）、観察地点と地平線など天体が出現する場所の高度差（altitude）あるいは仰角、および赤緯（declination）である。赤緯は地球を取り囲む宇宙を球と考え、その球の内側に天体が張り付いていると仮定し、そのとき緯度に相当する概念が赤緯、経度

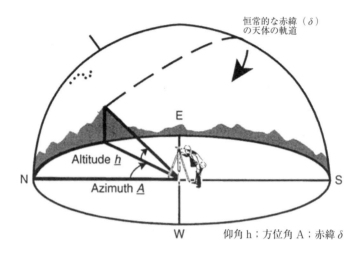

図1-4　緯度、方位、仰角と赤緯との関係（Ruggles ed. 2015 より改変）

に相当する概念が赤経（right ascension）である。ただし地球の自転面は公転面に 23.5° 傾いているので、天の赤道は地球の赤道に対して 23.5° 傾いている。天の赤道は赤緯 0°、北極点は 90°、南極点は $-90°$ となる。天の赤道に近く、したがって真東近くから昇り真西近くに沈むオリオンの三ツ星であるが、その中で一番右側のミンタカは天の赤道の上にあり、赤緯がほぼ 0° である。

　天体が垂直に出現する赤道でないかぎり、天体は斜めに出現・没入する。地平線に山などがある場合、天体が地平線から出現する方位と、その山頂の陰から姿を見せる方位には、ずれが生じる。この場合、その山頂の赤緯を求めておけば、同じ赤緯をもつ天体がその場所から出現することになる（図1-4）。

　また先に見た周極星（沈まない星）に関しては、自分のいる場所の緯度（例：東京は 39°）を $90° - 39° = 61°$ と計算して、赤緯 61° より北にある星が周極星になる。

　恒星の赤経・赤緯は変わらないが、太陽や他の惑星などは、天球上で恒星との位置関係を変えるため、赤緯の値も変わる。太陽は、地球の北半球では夏の間は天の赤道よりも北に位置し、赤緯は＋の値になる。冬の間、太陽は天の赤

道よりも南に位置し、赤緯は−の値となる。そしてちょうど春分の日と秋分の日に、太陽の赤緯は0になる。

また春分の日、太陽の赤緯が0になった瞬間の天球上での太陽の位置を、赤経0と定める。この地点は天の赤道上にあるが、天の赤道を24分割し、春分点を0時、以後、東周りに1時、2時（あるいは、0時間、1時間、2時間）と数えていく。そして赤経1時は15°となる。

C．歳差運動

古代の遺跡を考えるときに無視できないのが歳差運動（precession）である。地球の自転軸が独楽、あるいは味噌擂りのようにぶれて回転する現象である。自転軸は25,800年単位で1回転するといわれているが、自転軸がぶれると天体の見える位置が変わってくる。ある遺跡から伸ばした直線がある星を指していても、数千年間にはそれがずれてくるのである（図1-5）。

エジプト古王朝時代には、最古のピラミッドといわれる階段状ピラミッドが作られた。ピラミッドの北の部分には王の墓域があり、そこに開けられた穴は北の動かない星を向いていた。しかしピラミッドが作られた、今から4600年ほど前の時代は、自転軸の延長は現在の北極星ではなく、竜座 a 星のトゥバン付近にあった。そして北極星自体は目立たない星の1つにすぎなかった。

日本でいえばトカラ列島くらい緯度の低いエジプトでは、周極星は少ないものの、沈まないので永遠の生命のような意味づけをされることが多い。大型ピラミッドが建造されはじめる紀元前3000年頃、歳差運動の関係で天の北極は北斗七星（大熊座）と小熊座の中間くらいにあったので、この両者は天の北極の周りを回る周極星であった。

エジプト新王朝時代の王墓や神殿の天井には、北天の星座が描かれることが多い。これらの星々は「イケムウ・セク（ikhemu-sek）」、つまり「死なない星々」「不死の星々」という意味である。これらは地平線に沈まない星、周極星を表すものと考えられる。一方、南天の星は移動時間が長いので、「イケム・ウレジュ（ikemu-urz）」、つまり「疲れを知らない星」と呼ばれた。

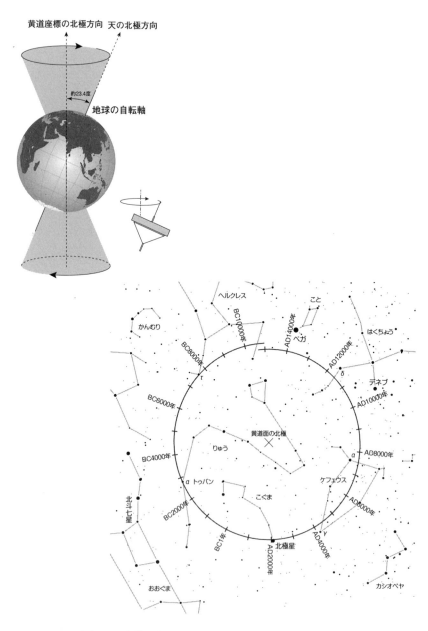

図1-5 歳差運動と天の北極の移動（アストロアーツ 2014）

北天の星座が描かれているものの最古の事例が、新王朝18王朝のハトシュプスト（Hatshepsut）時代（1460B.C.頃）のセンエンムウト（Senenmut）の墓である（図1-6）。この図の中央にあるポールの先端に足の短い牡牛が描かれているが、これが北斗七星メスケティウ（Meskhetyu）であると思われる。その背後に描かれた、日輪を乗せた人物がセレケト（Serket）女神で、太陽を表している（近藤 2010：67-68）。

　一方、今から約5000年前は歳差運動の関係で、今の北極星や当時の北極星に近いコカブよりもっと明るい星が天の南極の上にあった。それはエリダニ星座のα星・アケルナル（Achernar）であり、当時の北極星（コカブ）より3倍も明るかった。それは紀元前約3300年のときにもっとも極に近くS 81°であった（Makemson 1941）。それ以来、南北の極に近い星の中でこれほど明るい星は存在しない。今から5000年前というと、台湾からオーストロネシア語族が南下を始めた時期である。彼らは南天に輝く動かない星を目指して南下したのでは、などと想像力をたくましくしてみたくなる。

D．天頂・天底の概念と天頂星の関係

　太陽や星が東天から出て移動し、子午線を通過する現象を南中（culmination）という。天体が南中すると真南に位置することになる。そして南北回帰線の内側の熱帯地域では、太陽が南中すると真上に来る現象が起こる。この真上が天頂（zenith）と呼ばれ、天頂通過は年に2度起こるのである。北回帰線上ではこれが年に1度夏至（6月至）の日に起こる。南回帰線上でも年に1度、南半球の夏至（12月至）に起こる。さらに天頂の真逆の宇宙空間には天底（nadir）という点が存在する。天底は見ることができないが、この地点を認識していた文化が存在し、マヤなどでは天底通過日を重要な日と考えていた。北回帰線より北にある地域、たとえば日本列島やヨーロッパ、あるいはアメリカ合衆国やカナダでは、太陽の天頂通過は決して起こらない。同様に南回帰線より南側にある南半球の地域でも、太陽の天頂通過は起こらない（図1-7）。

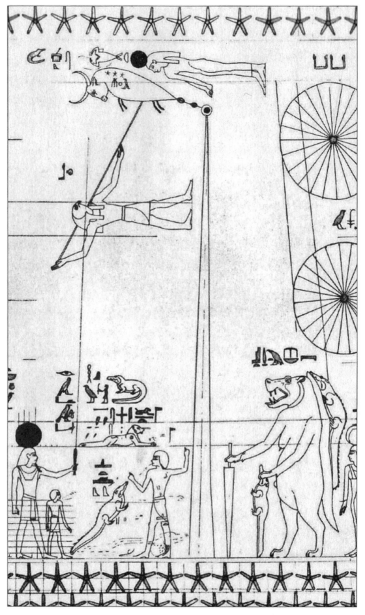

図1-6　センエンムウトの墓に描かれた北天図（近藤 2010）

また天頂と関連して、天頂星（zenith star）の概念も紹介しよう。自分のいる場所の緯度と赤緯が一致する星は天頂星、つまり真上を通る星となる。たとえば北極点では北極星がほぼ天頂に輝くのである。北極星はほぼ動かないが、地球上の他の場所ではある季節に天頂星が真上を通る関係となる。たとえばポリネシアのハワイでは牛飼座のアルクトゥールス（アークトゥルスという表現もあり）、フィジーではシリウスが天頂星となる（図1-8）。これらの島を目指す航海師はその島の天頂星が次第に高くなるのを観察する。そして天頂に来たら島と同じ緯度にいることを知る。あとは西か東に行けば島にたどり着けるのである（Lewis 1994）。

天頂星をある高さに維持して、東ないし西に行く技術は、緯度航法と呼ばれる。ギリシャ神話ではオディセウスがアルクトゥールスを同じ高さに見ながら東へ航海したと記される。東西に長い地中海では緯度航法が有効な方法であった。

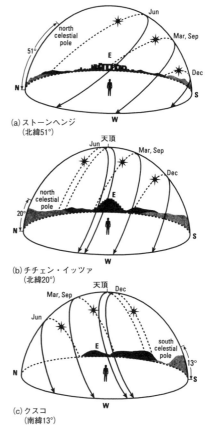

図1-7　太陽運行の季節変動と天頂通過
（Fabian 2001 より改変）

E．太陽の動きの確認

太陽は地球の公転軸と自転軸の差があるために複雑な動きをする。つまり夏至と冬至を極限として出現・没入する位置が往復するのである。太陽は、夏至でもっとも北、冬至でもっとも南から出現する。北半球では夏至はもっとも日

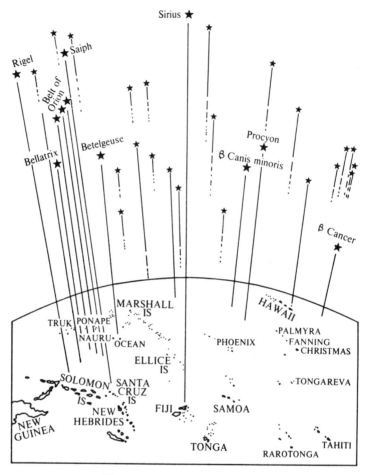

図1-8　天頂星の概念（Lewis 1994）

が長く、もっとも太陽が高い位置に来る。冬至はもっとも日が短く、もっとも低い軌道を通る。太陽が真東から昇り、真西に沈み、昼夜の長さが一致する日が年に2回あり、それが春分と秋分である。

　南半球では北半球の夏至の日が冬至（太陽が北から昇り日が最短）、冬至が夏至（太陽が南から昇り日が最長）と逆の関係となる。summer solstice あるいは winter solstice という用語はしばしば混乱を来すので6月至（June solstice)、および 12 月至（December solstice）と呼ぶべきという意見もある。本書では日本やイギリスなど北半球において誤解がない場合は、通常どおり夏至、冬至という表現をする。一方、南半球では混乱をさけるために必要に応じて、6 月（冬）至や 12 月（夏）至のような表現を使うこととする。

　冬至は太陽がもっとも「弱る」ときであるので、多くの民族で生命の再生や祖先の復活儀礼が行われた。地域的な傾向を集積した論考を見る限り、世界的に見て冬至の方が夏至よりも復活儀礼など祭祀に関する意味づけが多い印象を受ける。一方夏至の意味づけとしては、もっともパワーのある太陽から霊力をもらうこととも考えられるが、逆に熱い太陽に涼しくなることを祈る（後述の中東ルジム・エルヒリ）、ということもあるかもしれない。

F．月の動き

　月には定期的な満ち欠けがあり、29.5 日で一回りする（朔望月 synodical month）。これと潮汐が関係することは周知だろう。さらに月は特定の恒星との関係では 27.33 日で一回りする。これは月が地球の周りを一回りする日数と言い換えても同じである。この周期が恒星月（sidereal month）であり、インドや中国の占星学における 27 ないし 28 宿の基礎となる。太陰暦を基礎とするイスラム暦では 9 月に 1 か月断食月（ラマダン）が設けられるが、この時期は毎年 11 日ずつずれていくのである。そして朔望月と恒星月の間のずれを調整するために多くの文化では閏月が設けられる。

　さらに月は地球の自転、公転に加え、月自身の公転（地球の周りを回る）軸という要素が加わるのでより複雑である。地球の公転軸から生まれる太陽の黄道（見かけの太陽の軌道）と、月の公転から生まれる月の道である白道は交差するが、そのポイントが少しずつずれていく。このため月は 18.6 年単位で出現位置の南北幅の最大化（lunar major standstill）と最小化（lunar minor standstill）を繰り返す（図 1-9）。ちなみに 2015 年は出没地点の変異が最小化（miror standstill）する年であった。南北の極大点と極小点はそれぞれ、北は 6 月至、南は 12 月至の太陽の出現地点を挟むような形になる。

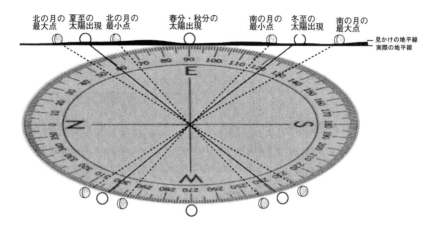

図 1-9　月の季節変動（北米カホキア遺跡付近）（Pauketat 2013 より改変）

　また恒星のように無限大の距離にある対象では問題とならないが、月や太陽のように無限大の距離にはなく、また大きな天体の場合、視差（parallax）という問題も生ずる。ふつう恒星は地球の中心から観察していることを仮定してその位置や動きを分析する。しかし距離の近い月の場合は地球の中心と実際に人間がいる地表面ではその位置に誤差が生じるために、この差を補正する必要がある。さらに光の屈折（refraction）も考慮に入れなくてはならない。ただし屈折は恒星の場合も同様である。

　このように自ら満ち欠けをし、その出没位置や時間が月、年、そして約 18 年周期で変化する月は、天体の中でもっとも複雑な対象といえる。しかし同時にもっとも親しまれた対象であることもまちがいない。太陽に劣らず、月に関する神話や伝説は世界的に見ても事例に事欠かない。

　月齢に関しては多くの文化で毎日の月の状態に対する呼び名があり、それにしたがって儀礼などが行われる。たとえばハワイ語では月齢にあわせてそれぞれの日に神々の名称がつけられ、その日の夜は関連する儀礼が行われる。日本でも一三、一五、一九、二十二、二十三夜など特別な日に集まって講を行う風習がある。またそれぞれの日の月には虚空蔵菩薩、大日如来、観音菩薩、勢至

菩薩などが対応し、また石製の月待ち塔が各地に建てられている。

　かつて、イギリスのストーンヘンジ（Stonehenge）から月の極大・極小点を示すラインが引けると唱えられたが（Hawkins 1964〔ホーキンス 1983〕）、現在では否定されている。それ以外にもイギリスの巨石で月が観測されたと主張された遺跡もあったが（Thom and Thom 1971）、現在では支持を集めていない。現在月と関係する可能性が指摘されているのは、ウルのジッグラト神殿（Ziggurat 日干し煉瓦で作った階段状神殿ないし聖塔）、ヨルダンにあるペトラ（Petra）のアル・カザナ（Al Khazna）神殿、そしてエジプトにおけるシェイク・イバダ（Sheikh Ibada）のトース（Thoth）神殿などである（Gonález-García 2015）。

　たとえばウルのジッグラト神殿には月の神ナナ（Nana）とその妻ニンガル（Ningal）が奉納されている。この遺跡はナム王によって建造された。遺跡の主階段とおそらく頂上の神殿の入り口は北極大点の月の出現方向を向いているようだ。

G．旦出・旦入および acronical rise/set の意味

　明け方、星が東の空に最初に見え、昇るように見える現象を旦出（heliacal rise）と呼ぶ。heliacal とは太陽に近いという意味で、近太陽上昇ともいわれる。その星は日に日に明け方に見える場所が東に移動し、やがて約5か月後、明け方に西の空に最後に見え、沈むように見える現象は acronical set（acronychal set or cosmical）と呼ばれる。次に夕方日が沈む頃、東の空に星が見える現象は acronical rise と呼ばれる。その日からだんだん星は夜間に東から西に移動し（早い時間に昇る）、最後は日暮れの短い時間に西の空に見え、あるいは沈むように見える。この現象は旦入（heliacal set）と呼ばれる。

　たとえば現在、日本ではプレアデス（Pleiades スバル星団）は6月前半、夏至の少し前、東天に明け方見える（旦出）。そして毎朝、最初に見える位置が西に移動し、11月の初旬に明け方、西天に沈む（acronical set）。しかし11月の下旬になると今度は夕方、東天に輝きはじめる（acronical rise）。そして

夜中に東から西に移動し、5月の初め頃太陽とともに西に沈む（旦入）。

ただし星の場合、昇る（rise）、沈む（set）といっても実際に星が徐々に昇ったり、沈んだりするのを認識できるわけではない。正確には「見えはじめる」と「見えなくなる」ということである。したがって「昇る」と「沈む」はよく考えると対になる概念ではない。「見えはじめる」は文字通り最初に見えたとき、である。しかし「見えなくなる」は事後的にあるいは結果論的にわかるだけである。

なお日本語では旦出・旦入という訳語はあるが acronical rise/set に対する訳語はない（後藤 2014a）。また用語が一定していないことが示すように、天文学的には厳密な概念ではないという。しかし文化的にはきわめて重要な概念で、旦出だけでなく、acronical rise を1年の始まりとする民族は少なくないので適切な訳語が待たれる。たとえばポリネシアのハワイでは、プレアデスが acronical rise する11月頃を新年とする。一方、同じポリネシアのニュージーランドのマオリでは、heliacal rise する6月頃を新年とする。同じ民族でも南北両半球にまたがった民族の季節認識に構造的変化が生じた証拠である（Goto 2014b）。

H．日食と月食

古代の人々が異常現象としてとらえたいくつかの天文現象がある。日食や月食、惑星の動き、さらには超新星爆発や彗星・流星などである。その中で日食・月食および惑星の動きをどの程度予測していたかは、議論が分かれるところである。

太陽と月と地球との関係で欠ける現象、日食（solar eclipse）と月食（moon eclipse）は文化的にきわめて重要である。日食や月食が特異な現象として考えられていた証拠は、いくつかの岩絵などから推測される。

多くの民族で日食や月食は不吉な出来事、たとえば悪魔が太陽を食っている、あるいは太陽と月が性交をしているなどとらえられ、その回復を願うための儀礼が行われる。踊りや供物、あるいは大きな音を立てるなどの風習が世界

中で知られている。『日本書紀』や『続日本紀』では彗星や流星と並んで、日食、月食、あるいはおそらく金星食（太陽の表面を金星が通る現象）が怪奇現象として記されている。また奥多摩には、日食が起こって不吉なことにつながらないようにと、江戸時代に造られた日食供養塔がある。

あとで詳述する、イギリスのストーンヘンジの周りに掘られている通称オーブリー穴は、決まった間隔で石を入れて毎年動かしていくと、日食や月食を予測できたとする説が唱えられたが、現在では疑問視されている。

1．惑星の動き

太陽系に存在する惑星の動きは不規則なので、惑う星と呼ばれる。惑星には地球より太陽に近い内惑星と外側を回る外惑星の2種類がある。

内惑星の水星と金星が夜中に見えることは決してない。それらと地球が太陽を挟んで逆側にあって見えることはないからである。それらは明け方に見えるか、太陽の背後通過する外合（superior conjunction）か、夕方に見えて太陽を追って沈むかである。さらに太陽と地球の間にあって直線になるのを内合（inferior conjunction）と呼ぶ。明るい金星はとくに大事で、その見える時期と見えない時期は約263日で交代する。金星の公転は584日であり、地球の公転365日と掛け合わせるとちょうど8年で1周期となる（図1-10）。

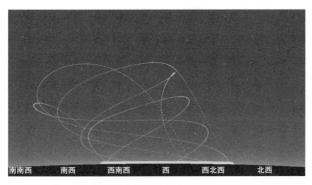

図 1-10　東京付近の8年間の金星（宵の明星）出現位置
（アストロアーツ製『ステラナビゲータ』による）

外惑星は星と同じような出現・没入をするが、地球の公転が惑星の公転を追い抜く現象により、後戻りする逆行（retrograde motion）というものが起こる。北米のポーニー族は火星が空を逡巡するのは他の星と戦いをしているからだと解釈する（後藤 2016a）。太陽の背後に隠れる「合」（conjunction）も起こる。火星は780日の周期をもち、合による見えない時期は120日、そして逆行が約75日かかる。

J．超新星爆発、彗星、流星

岩絵などに超新星（supernova）の爆発を記録したのではないかといわれるものがある。有名なものに北米南西部では蟹座超新星（Crab supernova）の爆発を描いたのではないかという岩絵（図1-11）が知られている。この絵は円に上向きの蟹爪のような図形が接合されているものである（Krupp 2015b：594-595）。またオーストラリアでは、実在する隕石落下現象やそれが残したクレーターに関する伝承の研究もなされている（Hamacher and Norris 2011）。流星や彗星は日本においてもっとも古く記録された天文現象である。

アボリジニの間では流星や彗星がいろいろに解釈されている（Tindale 2005：374-376）。北東アーネムランドのアボリジニでは、空の精霊の家に死者の魂を運ぶ精霊のカヌーだと解釈される。トレス海峡の島に住むティウィ族では、片目の精霊の男パピジュワリ（Papijyuwari）の目だといわれる。彼は犠牲者の体を盗み血を吸う。彼の邪悪な目は空を駆けめぐり獲物を探す。あるいは中央部のアランダ・ルリッジャ（Aranda Luritja）は流星を蛇クライア（Kulaia）と見る。それは邪悪な目をして空を飛び地上に降りて、泉の中で不注意な者を待っている。これらの話では流星は不吉

図1-11　蟹座超新星爆発を描いた可能性のある北米の岩絵
（Krupp 2015）

な印や死者の霊と考えられる。しかしあるグループは、流星は精霊の子供が天空を旅して妻のもとに行くサインだという。

他の伝説では彗星は火と関係づけられ、植物のワラター（waratah = Telopea speciosissima）と結びつけられる。その真っ赤な花びらは、アボリジニには火からの閃光に見えたようだ。花びら一枚が小さな彗星に見えるので、植民地時代の初期にアボリジニはヨーロッパ人の鍛冶職人のためにワラターをもってきたのだ。彼らは金床からあがる火花と彗星を関係づけ、したがってワラターを連想したのである（Hayness 2000, 2009）。

これと関連して興味深いのは日本、とくに西日本で見られる降星を起源とした神社が、朝鮮渡来の鍛冶あるいは鉱山開発をした可能性のある弘法大師と関係が深いという傾向である。具体例は山口県の下松、愛媛県の新居浜や今治市、岡山の美星町、大阪府の交野市などの事例がそれである（後藤 2015）。

4. 天文学的解釈の注意点

遺跡の天文学的解釈には魅力があるものの、危険性も常につきまとう。天文学的解釈は世界的にニューエイジのような現代的な宗教運動、占い、あるいはオカルト的な動きに利用されることが多い。このため多くの研究者はこの領域に踏み込むことを躊躇するのである（Campion 2015）。

また、この分野がとくに日本で敬遠されるのは、多くの憶測に基づいた「理論」が提唱されているからである。たとえば地図、最近ではgoole mapなどを利用して、特定の遺跡や神社の間に線を引き、夏至の太陽の移動線上に並んでいるとか、神社が北斗七星型に並んでいる、などという議論が行われる。しかしこのような議論が信憑性をもつには、実際にその場から件の天体が見えるか否かなどの検証をする必要がある。また第4章のナスカの地上絵のところでも議論するが、なぜ空から見る必要があるか、などさまざまな検証ないし傍証が必要となってくるのである。

さてこの種の研究でしばしば起こる誤りは、ある遺跡について、特定の天体

を向いているであろうと最初に仮定して遺跡から視線のベクトルを伸ばし、統計処理などをした結果それが証明された、とする論法である。考古学の手法では容易なことではないが、なぜ特定の天体が選ばれたのかという理由は、別の根拠から論ずる必要がある。

さらに近年では、グラハム・ハンコックが主張する「オリオン・ミステリー」などがあげられる。これは、エジプトのギザのピラミッドが天空のオリオンの三ツ星を地上に投影したとする説である。しかし、地球の歳差運動のために、その向きに三ツ星が並ぶのは約1万年以上も前であり、ピラミッドが実際に作られたときにはオリオンはそのような向きにはなかったのである。さらにもしオリオンが地上に表現されたとするなら、エジプトでより重要であったシリウスを表現する位置にピラミッドやモニュメントがなければおかしいが、それは存在しないという傍証からである（Ruggles 2005：355, 2015f）。

ラグルスは、これ以外にも過去誤った解釈がなされた事例をたくさんあげ、遺跡を天文学的に解釈をする上で注意すべき点を列挙している（Ruggles 2015b：376-386）。たとえば精密（precision）と正確（accuracy）は異なる概念であるという。センチ単位の計測をミリ単位でできれば確かにより精密であるが、それが正確（例：特定の天体の出現方向）とは限らない。たとえば体系的な誤差（systematic error）があったりするからだ。

考古天文学の分析の基本は、遺跡ないし遺構の構造から何らかの軸を見つけ、そこから伸ばしたベクトルが地平線や水平線から昇るあるいは沈む天体にヒットするかどうかを確認することである。考古学の場合、歳差運動を考慮しなくてはならないが、ヒットするか否かは太陽や月のような大きな天体の場合と星のような点の場合では確率が異なってくる。

また一つの遺跡・遺構からは理論的に複数のベクトルが引けるはずだが、どのベクトルに意味があるか否かは恣意的には決められない。往々にしてあらかじめ何らかの天体の出現・没入の位置を地平線で確かめて、それにあうベクトルを見つけて証明とする、というトートロジー的な議論が行われることが少なくなかった。さらにベクトルは基本的に2点基準点がないと引くことができな

いが、基準点に幅がある場合、ベクトルの方向にもブレが生ずる。

　さらに2点が何らかの基準で明確に決まっても前視（foresight）を使うべきか、後視（backsight）を使うべきかは一概に決められない。とくに太陽や月のように光が強い場合は遺構内部に射す光・影効果（light-and-shadow effect）も考えねばならない（Ruggles 2015a：365；McCluskey 2015a）。

　統計学を駆使して針の穴を通すような分析を行って、「古代人も近代科学と同レベルの観測を行っていた」とする「古代天文台」パラダイムの限界はすでに指摘されている（cf. Krupp ed. 1984）。第5章で詳しく考察するが、多くの場合、古代人は遺跡を通して天体を「観測」していたわけではなく、儀礼などのために「観察」していたのではないか。あるいは、日本のお月見のように「愛で」ていたのではないかと私は考えている。たとえば季節を知るには、天体以外にも多くの自然現象が役に立つ。天体がもっとも規則的な現象であるとはいえ、それが暦のような体系に整理されるのは、かなり文明化が進んだ段階ではないかと考える。少なくとも、そのような行為に解釈を限定することは、人類と天体の豊かな関係を矮小化してしまう危険性がある。われわれは天文現象をさまざまな文化的コンテクストで解釈する努力をすべきであろう。

第2章　考古学と天文学
──その関係の歴史──

1. イギリスの状況

A. ロッキャーの登場

　学問としての強度をもつ考古天文学は19世紀の末に登場したが（Petri 1880）、議論の中心はイギリスのストーンヘンジをめぐる論争であった。

　ストーンヘンジは長らく古代ローマ人の円形劇場、あるいは古代ケルトにいたとされるドルイド神官たちの神殿あるいは裁判所、などといわれてきた。一方で天体観測をするためのプラネタリウムという説も古くからあった。代表的なものに、19世紀に古物商のウィリアム・スタックリー（William Stekeley）という人物がストーンヘンジの入り口に続く通路と太陽の関係について指摘している。同じく19世紀半ば聖職者のエドワード・デューク（Edward Duke）が、ストーンヘンジはシルバリーヒル（Silbury Hill）近郊に広がる7つの天文観測点の1つであると指摘した。シルバリーヒルとはストーンヘンジの北東16 kmの地点に位置する太陽を模した巨大な塚で、墓としても使用されていたと言われている（Chippindale 2004）。

　事態が大きく動いたのは1894年にノーマン・ロッキャーが『天文学の黎明』の中でストーンヘンジの天文学的側面について詳しく分析し、これが太陽の寺院だと主張したときである（Lockyer 1984）。ロッキャーは *Nature* 誌の初代編集長をつとめた高名な科学者である。彼が注目したのは馬蹄形になった開口部が夏至の太陽の日の出の地点を向いているという事実であった。そして綿密な計算から、この遺跡がもっとも正確に機能していたのは1680年だったとした。

図 2-1　古代太陽信仰の痕跡とされた伊勢の夫婦岩と富士山（Lockyer 1906）

学史的に興味深いのは、ロッキャーは太陽信仰はエジプトやイギリスでは終焉したが、極東の島国日本ではそれが近年まで続いているとしたことである。

三重県伊勢市の二見ヶ浦の海岸では、海から自然の柱のように林立する2つの岩によって祈りの方位が定められている。離れた海岸にある山の背後から昇る太陽は、その岩の間から観察される。そして祈りと供物がその方角になされる。またとくに興味深いのは、太陽の崇拝が、祠のすぐ裏に置かれた木で造られた三石塔（trilithon）のような構造物の間からなされることである。この三石塔は日本では古い時代から、主神としての太陽の女神が崇拝される古代神道との関係で使われていると論じられた（Locker 1906：16）。

ここで遠くの海岸の山とは富士山のことであり、三石塔とは鳥居のことである（図2-1）。ロッキャーはこの知識をゴウラントという人が書いたドイツ語の文献（原文は Gowland, 1877 独文）から得ていたようだが、鳥居をストーンヘンジの三石塔に対比していたのである。

さてその後、幾人かの研究者がロッキャーの議論を補足するような研究を発表した。たとえばストーンヘンジは満月の位置を観測する施設であるなどの意見が表明された（Chippindale 2004）。

しかしロッキャーは決定的な誤りも犯していた。エジプトのピラミッドの研

究で、窓の方向が特定の星座（例：エジプトで重要視された北極星やシリウス）の方角に一致すると信じていたのである。しかし実際、遺跡から導き出されるあるベクトルが太陽や星の位置から少しだけずれているのは、歳差運動の結果なので、それを補正し合致する位置まで理論的に動かしたときの年代こそ遺跡が作られたときの年代だというのである。しかし、そもそも特定の天体を見たということ自体が仮説であるので、この論理はトートロジーなのである。そして彼の説は放射性炭素年代法が確立するにしたがって崩れていった。それと同時に天文学的な解釈自体が疑問視されるようになってしまい、この分野の停滞を招く結果となった。

B．ストーンヘンジの謎は解かれた？──ホーキンスの登場──

　1963年イギリス系アメリカ人エンジニア、ジェラルド・ホーキンスが画期的な論文を発表した（Hawkins 1964［1983］）。彼は当時の最新式コンピューターによる計算に基づき、ストーンヘンジの構造から導き出されるさまざまな線と、太陽や月の出現ないし没入位置との関係を発見したと主張した。中央部とヒールストーンの延長は夏至の太陽の出現、また4つのステーションストーンから導き出される線も夏至の太陽の出現あるいは冬至の太陽の没入方向に向いている。また夏および冬の月の停止点における出現・没入方向と一致する線も存在する、というのだ（図2-2）。

　さらにホーキンスは遺跡の周りを囲む56個のオーブリー（Aubrey）穴について、日食や月食を予測するための計算機であるとし、これらの成果を『ストーンヘンジの謎は解かれた』というセンセーショナルな本で発表した（Hawkins 1964［1983］）。一世を風靡したホーキンスはさらに宇宙考古学（astro-archaeology）という名称も提唱し（Hawkins 1966）、エジプトのピラミッドやペルーのナスカの地上絵にも分析を加えていった（Hawkins 1973）。

　ホーキンス説には主に考古学者から批判が浴びせられた。考古学者アトキンソン（Atkinson）は長らくストーンヘンジを研究していたが、ホーキンスの統計学の誤りを指摘して批判した（Atkinson 1956, 1966, 1975）。とくにホー

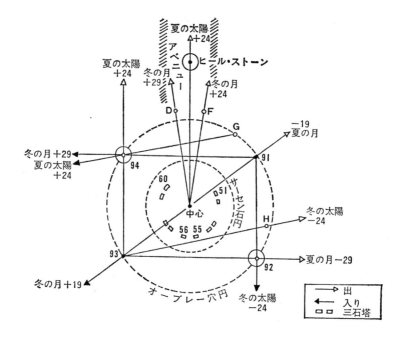

図2-2 ホーキンスのストーンヘンジ仮説 (ホーキンス 1983)

キンス仮説は遺跡の平面図に依存した、いわゆる「机上」の議論であり、現地で観察したことはなかったので分が悪かった (Thom 1966；Huyle 1966；Hawkins et al. 1967)。また、イギリスの空は常に雲が低く立ちこめており天体観測には不向きであると同時に、精密な天文観測所を造る必要がそもそもあるのかとアトキンソンは疑問を呈した。考古学者のホークスもホーキンスの先入観を批判した (Hawkes 1967)。

C. アレキサンダー・トムの偉業

　ロッキャーやホーキンスの研究への批判が行われていた時代は考古学の専門化ないし制度化が進んだ時代で、安易な解釈への批判ないし禁欲的な雰囲気が作られていた。考古学者は資料の厳密な分析に基づいた文化史あるいは文化編年に集中していき、さらにそれ以降は考古学が得意とする生業分析などに集中

することによって、安易に宗教的あるいは認知論的側面は論じない雰囲気が生まれた。

　このように60年代イギリスでは考古天文学の信憑性をめぐってかなりのバトル、とくに考古学者対天文学者のそれが展開されたのである（Huttton 2013：3-14）。このときアレキサンダー・トム（Alexander Thom）が登場しなかったら、考古天文学は「まゆつば」理論として葬り去られていたかもしれない（Salt 2014）。トムは工学者であったが晩年に天文の考古学に興味をもち、しばしば息子と共同で厳密な統計的手法を用いてストーンヘンジをはじめイギリスやアイルランドのメガリスの形態を数多く分析した（Thom and Thom 1966, 1971, 1978）。特定の遺跡に集中したロッキャーやホーキンスと異なり、トムの分析は疑いえない統計的な傾向を示していた。彼の使った図は独特で、誤差を考慮して近接する値の間に正規分布を仮定するものであった（図2-3）。

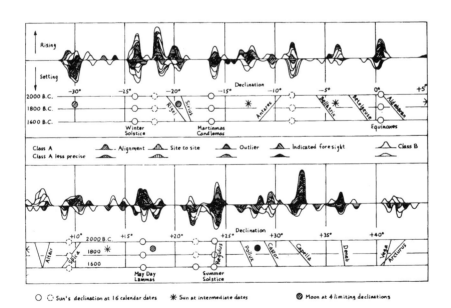

図2-3　A. トムによる英国巨石遺構の方位分布図（Thom and Thom 1981）

天文学的解釈に対して懐疑的な傾向が強かった考古学者の中にも、積極的にトムの仮説を検証し発展させようとする動きが出てきた（MacKie 1977a, 1977b）。また考古学的解釈の天文学的および数学的な再検討も行われた（Heggie 1981）。トムの手法は「トム・パラダイム」として批判的な検討が加えられ、現在においても学史的な意義を失っていない（Ruggles ed. 1988；Ruggles 1999a）。

　しかし「副作用」も無視できない。それはトムが行った「針の穴を通す」ように厳密な、遺跡構造と天体との分析方法を推し進めた分析結果の解釈の問題である。すなわち精密な分析で証明された遺跡と天体の関係は、「古代の人々も現代人に負けない正確さをもって天体を観測していた」という解釈に結実したからである。そして、それが唯一の解釈になる傾向があった。たとえばクルップ編『考古天文学と科学のルーツ』（Krupp ed. 1984）のように、近代科学のルーツを古代の遺跡構造に見つけることが目的であるかのようになったのだ。

　これには西洋近代科学概念の通文化的適応という批判もできる。そこに潜む論理は「分析方法が高度だから厳密論証ができた」＜――＞「先史時代人の天文観察能力そして遺跡構築能力が驚くべき高度であった」というトートロジーであった。

2. 北米の状況

A．初期的民族誌

　ひたすら幾何学および統計学的分析手法を洗練してきたイギリスと違い、アメリカないし新大陸では民族誌や宣教師・探検家などの記録を利用することができた。ここでは初期民族誌における天文文化への言及を見ていくが、神話や伝説の紹介において、太陽や月や星の起源に関する神話や伝説を記した民族誌は数多く存在する（e.g. Wissler 1936；後藤 2016b）。しかしここではそこまで対象を広げずに、時空間の枠組みの指標として天体を扱っている事例を中心

に検討する。

　時空間の枠組みとは、方位（空間）ないし季節（時間）の指標として天体を扱っている事例、かつて提唱された民俗科学（フォークサイエンス）という領域になりうる情報を記述している事例に限定して見ていきたい。さらに関連して、季節的な儀礼と天体が関連している事例、また天体という手に触れることのない現象を、人工物や岩絵などに表現したり、建築物などから観察したりという天文現象の物質化（materialization）という事例にも注目していきたい。

　古典的民族誌からも断片的ながら天文民俗に関する情報を得ることができる。それらにはロバート・ローウィ（Robert Lowie）、レスリー・ホワイト（Leslie White）、ジュリアン・スチュワード（Julian Steward）など人類学の理論史を飾る大御所たちが若き日に書いた民族誌が含まれ、アメリカ人類学の台頭を象徴する時代でもある。主な情報源はスミソニアン研究所のアメリカ民族学院（Bureau of American Ethnology）の年報（Annual Report）や紀要（Bulletin）、カリフォルニア大学の考古学・民族学報（University of California Publications in American Archaeology and Ethnology）などである（後藤 2016b）。

　たとえばカリフォルニアのポモ（Pomo）族の民族誌では、天文民俗は「暦、天文学および数え方（Calendar, Astronomy and Counting）」という章で取り上げられている。これは民族科学の文脈でのとらえ方といえる。ただし天文学では太陽や月にまつわる伝説、日食や月食の原因についての説明およびそのときの対応や儀礼などが記述されており、「科学」の範疇ではとらえきれない内容も含まれている（Loeb 1926：227-229）。南カリフォルニア諸民族の民族誌では、太陽や月に関する神話が断片的に紹介されている以外は、新月が現れたときに行われる儀礼の簡単な記述がなされている（Strong 1929：319）。J. スチュワードによる内陸部族パイウテ（Paiute）の民族誌もほぼ同様である（Steward 1933）。

　南米の事例になるが、R. ローウィが編集したアマゾンの先住民トゥカナ（Tukana）族の民族誌では「いろいろな伝説（Various Legends）」という章

の冒頭に「天体と関連する現象に関する伝説」という節が設けられている。ここではアマゾンの先住民に広く見られる太陽のカヌー、すなわち太陽はカヌーに乗って移動し、夜中は地下の水脈を通ってまた東から昇る、という思想の紹介がある。また月食の伝承の紹介のあと、ローウィ自らが観察した月食時の様子を記している。月食は天に住む悪いジャガーが月を食べようとしている姿であり、食べられてしまうと人も死ぬことになると人々は考えていた。したがって大きな音を立ててジャガーを威嚇する必要があると考えていたのだ。そこで人々は逆さにしたカヌーの底を櫂で叩いたり、斧の峰で木の幹を叩いたりしてジャガーを威嚇した。またジャガーとアリクイという星座とそれを表現した木彫、背景にある伝説の紹介を行っている（Nimuendajú 1952：142-143）。

B．アメリカ南西部における考古天文学の発展

アメリカ合衆国の考古学界でもっとも精緻な編年が行われている南西部は、同国における考古天文学の中心地でもある（Munson *et al*. 2014）。

考古天文学の学問的な研究の端緒は1950年代 W. ミラー（Miller 1955）がアリゾナ北部の岩絵（図1-11）について、1054年に起こった超新星爆発を描いたものだという解釈を提唱したことである。この説は当時あまり顧みられなかったが、のちに批判的な検討が加えられ、議論は今日にも至っている。

イギリスでA. トムが統計学的手法を用いてストーンヘンジなど巨石文化の天文学的な解釈を精力的に繰り広げていた1970年代、大西洋の対岸、アメリカ合衆国でも研究の高揚があった。1973年に天文学者、人類学者、考古学者、歴史学者などが集まった会議が行われ、米国とメキシコにおける岩絵の解釈や建築方位に関する議論が行われた。その中のいくつかの論文は『コロンブス以前のアメリカにおける考古天文学』（Aveni ed. 1975）に発表された。

イギリスでの議論は新大陸へも影響を与え、とくにマヤやインカの遺跡と天体の関係が注目されていった。そして『Current Anthropology』誌に E. ベイティによる圧巻のレビュー論文「これまでの考古天文学と民族天文学」が掲載された（Baity 1973）。この論文が archaeastronomy および ethnoastronomy

という用語のもっとも初期の使用を示していると思われる（Williamson 1984: in Note 10 on page 324）。次いでアメリカにおける考古天文学の大御所 A. アヴェニ編の『アメリカ先住民の天文学』（Aveui ed. 1977）、そして K. ブレッヒャーと M. ファイタグ編の『古代の天文学』（Brecher and Feirtag eds. 1979 [1984]）などが相次いで出版された。これらの論文集の主体は考古学であったが、一部民族学の考察も含まれていた。ちなみに近年でも考古天文学のリビュー論文はいくつか書かれている（Aveni 2003）。

さてアヴェニ編『コロンブス以前……』はメソアメリカとアメリカ南西部の考古学において学際的な研究の魁となり、続く会議の成果が『アメリカ先住民の天文学』（Aveni ed. 1977）において結実した。その研究対象の中心はアメリカ南西部から平原部（例：メディスン・ホイール）にかけての遺跡であった。第4章で詳述するが、70年代の後半に北米の天文遺跡の代表ともいえるファジャダ・ビュート（Fajada Butte）の発見があった。当初は太陽の観測地点と考えられていた丘の中腹に、夏至の太陽の陽光が螺旋形の岩絵を貫く「太陽の短剣（sun dagger）」現象が発見されると、その丘を含むチャコ（Chaco）渓谷の遺跡群はホットな論争の対象となっていく（Sofaer 2008）。

1979年には再び『アメリカにおける考古天文学』（Williamson ed. 1981）が刊行された。この書物のタイトルのアメリカは Americas と複数形であり、中南米も含んだ新大陸全体に議論が及んでいったことがわかる。このあたりでイギリスを中心としたヨーロッパの考古天文学とは別の伝統が形成されていたのである。これが後述する1981年の第1回オックスフォード会議における「緑の天文学」（欧州）と「茶色の天文学」（新大陸）の対比につながっていくのである。

そして80年代に入ると「緑の天文学」との対比からか、民族誌や古文書をより活用していこうとする新大陸の方法論が推し進められた。R. ウィリアムソンの『空を生きる：アメリカ・インディアンの宇宙』（Williamson 1984）という一般向けだが、天文学に詳しくない人類学者や考古学者にも有益な本が出版された。また続けて刊行された M. マルヴィルらの本は、天文学の基礎知識

と遺跡の分析法の概説を行う手ごろなテキストとなっている（Malville and Putnam 1989；Malville 2008）。

　その後ファジャダ・ビュートやチャコ渓谷の天文学的な意味については論争が続いているが、2009 年になってプエブロ・グランデ（Pueblo Grande）博物館が中心となって CAASW（Conference on Archaeoastronomy of the American Southwest）という会議が組織され、2 年おきに研究会が組織され出版もなされている（Munson *et al*. 2014）。

3．近年の動向

A．緑、茶、青の天文学

　さて以上のイギリス・アメリカを中心とした流れのリビューと時間的に重複し、議論が若干相前後するが、1981 年に Oxford I と呼ばれるシンポジウムがイギリスのオックスフォードで開催されたことが世界の流れに大きく影響した。その最初の会議の成果は 2 冊の報告書に結実している（Aveni ed. 1982；Heggie ed. 1982）。この会議はその後 Oxford II 〜 IX まで 3 〜 4 年おきに開催されており、2014 年には南アフリカのケープタウンで Oxford X が開催され、Oxford XI も 2017 年にスペインで計画中である。開催地や報告書については ISAAC（International Society for Archaeastronomy and Astronomy in Culture）のホームページに詳しい。

　http://www2.archaeoastronomy.org/index.php/oxford-conferences

　さて最初の会議の報告であるが、旧大陸を扱った本は緑色（Heggie ed. 1982）、新大陸を扱った本は茶色（Aveni ed. 1982）の表紙が使われている。これは意図されたことで、旧大陸では地上に残る巨石の配置と天文現象との関係を中心にして、それを統計的な手法で証明しようとする方法がとられていた。緑は草原の中にたたずむストーンヘンジのイメージである。一方、新大陸の考古学者は発掘調査によって天文との関係を探ろうとした。しばしば発掘で出土した遺物にも天文現象を示唆する文字や図像が描かれているので、茶色と

は発掘時の土のイメージなのである。さらに先住民族に関する埃をかぶった古文書や古い民族誌調査も加味する必要があり、総じて泥くさい作業を意味する茶色が使われたのである。

　さらに緑と茶色に加えて、青い天文（考古）学を提唱する動きもある。星の伝説や神話あるいは宇宙観に関する優れた研究（Makemson 1941；Wissler 1936）、また民族事例や歴史事例を多く取り入れた概説書（Krupp 1983, 1997）はあるが、天文の人類学的研究は圧倒的に考古学的研究事例が多かった（e.g. Aveni ed. 1977, 1982；Aveni 1997；Aveni and Urton eds. 1982；Heggie ed. 1982；Koleva and Kolev 1996；Krupp 1983；Ruggles and Urton 2007；Williamson 1981）。民族学的資料は考古学資料の解釈に役立つので、考古天文学の枠内に民族学的研究も一括しようとする傾向すらあった（Farrer and Williamson 1992）。

　しかし前章で紹介した、北米の星の神話に関する優れた著作を書いているG.ランクフォードは、天文と文化に関して関心をもち考古天文学的な文献をたくさん読んだものの、遺跡構造と天文現象の解析に特化した考古学の議論に違和感をもち、自著を刊行したと記している（Lankford 2007：1）。そして自分の興味は北米先住民の間にどれだけ異なった宇宙観があるかということであり、天体に関する神話や民話を比較するための16の異なった指標を設定している（Lankford 2007：8-9；本書 pp.6-7）。

　1983年、アメリカのスミソニアン研究所で民族天文学の学会が開催されたことをきっかけに、考古天文学とは独立した研究分野として民族天文学が徐々に認識されてきた（Chamberlain, Carlson and Yong eds. 2005）。地域的には民族誌的情報を得ることのできた新大陸の事例が突出している（Aveni ed. 1977；Williamson and Farrer eds. 1992；Ruggles and Saunders eds. 1993）。それは現代ないし現代に近い時代に機能していた天文に関する文化現象を、調査研究で積極的に明らかにしようという姿勢である。このような研究は、考古学の推測に対し民族史学あるいは民族考古学的な貢献をする可能性がある。同時に、非西欧的な天文観を描きだして、西欧的天文学を相対化するという役目

も担うであろう（Farrer and Willimson 1992）。

B．現代考古学との関係

　考古天文学の学史は、生態学的な枠組みの中で人間行動の分析を主体としたプロセス考古学の隆盛とも関係が深い。プロセス考古学において天文学に関心が低かった理由の一つは、プロセス考古学が人間の行動を重視し人間の認知や心理をブラックボックス化したことと関係する。そこでは適応という概念のもと、環境への働きかけを重視したので、手で触れることのできない天空に関心が向かなかったのである。すなわち天文現象の文化的解釈は認知の側面に属するので、人間の認知やコスモロジー的な側面を二次的なものとしたプロセス考古学のパラダイムでは重要性をもたなかったのである。

　ただし興味深いのはプロセス考古学、あるいは当時の名称ではニューアーケオロジーの旗手であったL.ビンフォード（Binford）が、実はアメリカにおける考古天文学の先駆者でもあったという点である。彼はアメリカ東部の墓地遺跡における埋葬人骨の頭位方向の規則性と天文との関係を指摘していたのだ（Binford *et al.* 1970）。

　それはさておき、考古天文学の再生は1980年代のポストプロセス考古学の台頭の脈絡で、認知考古学的な関心の高まりと関係するであろう。その旗手ともいえるC.レンフリューなども積極的に天文学的な解釈を支持したように思われる。

　さて学史的論文「英語圏における考古天文学の発達」によると、考古天文学が学問の土俵に乗ってきた1960～70年代は①考古天文学とは本当か？　の時代。オックスフォード会議が始まった1980～90年代は、②考古天文学とは正確にいうと何であるか？　の時代。そして1990～2000年代は、③われわれは（考古天文学）で何ができるか？　の時代ということである（Salt 2015：222）。

　またC.ラグルスは考古学における天文に対する興味が最近再び高まってきた反面、付随する問題を3つの側面から論じている。それは下記のとおりである。①近年、景観考古学（landscape archaeology）と称して考古学者が遺跡

の配置や構造を景観論でとらえる視点が登場している。しかしそのときなぜ空を景観の一部に含めなかったのか？ ②考古天文学者は最近の天文学、とくに西洋の科学から無意識に概念を借用している。それはエスノセントリズムとなるであろう。③学問的議論でもしばしば popular archaeoastronomy やニューエイジなどの「影響」を受けているので注意が必要である。

「イギリスにおける考古天文学の奇妙な歴史」という興味深い論考の中で、歴史学者の R. ハトン（Hutton）は、考古天文学の不思議な歴史ないし特徴は天文学と考古学、専門家とアマチュア、科学、ニューエイジ、現代のキリスト教、学問とカウンターカルチャーなどが入り混じった状況にある点であろうと指摘している（Hutton 2013）。

すなわち一般の人々の中には、新宗教運動、アンチ権威主義のような社会的雰囲気があって、それらの人々が考古学の権威主義を批判しながら天文学的な推論ないし空想をふくらませる方向性があった。逆にそのような雰囲気は考古学者をますます遠ざけた。ニューエイジなどの動きは考古学の健全な発展に対して、まゆつばな議論から身を守るという意味でもネガティブな影響を与えている。

C．フィールドの拡大

これまで考古天文学のフィールドは、エジプトや西ヨーロッパの旧大陸、そして新大陸のいずれかであった。またポリネシアは、かつて考古天文学が盛んに議論されたフィールドであった。しかしポリネシアの考古天文学の動向を検討していくと一つの事実に気がつく。それは 1960 年代に一つのピークがあり、その次は 1990 年以降に再びピークがあるということである。

1960 年代の研究はラパヌイ（Rapa Nui）、すなわちトール・ハイエルダール（Heyerdahl）の調査隊に伴うものであった。その天文学的解釈の是非は未だ確定していないが、ハイエルダールのポリネシア人新大陸起源説が支持を失うと同時に、考古天文学的な関心も薄れてしまったように思われる。英語の諺にたとえると "Don't throw the baby out with the bath water." と警告される現

象が起こったのである(後藤 2014b)。

　オセアニアは民族誌や航海者・宣教師の記録が利用できるという点で、新大陸に近い状況がある。近年、オックスフォード会議の主催者であったイギリスのC.ラグルスがハワイの研究を積極的に進める一方(Ruggles 2001, 2007)、ラパヌイではリラーらの永続的な努力も今日の関心再興につながっているように思われる(Liller 1993)。ポリネシア考古学を牽引してきたP.カーチも「ポリネシアの天文学的、暦的そして航海術的な知識体系を見ると遺跡の方位関係にもっと注目すべき」(Kirch 2004a：112)という。またハワイ考古学会の刊行した近年の総括論集において、D.タグルが考古天文学は期待すべき分野と主張するように(Tuggle 2010：160-166)、今後は天文学者と連携しながら生産的な議論が展開されることを期待したい。

　さて考古天文学や民族天文学は英米、つまり英語圏が中心であった。しかし「文化の中の天文学ヨーロッパ学会(European Society for Astronomy in Culture)」がさまざまな国で開催されるにしたがって、英米以外の欧州各地からさまざまな事例が報告されるようになった(Koleva and Kolev eds. 1996；Ruggles *et al.* eds. 2001；Blomberg *et al.* eds. 2003)。これと相前後して、『非西欧文化における科学、技術、医学事典』の天文学部門に世界各地の文化天文学の事例が掲載された(Selin ed. 1998)。また同じ編者の『諸文化を越えた天文学：非西洋的天文学の歴史』も在地天文学の比較研究という視座を確立していった(Selin ed. 2000)。

　さらに2015年にはC.ラグルス編『考古天文学・民族天文学ハンドブック』が公刊され、研究フィールドはサハラ以南のアフリカやアジアなど世界中に拡大していっていることがわかる。

第3章　民族誌に見るスカイロア・スターロア

1. 星座の見方の恣意性

　天文現象を認知する側面は、基本的に天体の形ないし構造（配置）および運行、この2つの側面である。文化が違えば、同じ星座の配置に異なった動物や物語を見るだろうということは容易に想像がつく。たとえば西洋の蠍座をポリネシアではマウイの釣り針座、マヤやアボリジニはワニ座、インドネシアのブギスはエイ・サメ座と見る。また南十字座をミクロネシアではモンガラカワハギ座と見るのである。

　また星座というグループの見いだし方、あるいは天空の切り取り方は文化によって異なる。たとえば西洋では、カシオペアからアンドロメダ、さらに魚座の一部や牡羊座と、北天に輝く星々がある。ミクロネシア・マーシャル諸島ではこれらの星座を包括する、巨大なイルカ座という星座を見る（図3-1）。あるいは西欧では射手座、蠍座、南十字座、狼座、烏座、海蛇座にまたがる星々を、トレス海峡のアボリジニは「カヌーに乗った漁師座」という巨大な星座と見る。さらにこの星座と関連する神話には、周りにあるプレアデスやオリオン座も含まれる。

　さらに西洋では星を結んで星座を認識するが、インカでは天の川の暗黒の部分にリャマ座などを認識する。同様に蠍座や南十字座にコールサック（南半球で見える暗黒部分）をあわせて、アボリジニはエミュー座を見る。北半球では星座は点の連結としてとらえられることが多いが、南半球ではこのように天の川やマゼラン星雲のようなぼんやりとした天体の集合体あるいは暗黒部分を含めて星座をとらえることが珍しくない（図3-2）。

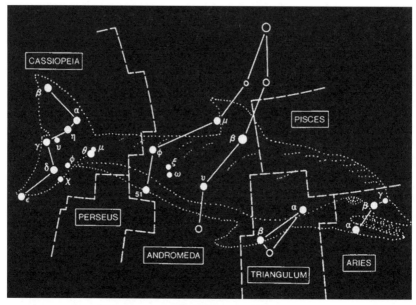

図3-1 マーシャル諸島のイルカ座（Staal 1988）

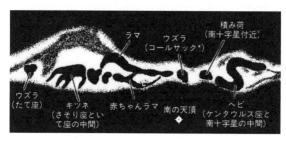

図3-2 天の川の暗黒部にリャマを見るインカ（アヴェニ 1999）

　またそもそも天体の何が重視されるかも文化によって異なる。たとえばアボリジニは星の明るさではなく、直線的な並びと星の色を重視する。また、アーネムランドのグロート・アイランド（Groote Eylandt）島の住民は海蛇座の直線的な星の並びを認識していたが、近くにある、より明るいプロキオンやレグルスはそれに関係づけていない（後藤 2014c）。

　さらに重要なのは緯度である。星座運行の中心で動かず、北の目印になる北極星は南半球では見えないし、北極星に相当する星は現在南半球には存在しな

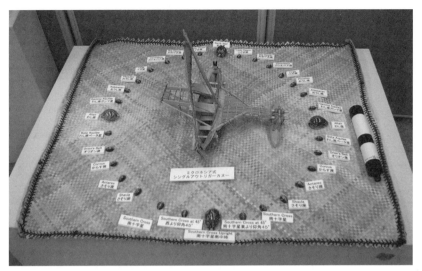

図3-3　カロリン諸島のスターコンパス

い。さらに南北両半球では季節、たとえば夏至と冬至が逆になる。したがってポリネシア人のように南北両半球に数千キロも移動した集団は、天文観や季節観に関して、大航海時代以前の人類史上例を見ない認識論上のチャレンジがあったと推測する（Goto 2014b）。

　緯度と関連して重要なのは天体の運行である。南北の極付近では天空は極を中心に回転する。このような動きをする宇宙は、世界樹や宇宙軸の周りを回ると理解される。そして北極星は至高神であるという天空観を生み出すだろう。一方、赤道では星々はほぼ垂直に昇り没する。このため赤道直下のキリバス諸島では梯子状の宇宙観が存在した。

　さらにミクロネシアでは星座によるコンパス（スターコンパス）が発達するが、そのような天体の利用は、天空がほぼ円形状に回転するイヌイットでは不可能である。逆に彼らは星の出没地点ではなく同じ天体の角度の違いによって方位を推測した。また周極星の多い極北の空ではハンター（オリオンの三ツ星）がカリブーや白熊（アルデバランやプレアデス）を永遠に追っている、と

いうような神話が語られる。

　また南北回帰線の内側の熱帯域では、太陽が天頂および天底を年に2度通過するが、その外側の中緯度・高緯度地帯ではそれは起こらない。太陽の天頂・天底通過は重要な儀礼を伴うことが多いので、南北回帰線の内側にのみ適応される「熱帯天文学（tropical astronomy）」も提唱されている。

　また、日本の農民や漁民も含め、世界各地の民族はプレアデスを季節の指標として生業を営んでいた。

2. 狩猟採集民の星座観

A. 南アフリカ

　南アフリカのカラハリ・サンの人々は、天体の観察された動き、季節の序列および動植物の行動、すなわち有用植物の成熟や動物の交尾などの間に関連性を感じていた（Tooke 1886；Snedegar 1995, 1998, 2000；Warner 1996）。

　一般に、目立つ星が季節を知る目安だった。たとえばロヴェドゥ（Lobedu）の人々はカノープスが明け方に昇ることに対して「少年がやってきた！」と呼びかける。この星は雨季の到来を意味すると同時に少年のイニシエーションを行う季節を知らせる。ヴェンダ（Venda）の人々がトゥトゥルワ（Thutlwa）と呼ぶ星座は、南十字の α と β、そしてケンタウルス座の α と β から構成される。10月にトゥトゥルワは、夜の地平線に浮かぶ木の上を通り過ぎる。この星の名前は「木の上に上がる」という意味であり、人々に草食獣の行動をイメージさせ、春の植え付け時期が近いことを知らせる。

　西のケープ地域を除くと、南アフリカには夏の雨季と冬の乾季の2つの季節が存在する。しかし古代の人々は3〜6つの季節を区別していた可能性がある。たとえば北ソト（Sotho）ではマレガ（marega）は乾燥する5月から8月を意味するが、その時期は、南半球では冬に相当する。続くセレモ（selemo）は掘る季節で、春の雨で始まり耕作、植え付け、草取りの季節である。そしてレフラブラ（lehlabula）は豊富な季節といわれ、前の季節に植えた作物が収穫

され、この時期は4月まで続く。

　この地では大地の血液である雨の有無が季節の重要な参照項であるが、時間の経過や儀礼のときは天体の動きによって示されることが多かった。重要な星座としてはカノープス、プレアデス、オリオン、スピカ、南十字そして天の川などがあげられる。

　ソト、ツワナ（Tswana）、ヴェンダなどの人々にとって、カノープスは2番目に明るい星として知られており、ナカ（naka）ないしナンガ（nanga＝角の星）と呼ばれていた。ズールー（Zulu）やスワヂ（Swazi）の人々にとってはイン・クウェクウェジ（inKhwenkwezi）、またツォンガではクウェクヘティ（Kwekheti）とも呼ばれ、これは単に「明るい星」という意味であった。しかしこの名称はアルデバランなど別の星を意味していた可能性もある（Snedegar 1995：531）。

　カノープスの暦的な意味をもっとも明確に認識していたのはソト・ツワナの人々である。ナカは年の初めを知らせ、自然の緑のものすべてを燃え上がらせる。というのは、それは冬期を支配し、草原を茶色くするからである。カノープスは5月の第三週くらいに明け方の空に見え、ヴェンダの間では最初にナンガを見た者はファラファラ（phalaphala）の角笛を丘の頂上で吹くことになっていた。ソトの首長は最初にナカを見た者に牛を褒美として与え、その日呪術師を呼び、骨のサイコロを振ってその年の吉凶を占う。そしてナカが現れそうになったら皆で丘に昇って火を炊いて、この星の出現を待つのであった。ナカを最初に見た者は幸運であり、翌朝呪術師は占骨を川の水で洗ってきれいにし、その色で吉凶を占った（Snedegar 1995：531）。

　東部アフリカでは、プレアデスは5月の初めに陽光の中で西の空に沈む。そして6月のヴリ（vuli）の雨が始まる頃、明け方東天に再び現れ、11月のマシカ（masika）の雨季が始まる頃、明け方に西の空に沈む。11月の後半に夕方東天に現れる頃は、乾いた、晴天の日々が始まる。このようにプレアデスの出現や没入を季節の目安にすることは、東部、中央および南部アフリカで一般的である。プレアデスはさまざまな名前で呼ばれるが、その語根には「耕す」と

いう意味が含まれているようだ。ただし実際にいつの頃にあたるのかについての情報には混乱が見られる。

たとえばズールー族においてプレアデスの6月末の旦出を目当てにしたとすると、実際の農耕サイクルにあわないのである。この頃は冬の最中で、土地は乾き農業にはまったく適していないのだ。ズールーの人々が仕事を終えビールを飲んで夜遅く帰るときにプレアデスを見るとしたら9月頃である。この頃なら春の雨が期待できるわけであり、プレアデスの観察は9月の真夜中近くに行われていた可能性がある。

一方、ホサ（Xhosa）の人々はプレアデスであるイシリメラ（isiLimela）を6月の旦出のときに観察していたであろう。この「掘りの星」は人間にとって再生を意味するが、それは割礼の儀礼が行われることと呼応する（Snedegar 1995：533-534）。

B．イヌイット

北極圏に住むイヌイットは極地に近いということもあって人類の中ではきわめて特殊な天文現象に対応している。たとえばイグルーリク（Igloolik）の居住地は北極圏北緯70°付近である。ここでは屈折で見える場合は別として、赤緯が-20°より南天の星は見えない。また太陽は11月の終わりから1月の半ばまで地平線の下にあり、その期間は見えない。一方、5月の半ばから10週間、太陽は沈まない。総じて北極圏の低い気温と大気の屈折は、地平線近くの天体の動きに大きく影響する。

この地では天体の肉眼観測に理想的な状況からはほど遠い。春、夏から初秋にかけて、空が星を見るには明るすぎるのである。しかしそれ以後の暗い時期でも空はしばしば雪、雲、オーロラ、月などの影響で天体観測には向かない条件となる。しかしこのような不利な条件であっても、イヌイットの中では天文民俗が発達している。

彼らのコスモロジーは、大地を宇宙の中心にある円盤として、その上に複数の天空の層が支えられていると見るものである。標高の高い山は地上の生き物

がその先に行かないようにしている。そして大地と天空には密接な関係、同型（ホモロジー）的な対応関係がある。天空の要素、とくに月はシャーマンが精霊の飛翔を行うときに使うことができるとされる。大地はその上下のたくさんの世界と連結している。たとえばオーロラ帯は殺人や出産のときに大量出血で死んだ精霊の住む場所である。悪い行いをすると星になってしまうという観念も一般的である。

　イヌイットの星の命名は33個の星座、2個の星雲、1個の銀河となっている。星座は単独の星の場合と、複数の星の場合がある。いくつかの星は通常の名称と、神話的人物の擬人化とするための文字通りの名称をもつ。人間や動物を意味する星は単独の星である。星はかつて地上の生き物で単独の魂をもち、その個性も維持しているからである。また道具に見立てた星座も多い。

　神話も豊富である。たとえば「妹の太陽と兄の月」の話は、いわゆる近親相姦の神話であり、兄は妹を性的な対象として追いかけ、とうとう空まで昇ってしまったというものである。これは太陽と月の時計回りの回転、太陽と月の輝きの違い、月の表面の模様、太陽の黒点の理由、食、月の月齢などを説明する神話となっている。地平線を這うように回るオリオンの三ツ星は3人の狩人であり、彼らはアルデバランとされる白熊を追って天に上り、永遠に熊を追っているとされる。イヌイットに伝わる豊かな星座の神話に関してはJ.マクドナルドの『極北の空』に詳しい（MacDonald 1998）。

　太陽や星座の動きに比べて、太陽の分点や至点の注目度は低い。それでも冬至は冬のもっとも暗い日を意味し、さらに同時に太陽の復活を告げる日であるので注目された。

　冬至の到来はアルタイルとタラゼド（鷲座の α と γ 星）が12月の半ばに最初に現れるときとされる。またそれは真冬の儀礼が行われるときでもある。

　太陽の再来は新年を意味するが、これはきわめてデリケートである。太陽は15°の仰角まで南中するのが観察されるが、これは手を伸ばして太陽の下の部分と地平線が中指の高さになるときである。すると太陽が確かに戻ってきたとされ、犬橇の長駆の旅と春のキャンプへの移動が開始される。

星が垂直に出没する赤道付近と異なり、天の北極を中心に星々が回る北極圏では星をナビゲーションの主たる指標とすることはできない。彼らはユニークな地形や雪の吹きだまりの形、空の状況、風の方向、潮流、鳥の飛ぶ方向、岩の苔の生え方などを総合的に利用して判断する。むしろ刻々と変わる条件を利用するのである。しかしセイウチ猟に出たイヌイットは、もし地平線が見えなかったら、ヴェガやアルクトゥールスを潮流と一緒に目印にして陸に戻ることもある。「肩の骨」座（ポラックス、カストル、カペラ、メンカリナン）は犬橇の方位を決めるのに使われる。北極星は比較程度なら北の目印になるが、北緯70°以北では頭上に来るためほとんど役に立たない（MacDonald 2015）。

C．アボリジニ
（1）天文観の特徴

アボリジニはオーストラリア大陸に住む先住民である。考古学の知見では、その起源は4～6万年前に遡るといわれる。ニューギニア方面との接触はあったものの、アボリジニはその後比較的孤立した状態で文化を形成し、独特の神話を育んできた。

アボリジニの創世神話においては、力の根源は遠い天空ではなく目の前の大地に潜むと考える。昔、大地は平らでなにもなく、空はいつも暗かった。しかしドリームタイム、すなわち遠い過去に、祖先である創造の精霊が地面あるいは空から、人間や動物、あるいは火や水になって現れた。精霊たちは伝説的な旅によって地形や天体、すべての生き物たちを創造していった。ドリームタイムは過去だけでなく現在も永遠に続いている。したがって土地、空の動物、植物、人間などは住み続けることによって、祖先の再創造に精神的につながっている。

メソポタミアからギリシャに至る伝統では、星座は点を結んでできる図形に動物や人間または神々を当てはめるのがふつうだが、アボリジニはこのような思考方式はとらず、むしろすべて星がそれぞれ動物や人間を表すと考える。そして彼らにとって、自然現象は陸上であれ天空であれすべてが関連し、儀礼を

支え、また儀礼によって支えられていると考える。

　アボリジニにとっては、星を認知するときに明るさよりも並び、とくに直線的な並びが重要なポイントである。彼らはあまり明るくなくても並んだ星を認識し、近くにあるもっと明るい星を無視したりする。たとえば北部アーネムランド沖に浮かぶグルート・アイランドの人々は、海蛇座のΣ、Δ、ε、ρ、ζそしてη星の並びを並べて認識していたが、近くにあるもっと目立つプロキオンやレグルスは関係づけていない。またヴィクトリアのブーロング（Boorong）族はまっすぐな並びの星だけを認識し、三角や四角の並びには興味を示さない。それは暗い空では認識しやすいからで、われわれがオリオンなどを見つけやすいのと同様であろう（Haynes 2000, 2009）。

　また色も重要であった。中央オーストラリアのアランダ（Aranda）族は赤い星とそれ以外の白、青ないし黄色い星を区別していた。赤い星の代表である蠍座のα星、すなわちアンタレスは「とても赤い星」と分類される。またそれより明るさは劣るがV字型のヒアデス星団は2列の少女とされ、赤いアルデバランを含む1列は赤（tataka）、もう1列は白（tjilkera）と認識されていた。そして赤い少女たちはアルデバランの娘といわれた。一方、ニューサウスウェールズ州のクラーレンス（Clarence）川の集団では、アルデバランは男カランバル（Karambal）の話を想起させるとする。この男は他人の妻を盗んで木に隠したが、怒った夫が火をつけたので天に逃げた。そしてこの星は不倫を戒めるために今でも空で燃えているとされる（Haynes 2000：59）。

（2）天文知識と季節性

　アボリジニは星が東西に動く毎晩の動き、すなわち日周と、徐々に同じ時刻の位置が変わる年周期を区別していた。後者の現象、とくに星座の出現と没入の位置から複雑な季節カレンダーを作っていた。中央オーストラリアのアランダ族とルリチャ（Luritja）族は星座 Iritjinga（＝ワシタカ）と南十字とのポインター、すなわちケンタウルス座のα、β星は年中見えるが、その位置が季節によって変わることを知っていた。

グロート・アイランド島の住民は蠍座のυとλ星が4月の終わり頃に夜空に現れると、雨季が終わり乾いた南東風（marinmaringa）が吹きはじめると認識する。一方、近くの本土に住むイルカラ（Yirrkalla）族は12月初旬に蠍座が明け方に見えると、インドネシアやマレー系の漁師（例：ブギス族）が高瀬貝やナマコを求めにやってくる印だと推測した（Haynes 2009：6）。

アーネムランド北に浮かぶ島々に住むティウィ（Tiwi）族のシステムでは、大地はカルワルトゥ（kaluwartu）と呼ばれる水で囲まれた平たい円盤であり、それを逆さにした水鉢のような堅い天空ジューク（juwuku）が覆っていた。その上には祝福された上界トゥニルナ（tuniruna）があって、適切な雨と多くの食料によって満たされている。そこは永遠に咲く花で覆われた世界である。そして死者の魂はそこに運ばれ、覆いの穴から星として輝いている。上界には雨季と乾季2つの季節がある。乾季にはパカタリンガ（Pakataringa＝雷男）とトミトゥカ（Tomituka＝モンスーンの雨女）およびプマラリ（Pumaralli＝稲光の女）が天界に住み、雨季には空に降りてきて嵐と雨を地上に送るとする。

冬場でもっとも顕著な星はアルクトゥールスとヴェガである。アルクトゥールスが明け方の東天に見えると、アーネムランドの住民は筌や籠を作るイグサ（rakia）を刈り取る時期だと考え、アルクトゥールスはこれを思い出させるために昇ると考える。一方、ヴィクトリア州のブーロン族はアルクトゥールスをマルペアンクールク（Marpeankurrk）という老婆だと考える。彼女は8月から9月にかけての主食である蟻のサナギ（Bittur）を教えた存在として祝われる。冬場に見えるもっとも赤い大きな星であるアルクトゥールスはサナギの心臓を表し、その周りの小さな星は蟻の触角と後ろ足を表すとされる。

ヴェガは、人々に重要な食料であるマレーヘン（Maleehen）ないしローアン（Loan）の卵の見つけ方を教えた祖先の精霊ネイローアン（Neilloan）を表すとされる。ヴェガは4月から9月の間に空に現れるが、もっとも顕著なのは晩冬であり、そのときは琴座に伴う流星群も見える。流星群はオスのローアンがメスに卵を産ませるために巣を準備するときに飛び交う棒や砂を意味する。

そして10月、琴座が見えなくなったときが卵を探すときであり、これに気づかないと卵を得ることができない。

オリオンとプレアデスあるいは南十字も重要である。西部砂漠のピチャンチャチャラ（Pitjantjatjara）族においては、プレアデスが秋に夕暮れの空に現れたときがとくに重要で、それは野生犬ディンゴの交尾期が始まる時期を示す。このとき豊饒儀礼が行われ、数週間後にハンターが巣を襲って幼獣を選り分けて祝祭をする（Haynes 2009：7）。

アボリジニの星座の代表ともいえるエミュー（Tchingal）座は特異であり、星空に広く広がる（図3-4）。エミューはダチョウの一種である。天の川の暗い部分（コールサック）がその頭とくちばし、南十字のポインターがその長い首、そして胴体は首と蠍座の間の暗い部分に位置する。蠍座は胴体の下にある一連の卵に比定される。エミューのつがいは交尾のあと離れ、オスが卵をかえして育てる。ブーロンの人々は、エミューの脚が胴体の下に折り曲げられているときは（4～5月）卵の温めが始まり、オスが巣に座っているのでその下にはたくさんの卵があることを知っている。もし脚が見えるように地平線に伸ばされていると、オスは巣を離れ卵はもうない（Norris and Norris 2009）。

図3-4　エミュー座と、エミューの絵が彫られたクーリンガイチェイス国立公園の地上絵（Norris and Norris 2009）

トレス海峡の東部三島に住むメリアム（Meriam）の人々はタガイ（Tagai）という男を意味する星座を認識していた（Sharp 1993）。それは射手座、蠍座、南十字、狼座、烏座、および海蛇座の一部を含む大きな星座であった。タガイは蠍座に位置するカヌーに立って、南十字の魚叉と烏座の果物をもっている。タガイはプレアデスとオリオン帯からなる12人の乗組員であり、タガイ

が空を移動するときは、メリアム族の季節の案内役となる。すなわちタガイの移動にそって漁撈、採集および儀礼の時期が決まるのである。トレス海峡の西部の島々の住民はタガイの重要性を保ってはいるが、バイダム（Baidam＝牛飼座アルクトゥールスおよびコロナ・ボレアリスのγ星；現地語ではサメ座）、ブー（Bu＝海豚座；現地語ではホラガイ座）、ドガイ（Dogai＝アルタイルと鷲座のβ、γ星；現地語では「脅かす女」座）、ディデアル（Dideal＝オリオン）およびウサル（Usal＝プレアデス）を別々に認識していた（Haynes 2000：58）。

3. 北米の民族事例

天文に関する民族事例がもっとも豊富に記録されているのは北米先住民であろう。北米の南西部は考古天文学の中心地の一つでもあるので、関連する北米の民族誌を少し詳しく見てみよう。

A．ポーニー族のアースロッジ
（1）アースロッジと天体の観察

ポーニー（Pawnee）は中西部北方のカンサスから南ネブラスカにかけて住んでいたアルゴンキン語派のスー族の一翼を担う部族で、スキディ（Skidi）はポーニーの4バンドの1つである。創世神話ではすべての創造主ティワラあるいはティラワハット（Tirawahato）がいろいろな空の神、太陽、月、明るい星（宵の明星）、偉大なる星（明けの明星）、動かない星（北極星）などをいかに導いたかを語る。四隅の星は天を支えている。太陽は月を追いかけ最初の少年を作り、偉大なる星は明るい星を追いかけ最初の少女を作った。天の神々は人々に道具や武器を作る材料を与え、また彼らに聖なる束（後述）を作るために必要な貴重な物を与えた。他の星の神は異なった人々を作り、それぞれ補完的な知識や異なった聖なる束を与えた。神々と天と調和するために、スキディの人々は正しいときにそれぞれの束で適切な儀礼を行うことによって、宇

宙と調和して生きることができた。

　彼らは2つの家に住む。1年の大部分はバイソン狩猟のために平原でキャンプするが、必ず母村に戻ってきてトウモロコシなどの植え付けをする。このとき彼らはアースロッジに住む。彼らの天体の観察方法は、各星が明け方、地平線に出現するのを観察することと、夕暮れにいろりの西側に座って昇って来る星を小屋の煙窓から観察することである。

　彼らは小屋に東向きの入り口から入る。それは太陽や月や天体が東から昇り、光が射すようにである。中央のいろりは太陽を象徴する。小屋の奥西側にはもっとも神聖な場所があり、宵の明星に捧げた空間とされる。祭壇にはバッファローの頭蓋骨が置いてある。それは最初の人間の子供を象徴している。アースロッジを作るときには、真ん中を掘って、その土を小屋の前に塚のように積み上げる。炉が完成したら、小屋の内部は平らにして少しだけ土を残して、炉の西側に祭壇として盛る。次にバッファローを殺して、その頭蓋骨を祭壇に置く。バッファローは死んでいるが、太陽の光が照らすとティラワあるいはバッファローの精霊がそこに宿るとされる。頭蓋骨はいつも東向きにしておき、太陽が照らすようになっている（Pauketat 2013：64）。

　四隅の柱は天蓋を支える柱であるが、それは空を支える4つの最初の星を表す。天上の真ん中の丸い穴は丸い並びの星を意味する。それは「首長の評議会」と呼ばれる冠座（コロナ・ボレアリス）である。大平原の多くの部族はキャンプの輪（the camp circle）と呼ぶが、スキディは北極星が統べる評議会と呼ぶ。

　小屋には2つの入り口がある。東の入り口は思考がなされ、計画が行われるところで、暖かさと光が来る方向でもある。もう1つの天窓はあらゆるものの起源の方向、そして智恵の光と最初の教えの方向である。ここから祈りを乗せて煙が天の神々へと向かう。ときおり首長たちはいろりを囲んで座る。いろりの光は夜明けの星と太陽に由来すると信じられている。一方、天上では「首長の評議会」がティワラの指示にそって天空を横切るのを見る。

　冠座の丸い並びは統一の象徴で、首長たちが丸く座ることもそれと一致して

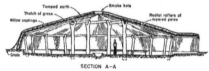
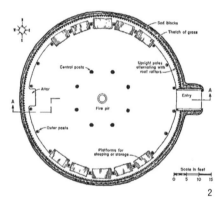

図 3-5　北米ポーニー族のアースロッジ
1. アースロッジ模型
2. アースロッジの構造（Weltfish 1965）
3. アースロッジ内部（Aveni 2008）

いる。

　アースロッジの炉の奥側から見て、天窓を通って天空に延長したベクトルによって見える天体の推測をすると、「首長の評議会」と天のほぼ反対側にある七ツ星プレアデスも観察できたであろう。それは儀礼の開始時期を知るためでもあった。司祭はいろりの奥側に座って天窓を眺め、七ツ星が夜か明け方に天空に昇るのを観察して植え付け儀礼を始める宣言をしたようだ。2月の初め日

の出の1時間前に「首長の評議会」は見えたであろう。同じ時期、日暮れの頃にほぼ同じ場所に七ツ星が見え、この七ツ星も彼らの統一を象徴する。

（2）アースロッジの内部構造とコスモロジー

4つの隅は東西南北軸の中間にあたり、それぞれに色、四季、人生の4つの季節、気象現象、動物、木々、そしてトウモロコシの種類などが割り当てられていた（図3-6）。後述するように、この方位は他の北米先住民と同様、夏至と冬至の太陽の日の出と日の入りを基本にしていた。

黄色い星は北西に位置し、沈む太陽を制御し、春、子供時代、雷光、山ライオン、柳および黄色いトウモロコシと関係づけられた。赤い星は南東に位置

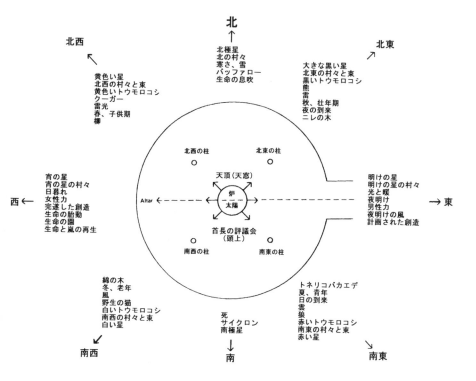

図3-6 アースロッジとコスモビジョン（Chamberlain 1982 より改変）

し、夏、青年時代、雲、オオカミ、トネリコバカエデおよび赤いトウモロコシ、黒い星は北東に位置し、秋、大人時代、雷、熊、ニレ、黒いトウモロコシ、白い星は南西に位置し、冬、老年、風、野生ネコ、綿の木および白いトウモロコシと関連づけられていた。

　黒い星（男性）と白い星（女性）はつがい、赤い星（男性）と黄色い星（女性）もつがいで、赤い星は昼を支配し、黒い星は夜を支配する。白い星は月と共に輝き、黒い星は知識の守護神である。この連関は果てしなく続くが、それぞれの要素に共通性を見出すのは困難である。

　彼らの世界観は、神話と自然の観察によって裏づけされている。たとえば太陽は常に月を追いかけ、定期的に（月に1度）捕まえて彼女を消えさせる。これにそって儀礼が行われる。しかし彼らの生活は宇宙の観察を巡って基礎づけられているというよりも、いろいろ異なった方式で、宇宙の構造を時間的にも空間的にも反映しているというべきである。

　これはアースロッジの構造に見られる。ロッジは世界のように丸く、床は大地、天上は天空を表す。入り口は東に向き、夜明けの星と同じように人は小屋に入る。祭壇は西にあって、それは宵の明星の領域で創造と再生を表す。天上は4つの柱によって支えられ、世界の四方向とその星を表す。柱は適切な色で塗られている。これは天と地の関係を象徴する。

　宇宙の構造は家によって反映されるだけではない。4つの村が世界の四方向を意味するように配置されており、それぞれの星と関係づけられている。それぞれが4つの星と関係する儀礼具である束をもち1年の適切な時期に儀礼を行う。この儀礼は重要な活動、植え付け、収穫、バッファロー猟などと関係している。

（3）神話、スターチャートや聖なる束

　彼らにとって首長権の基礎は天空にある。至高神は天頂に存在し、すべての物に影響を与える。彼は他の天の神々を正しい位置に置き、神々は地上の創造と人々の行いを至高神が導くのを助ける。動かない星＝北極星は首長の星であ

る。それは天の星の一団が常に決められた道を行くように見張っている。星はまた人々を見下ろしその行動を律する。首長の星からそれほど遠くないところに円形の星、「首長の評議会」座があり、天のちょうど反対側に同様に「統一」を意味するプレアデス星団が存在する。

ポーニー族ら北米平原先住民は、かつて神から与えられた聖なる束（sacred bundle）を継承していた。これは至高神や神々である天体に由来するシンボルで、各集団あるいは各氏族の起源や由来と関係する聖なる物体であり、季節の儀礼のときに使われる。ポーニー族の束には首長の星に由来する堅い石が入っていた。また首長は束と共に羽毛で覆われた槍ないし杖ももっていた。その杖はさまざまな種類の鳥の羽で覆われていたが、その鳥は星の廻りを飛び回る鳥であった。鳥は星と地上の人間との間の媒介と考えられた。

このような星座の配置を示す人工物にはスターチャートがあった。スキディ族のスターチャートがシカゴのフィールドミュージアムに収蔵されている。これはバッファローの頭皮から作った楕円形の図で56 cm×38 cmの大きさがあ

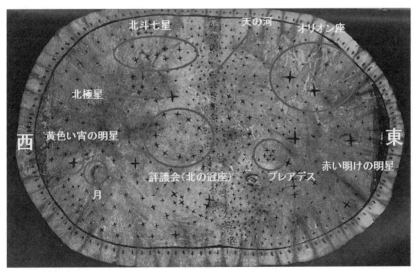

図 3-7　ポーニー族のスターチャート（Chamberlain 1982 より改変）

る（図3-7）。

（4）生け贄の儀式

1838年にネブラスカ州南西部のポーニー族居住地において最後の生け贄の儀式が行われたとされる。このときは15歳の少女が生け贄になった。彼女の体の右側は南に向き、赤く塗られ夜明けを象徴していた。左側は黒く塗られ通り過ぎようとしている夜を表していた。少女は革のスカートをはき、肩には色をつけたヘラジカの皮で作ったローブをまとっていた。頭の飾りは鷹の羽根で、それは明けの明星にメッセージを運ぶ鳥であった。

少女は台の上に縛られたが、この台は世界観を表していた（図3-8）。2本の縦柱は、北はニレ、南はポプラであった。下にある4本の横木は下から上へ、北東（ニレ）、南西（トネリコバカエデ）、北西（ポプラ）、南東（ヤナギ）となっていた（図3-6参照）。横木のそれぞれは4つの方角を示す動物の皮で縛られていた。熊、山ライオン（クーガー）、野生ネコ、オオカミである。上の横木はヤナギで、天空を表していた。それはカワウソの皮で結ばれ、生命の再生を意味していた。台の下の穴は西にある宵の明星の成長する庭を表していた。

夜明けが近づくと今まで隠れていた司祭が南東からたいまつをもって突然現れ、少女の右の脇の下と股の近くをさわる。もう一人の司祭が北西から現れ体の反対側に触れる。そのあと彼女を捕まえた戦士が進み出て聖なる弓矢で心臓を射ると、その魂は至高神のティワワハットのもとに行くとさ

図3-8　ポーニー族の生け贄の儀式
（Williamson 1984）

れる。神は彼女の魂を明けの明星に渡し、明星は明け方に炉から取った火打ち石に魂を込めると、少女は天の新しい星となってポーニーの人々を見守る。

　司祭が進み出て少女の心臓の上を石器のナイフで切り裂き血を浴びる。血は少女を捕まえた男のもつバッファローの舌にも注がれる。血は台の下の穴にも注がれる。弓を引ける男性が皆進み出て少女の体を射る。弓を引けない子供は大人の助けを借りて弓を射る。こうして土地の豊饒とバッファローの増加を祈る明けの明星の儀式は完結する。

　以上要点をまとめると、彼らの建築、アースロッジは上記のような信仰や神話、あるいは儀礼、さらに他の人工物（スターチャートや聖なる束）との関連性、あるいはそれらのコンテクストに置いてみて、初めて意味をなすものであることがわかる。アースロッジからの天体の観測もまた同じである。アースロッジの構造と天体の関係は、それがどれだけ「正確」であっても意味をなさない。詳しく見てきたこの民族事例は、本書全体の基本的主張をよく示すものである。それはすなわち以下のとおりである。

1) アースロッジは天体の「観測」のために作られるのではない。むしろそこで皆で天体を「観察」する行為自体に意味がある。
2) あるいは、皆で天体の動向に「関与」（engagement）することに意味がある。
3) そのために種々の神話、動植物、方位、季節、儀礼、人工物（星のチャート、聖なる束、生け贄台、等）が束（bundle）となって、相互参照（mutual citing）の関係を担う。

B．ナバホ族
（1）コスモロジー
　北米で最大の先住民集団といわれるナバホ（Navajo）族は、アパッチ（Apache）などと同様アサパスカン語族の集団で、カナダ付近から北米南西部に移動してきた集団である。ナバホという名称はスペイン人がつけた名称で、

自称は人間を意味するディネ（Dîné）である。彼らはもともと狩猟採集民であったが、移動する過程で農業、動物飼育や機織りなどをプエブロ集団から借用した。南西部には紀元後1500〜1700年の間に移動を行ったと考えられる。

　ナバホ族はホーガン（Hogan）と呼ばれる独立した住居に家族で住み、しばしば移動も行っていた。ナバホは農耕をはじめ多くの文化要素をプエブロから借用し、似た面も少なくないが、両者の世界観には本質的な違いも観察できる（Griffith-Pierce 1992）。

　神話では最初の人間がホーガンを作り、南北方向は虹、東西方向は太陽の光をかぶせて屋根にした。ホーガンには二股に分かれた3本の柱を三方から傾けるようにして上部で交差させた三角テント型のものから、円形ないし六角形の平面形態をもつ大型のものまで多種多様である。これらは柱や壁に使う木材の有無などによって選択されるのだが、基本的に東側に入り口を作るのは共通している。大型のホーガンでは4〜6本、そして8本まで垂直の柱が建てられるが、それぞれの柱は方位を示し、その方位に特徴的な色をもつ貝殻やトルコ石が根元に埋められる。ホーガンは基本的に生者の空間であり、もし家の中で死者が出た場合は焼き払い、家を建て替える。このような風習は散村形態を生む原因の一つとなっている（Williamson 1984：160-162）。

　ナバホはズニやホピのように直接太陽の出没を観察する場合もあったが、それ以外にも太陽の光や影の形を住居の中や聖なる岩の上で観察した。たとえば春分のあと太陽の光がホーガンの煙穴から入ってきたとき、床中央の炉の東側だけを照らすと種まきの季節だと知ったのである。あるいは渓谷に住む人々は谷の南面を照らしていた太陽が北面に到達し、谷底を照らすと、植えられたトウモロコシの種が温められ、芽の出る日も遠くないと悟るのである（Williamson 1984：167）。

　またナバホの儀礼の順序は基本的に時計回り、すなわち東・南・西・北の順であるが、彼らは儀礼や農耕のサイクルを太陽よりも星座の出没と関連づけていた。またポーニー族や後述する南西部の集団と同様、方位、太陽の至点、色、およびそれ以外の基本的要素の関係を重視していた。ナバホの特徴は、と

第 3 章　民族誌に見るスカイロア・スターロア　63

くに空と色彩が 1 日の時間と天空の方位と関係していることである。神話によると古代の祖先、聖なる人々は母なる大地から這い出てきた。その途中で彼らは大事な要素と経験を獲得し、黒い世界、青い世界、黄色い世界を通り、最後に輝く表面世界に出てきたのだ。彼らは地下世界からコスモロジーや社会構造をもってきた。方位、色彩、1 日の時間、人生の季節、地理、宝石さらに他のたくさんのものである。

　白は東と関係し、白い貝、東の空（南中央コロラドのブランカ・ピーク「白い峰」に比定）、明確な思考、芸術、そして来たる日に望まれる美しいモノに祈り黙想するために暁の最初の白い光の中に一人で出ていくという聖なる慣習を象徴する。青はトルコ石であり、南を象徴し、また南の山（ニューメキシコのタイラー山）、そして人々が一般に生活を行っている 1 日の真ん中頃を意味する。黄色は日の入りを意味し、それは西の山（アリゾナのサンフランシスコの峰）、アワビの貝、経済的思考、そして人々が家で団らんする夕方を意味する。最後に黒は北を意味し、黒炭と黒曜石、北の山（南西コロラドのヘスペルス峰）、科学的思考、そして星を含む夜のものを意味する。

（2）星の民俗
　神話では、星々はホーガンの中で創造されたと語られる。まずホーガンの中に空と大地が生まれ、空は南、大地は北の方に横たえられていた。創造のとき黒い神がホーガンに入ってきたが、小さな星の一群がその足首にへばりついていた。神が足を踏みならすと星は驚いて膝に駆け上がり、さらにお尻、肩、そして左のこめかみに駆け上がった。黒い神は「お前はそこに止まりなさい」といったので、その星は天高く止まるようになった。それがディルイェヘ（dilye-he プレアデス）である。

　さらに黒い神は子鹿の皮で造った袋に水晶を入れており、それを暗い空に星座を配置していった。時計回りに、まず東から南、西、北の方角へ星を配置していった。彼は「開いた足の男」座（烏座の不定形四角形）を最初に置いた。そのあと「角の生えたガラガラ」座、くま座、雷座を東に、最初の大きな一つ

座（蠍座）を南に、回る男座（大熊座と北極星）と回る女座（カシオペアの一部と小熊座）、細身の最初の星座（オリオン座の一部）、つねる星座（アルデバランとヒアデスの下の枝）、ウサギの足跡座（大犬座の近くの星）、そしてプレアデスを西から北に配置した。

　配置が終わると、自ら輝くことのできない星々に水晶の屑のたいまつで点灯していった。屑は天の川になった。しかしいたずら者のコヨーテが来て、星を配置するのに相談がなかったことに恨みをもち、袋の中に残っていた水晶を空一面にぶちまけた。それらの星は名もない星となった。さらにコヨーテは最後に残った水晶を南に置いた。このコヨーテの星は、南にある少ししか見えない星、おそらくカノープスであろう。

　黒い神が配置した星にはそれぞれ特徴と役割がある。まず「最初の星（北極星）」で、それはいつも見え、人々を導き、ときには天の火の中心といわれる。それはホーガンの中で人々が集まる場所を象徴する。次は「まわる男」とされる大熊座で、「まわる女（カシオペア）」とペアになり、その位置と動きで均衡を保ち、ホーガンの炉の周りに集まる家族の面倒を見る父と母として認識される。両者は他の星の両親ともされる。

　「最初の細身の星（オリオン座の一部）」は月と七ツ星（プレアデス）の守り神で、すべての創造された星を象徴する。オリオンとプレアデスのペアは儀礼と農耕カレンダーの鍵で、「七ツ星に植えている所を見させてはならない」という言い伝えがある。これはプレアデスが西の空に隠れるまで植えてはならない、しかし東の空に明け方に現れる前に植え終わらなくてはならない、という意味である。この言い伝えは、冬の霜および湿気の不足によって発芽と生長が妨げられるので、早春にあわてて植えてはならず、一方夏が始まる前に植え終わるべしということを教えるのである。またプレアデスが夜10時頃北東の空から昇るのは9月後半で秋分の頃であるが、それは秋の霜の到来が近いことを知らせる。この時期夜半にはプレアデスが天頂で見ていることになるので、その前に刈り取りを終えなくてならない。

　またほとんどの儀礼は「最初の細身の星」座が秋に夕方の空に現れてから行

われ、この星の集まりが春の日暮れに沈む前に中断することになっている。この星座も農耕と関係する。この星座はプレアデスを追うようにして出現するが明け方に沈む頃（4月の終わりから5月の初め）植え付けを始める。星座の右側の辺（オリオン座のγ星とリゲル）は、そのときに使う掘り棒とされる。

「少し開いた脚をもつ男」座は烏座と周辺の星々である。また「最初の大きな人間」座は蠍座の前の部分であるが、両者は星を見ることで病気の予言に役立ち、またよい人生を経て長生きし幸福になることを象徴する。才能のある人々は水晶を通してこの星々を見ると病気の人に必要な儀礼がわかり、また行方不明になった人の居場所、そして貴重なものの場所がわかるといわれる。もう一つ小さなパタンを見せる「ウサギの足跡」（蠍座のしっぽの部分）は狩猟者の導きである。この星が夜の空を横切っているのが見えるときに狩猟するのは不適切とされる。

星座は水晶から造られたとされるので、地上の水晶も星と関係すると考えられた。実際に星の神官は水晶を目にあてて明るい星を眺める習慣があったようだ。またその屈折の色で儀礼を定めた可能性もある（Williamson 1984：164-166）。

ナバホ族では砂絵（サンドペインティング）と呼ばれる風習が有名である。これは病気治癒などシャーマニズム的な意味をもつ。その中には父なる空と母なる大地を表す人物、そして天の川やさまざまな星座が描かれる。砂絵には同じものは一つもないといわれる（Young 1988）。もう一つの聖物は瓢箪のラトルである。中には星形が彫られているもの、あるいは穴が開けられたものがあり、その位置は重要な星座、すなわち大熊座、オリオン座、プレアデスおよびアルデバランなどの位置と一致している。また類似の星のパタンは岩絵にも見いだせる場合がある。さらに星の地下室（star cellar）と呼ばれる遺構も発見され、その床面には四菱型の星が彫られていることがある。

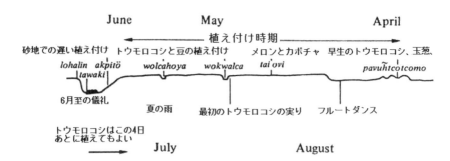

図3-9 プエブロインディアンの地平線暦（Williamson 1984 より改変）

図3-10 プエブロインディアンの住居跡。壁の穴から天体を見た可能性がある。（荒川史康氏提供）

図3-11 ズニ族の太陽神官の太陽観測祠 (Stevenson 1904)

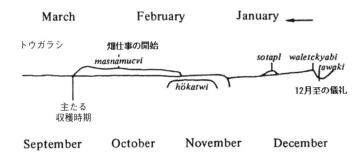

C. プエブロ集団

(1) 太陽と方位観

　農耕民プエブロ (Pueblo) 集団の天文観察の特徴は、主に太陽に基づいていることである (Zelik 1985, 1986)。プエブロ、たとえばホピ (Hopi) 族には太陽観察の専門家という集団が存在した。彼らは太陽の運行を見て儀礼と農耕などのサイクルを教える。しかしプエブロ族は儀礼とそれ以外の実践的な事象の区別はしないので、儀礼と空の観察は狩猟採集や農耕などあらゆる活動の中に埋め込まれていた (図3-9)。

　プエブロは地平線からの出現だけではなく、建築物の窓の中から内部の壁の特定の部分を陽光が照らすのを見る、あるいは棒などを立てて観察する場合もあった (図3-10) (McCluskey 1977, 1982)。あるいはズニ族の事例であるが、神官は太陽神殿において2月半ばの特別な日から毎日観察し、特定の山の影が神殿内の太陽のシンボルに掛かるのを春の種植えの指標としていた。

　一般的にプエブロ集団では四方位よりも至点が重要であった。ホピは方位の基本である冬至の没入点から反時計回りに夏至の没入点まで順に、太陽に向かってトウモロコシをまいて捧げる。夏至の太陽の没入地点から始めるという情報もあるが、いずれにせよ反時計回りと儀礼の方向が決まっている。ティワ (Tiwa) 族も東から儀礼を始めるが、その東は実際には北東で、反時計回りに回って5つ目の方角が東と南の中間 (実際の東) で終わる。タオス (Taos) も東から反時計回りに数えるが、彼らの東は北東にある峰を指している。ズニ

（Zuni）の方位名称も同様で、トウモロコシの種をまず夏至の日の出（北東）にまき、そのあと北西、南西、南東とまく。アコマ（Acoma）やテワ（Tewa）は実際の東西南北に近い理解をしていたようだが、これは指標とする峰の方角と関係があるかもしれない（McCluskey 2015b）。

　このようにプエブロ集団は4つの至点とその日を重視していたが、その理由はのちにズニ族の創世神話から説明しよう。ホピ族では儀礼小屋キヴァ（kiva）の中では4つの至点の方位にシパプ（sipapu）という穴が床に開けられている。シパプは普段は覆われているが、儀礼のときにだけその覆いが取られる（McCluskey 1977：178）。一方、彼らは自然景観の中では特徴ある地形を聖なる地形として太陽出没の参照点としていたが、正確に方位、たとえば北東や夏至の方位などに参照点があるわけではない。この2つのニーズの間で何らかの妥協、解釈の変更がなされ、儀礼という実践の中での観念上の調整が行われたのではないか。

　最も詳細な情報によると、プエブロは6方位制をもっていた。4つの至点と上（天頂 zenith）と下（天底 nadir）を合わせた6方位である。同じような考え方は北米先住民では珍しくない。そしてこれら6方位すべてに異なった色彩、雲の色、具体的な場所ないし地形、木の種類、トウモロコシの種類、豆の種類、蝶々の種類、花の種類、水の動物、陸の動物が対応している。これはポーニーやナバホの事例ですでに見たとおりである。しかし一般に、同じ方位に連関させられている要素にわれわれの分類の論理を適応させるのは不可能である。また彼らは雨も雲も特定の方位に住んでいると考え、四方に聖地を認めている。それは実際には山の峰や湖だったりするが、その地へ特定のときに巡礼し、聖物を奉納する習わしがあった。

（2）ホピの太陽と天体の信仰

　プエブロは冬至の2、3日、あるいは2、3週前から儀礼の準備を開始した。それは冬至のときは数日止まって見える太陽を再び動かすための新年の儀礼である。最南端に来た太陽が北に戻って来ないと日照時間が延びず、凍った大地

が蘇らないからである。もし太陽神官が定めた儀礼の日のあとにさらに太陽が南から昇ったら、太陽は地平線から落下して闇の時代に戻るとされた。ホピの村にはタワキ（tawaki）と呼ばれる小さな石組みの祠があり、そこから冬至の日の出が観察された（McCluskey 1982：34）。

　この時期は農耕ができないので、儀礼に費やす時間も長かったと考えられる。至点の前後で月との関係でもっとも重要な冬至の祭りソヤル（Soyal）の日が定められたので、その日は現在の暦上では毎年同じ日にはならない。とくに新月の到来は地平線の太陽の位置との関連で重視された（Zelik 1986）。月は冬至のときに太陽によい影響をもたらすように、正しい位置にあるべきと考えられた（Williamson 2015：643）。

　総じてホピの儀礼は太陽が中心なのであるが、冬至の儀礼ではキヴァの中から夜にプレアデスやオリオン、そしてシリウスの位置も観察された（e.g. Stephen 1936：39, 47, 51, 812, 906, 969, 977；ウォーターズ 1993：195-202）。またキヴァの壁には星座のモチーフが描かれてもいた（Stephen 1936）。

　一方、夏至の儀礼は、太陽に光と熱をもたらす太陽がゆっくりと運行し、できるだけ長く大地を照らすようにとの願いを表現する。また人形の形で表現されるカチナ（kachina）の精霊が雨をもたらすようにとの祈りが込められている。夏至の儀礼は冬至のそれに比べると簡素であるが、実際に夏場は農耕に忙しい時期で、冬至のときほど念入りな儀礼を行うことができないからだと思われる。彼らの宇宙観では地下には地上の鏡像的な死者の世界があり、その世界では西に太陽が昇る場所、東には太陽が沈む場所があるとされる。冬至と夏至も逆になり、たとえば地上で夏至のときは地下世界では念入りな冬至の儀礼が行われるのでバランスがとれると考えるのである（Young 2005）。

（3）ズニの太陽と年中行事

　創世神話によると、ズニの人々は地下世界から地上に出現したのちに定着したと語られる（Cushing 1896）。人々は長い間放浪して、平和で安定して住むことのできる中心を探しており、アメンボに助けてくれるようにお願いした。

するとアメンボは斜めに四つ足を伸ばして4つの至点を示し、小さな足で天頂と天底を示した。心臓がちょうど中央の点であり、ズニの人々は最終的にそこに居住を構えた。そこは至点の交点であり宇宙の中心でもある。そして人々が出てきてから太陽や月や星が創造されたとされる（Williamson 1984：65-67）。それはプエブロが人間生活における秩序とカオスの両方を尊重していることを表している。

　ズニ族の人々にとっては、冬至が1年の始まりで、それから6つの月が続くが、半年後の夏至のあとに続く月の名称も冬至と同じである。すなわち1年の間に季節が象徴的に2回繰り返されるのである。もちろん彼らは冬至と夏至は対照的な季節だと知っており、それぞれに伴う儀礼や踊りも対照的なものが行われる。ズニの冬至儀礼はとくに新年の火を灯すことに重きが置かれている。

　冬至の10日ほど前から、新年の火を集める少年が各家を回る。各家では次の年の作物の豊作を祈るために木の枝をわたす。それを集め終わると、少年は儀礼小屋（キヴァ）の中に枝を置き、小屋の東側にあるもっとも近い家から木炭をもらってきて日暮れに聖なる火を灯す。この火は冬至儀礼の間、ずっと保たれる。冬至の日、太陽が昇ると神官は聖なる祠に祈りの棒を植え、他の人々は自分の土地に植える。そのときは老若男女、赤子に至るまで祈りのための羽毛の棒を植えるのである。この棒は陽が落ちるまで隠されずに、父なる太陽が祝福と供物を受けながらその上を移動する。そしてその場所はあとで荒らされることのないように埋められる。

　冬至のあと新たな火の儀礼が行われるが、このとき各家にも火が配られ村中にたいまつが灯される。若者たちは大騒ぎして火を絶やさないようにする。すべてのキヴァの中で夜中まで踊りが続けられ、それは神（太陽）が西の方に去るときまで続く。このとき神官が各キヴァに尋ねてきて、新たな種を授ける。このように太陽が再び北に向かいはじめるときは、新たな火が次の年の恵みを約束するときなのである（Williamson 1984：79-84）。

　ズニは夏至の日に聖なる山の麓の湖を訪れ、湖と山の峰に祈りの棒を奉納し、雨の到来を祈る。帰ると巡礼者の中から選ばれた聖なる少年がブッシュに

火をつけ、その雲が雨をもたらすとされる。また夏の終わりには北西の方から湿気を含んだ雲がやってきて大地を潤す。聖なる山々の方位はこのような四季の自然と恵みの雨を意味するものでもあった（McCluskey 2015b）。

　また19世紀末に行われたズニ族の夏至の太陽儀礼の観察が記録されている（図3-11参照）。その神殿は石の塚のような簡素な造りで、長さと幅がそれぞれ2、3フィート、東側に開いていて、西側は崖に陽光があたるように大きな岩がある。北と南には2つの小さな石が置いてあるだけで、神官は太陽崇拝棒を神殿の中の砂の床に植えた。その棒は2、3インチの長さの綿木の棒で、太さは鉛筆より少し太いくらいであった。1本は男、もう1本は女とされ、鷲か七面鳥の羽で飾られているがそれは祈りが太陽に届くようにとの願いが込められていた。

　神官は垂直の階段をよじ登るようにして神殿に入ると、太陽が昇る寸前で空が赤らんでいた。夜明けの明星も明るく輝いていた。神官は沈黙して棒の紐を神殿の奥に埋めると、棒は昇る太陽の方角に向かって立つような状態になる。それから神官は供物をまき、羽のついた紐を棒の紐と直角に太陽出現の方角に伸ばした。聖餐が棒の前、神殿の入り口に置かれ、ひとつまみの食物が昇る太陽に向かってまかれた。神官は神殿に入り口に座って南を向き太陽が出てくる間、祈りを唱えた。太陽が遠くの丘から出てきてその下限が地平線を離れる前に神官は祈りを唱え、東の方に羽と食物を投げた。儀礼はこれで終了した（Fewkes 1882）。

　ズニ族にとってはオリオン座やプレアデス、大熊座、明けの明星なども重要であった。キヴァの部屋で開いた天井からこれらの出現や南中が観察された。これは大平原のポーニー族などの習慣と近いようである（後藤 2016b）。たとえば地平線から明けの明星が出現したあと、女性たちは8月の雨の踊りを踊るが、そのさい身につける頭飾りは明けの明星と宵の明星の装飾が施されている。さらに冬至の期間中の明けの明星の出現は、新年の火を灯す儀礼を示唆する。またこの星の出現は有名な神シャラコ（Shalako）の到来儀礼のときに、夜を徹して行われる踊りと祈りの終了を告げる。

さらに7つの偉大な星（北斗七星）が頭上で輝くのを見て春のトウモロコシの種まきをする。彼らは北斗七星がいかに位置しているかを観察し、北斗七星の四ツ星を彼らのヘチマの容器、そして三ツ星を柄と見立てて、それが回転するのを見ながら観察を行うのである（Young 1992：79-80）。

D．カリフォルニア先住民

　カリフォルニア大学が精力的に行った CED（culture element distribution）、すなわち文化要素分布のリストによって、夏至や冬至を観察する風習がカリフォルニア内部で地域差を見せることが指摘されている（Hudson et al. 1979）。夏至と冬至はほとんどの部族で意識されていたが、これら至点は暦を区切る直接的な指標とされているか、あるいは間接的に至点直後の月齢が指標とされていた。傾向としては北部の部族は冬至が強調され、南部では夏至と冬至の両方が意識されていた。そしてこの風習に関して北部の部族は北西海岸と、また南部の部族は上述した南西部の集団と共通性が高い。南部の場合は暦のシステムと砂絵という特徴的な要素が南西部と類縁性を示す。さらに南部の西ククス（Kuksu）族の儀礼は、南西部プエブロ族の太陽儀礼に類縁性をたどれるようである。

　さて夏至と冬至の観察は、直接的および間接的の2種類が存在する。直接的観察は地平線の目印との関係で、太陽の南北移動を観察し、太陽が3日あるいは4日間同じ地点から出現することをもって至点であるとするのである。観察する場所も儀礼小屋の窓、自然の岩穴、あるいは岩絵などが描かれた特別な場所などである。

　一方、間接的な観察とは、儀礼小屋の床面や柱あるいは壁の特別な地点に陽光が射すこと、岩絵の特別なモチーフに陽が射すこと、あるいは影を観察すること、などがあげられる。いくつかの部族では太陽を観察する特別な役割、太陽神官が知られていた。秘密結社のリーダーが行うポモ（Pomo）族、また首長が代々受け継いだ聖なる棒をもって行うワッポ（Wappo）族、あるいは首長でもあり呪医でもある長老が行うウィヨット（Wiyot）族など、総じて位の

高い人物の仕事とされていた。

　サンディゴ付近に住むクメヤーイ（Kumeyaay）族では毎年冬至の太陽を崇める風習が記録されている。彼らは毎年、山の頂に登り東を遥拝する。太陽が昇る前に頂上につくと歌と踊りが始まり、太陽の出現を待つ。太陽が光を放って出現すると踊りながらお辞儀をする。彼らが踊る山の頂上には無造作に石を並べた十字のような遺構があった。十字なのでキリスト教の影響かもしれないが、その長軸は南東のバックマン峰を指しており、この場所から見ると冬至の太陽はその峰の背後から昇るのであった。また別の場所では円形に並べられた石の真ん中に直線の石の並びがあり、その方角も冬至の方向を指していた。

　カリフォルニアの部族で天文の民俗がもっとも詳しく研究されているのは、南部沖に浮かぶ島々に住んでいたチュマシュ（Chumash）の人々である（Hudson and Underhay 1978）。彼らは海洋民でカヌーを操って外洋漁などをやっていた人々であるが、太陽の観察を行う専門家として太陽神官（paha）とその12人の部下（'antap = 太陽から放射される陽光を意味する）が有名である。

　神官は冬至の日を予測し、その儀礼を執りしきった。彼らの神話では太陽と空のコヨーテがペオン（peon）と呼ばれる競争を行うことによって、この世の動向は決まると考えられていた。そして冬至の日にもっとも近い新月が冬至の前か後かによって、この競争にどちらが勝ったかを占うのであった。このとき月は競争の審判なのである。そしてコヨーテが勝つと、その年は雨が多く実りが約束される。太陽が勝つと、日照りのために食料が少なくなるとされる。もし太陽が優勢とされると天文神官はそのあと行うべき儀礼を定めた。

　冬至の儀礼は、弱まり南下してきた太陽をつなぎ止め、再び北上に向かわせる目的をもつ。チュマシュはそのためにサンスティックという儀礼具を使う。冬至の儀礼はフタシュ（Hutash）と呼ばれる秋の月から始まる。この儀礼自体は収穫祭的な意味をもち、秋分に行われる。この日から天文神官は冬至の日を予測し儀礼の準備を命ずる。フタッシュとは多義的な意味をもち「あなたがいる場所」が原義であるが、具体的には種を植え、それを芽吹かせる母なる大地を意味する。また宵の明星や太陽の鏡を意味する。

天文神官と彼の12人の助手は儀礼の準備のために18インチの長さの棒の先に円盤状の石を貫いたサンスティックを用意する。この棒は太陽の光の方を向くように地面に斜めに立てられる。儀礼の日の朝、天文神官と12人の助手が集まる。すると長老（antap）が秘技の道具を取り出す。その中には太陽が描かれた鯨の背骨がある。太陽からは12本の光が出ているが、これは12か月を意味する。このような秘技の道具が捧げられたあと、西側に座っていた長老が東に向かって、太陽に感謝する歌を歌いはじめる。すると助手が、地面に置いてあった太陽が描かれた石を棒の先にさして垂直に掲げる。乳飲み子を抱える女たちはその石の方に赤子を高く上げる。天文神官は人々に太陽を敬い、正しい道を歩み危険を冒さないようにと説教を垂れる。
　このとき神官自身が太陽であり、12人の助手はその12本の陽光である。そして彼らは太陽が南で止まってまた北上するための儀礼を準備する。冬至の日の前夜、人々は色が塗られたサンポールと呼ばれる棒を羽毛やビーズで飾って村の外側に立てる。そして夜半になるまで人々は時計回りに踊る。それは太陽の運行の方向である。夜中を過ぎると人々は反時計回りに踊りはじめる。この夜は厳密な性のタブーが破られ、男は歌を掛けた女性が誰でも、人妻でも娘でも交わることができた。
　夜明けには踊りが終わり、人々が集まってサンスティックを次の年までとっておくために貝の螺鈿で飾られた箱に入れる。太陽が戻ってくると羽毛で飾られたサンポールを定められた場所に立てていく。村の中に南北方向に立てられた3本のポールは「三人の王」と呼ばれる。これは冬至が近づくと日暮れに西の地平線に南北に見える鷲座のアルタイル、およびβとγ星を意味するのではないかと推測される（Williamson 1984：286）。
　ところで春分・秋分に関してはカリフォルニアのみならず、北米全体において観察された事例が少ない（Cope 1919）。至点に比べて分点の観察は難しいのがその一因であろう。すなわち至点が認識されて初めてその中間である分点が認識されるというのがその理由であろう（Ruggles 2005, 2015c）。
　例外は東部のアジュマウィ（Ajumawi）で、至点と分点の両方を重視して

いた。彼らはシムロキ（Simloki）と呼ぶ尖った峰が作る影を1年の特別なときに観察していた。まず冬至の沈む太陽はこの峰にあたると北東に影を伸ばし、東方にそびえるビッグ・ヴァレー・マウンテン（Big Valley Mountain）の麓にある聖なる泉、リトル・ホット・スプリング（Little Hot Spring）に到達する。シムロキから見るとその方角は夏至の太陽が昇る方向でもある。影があたる場所には彼らの伝承で精霊のジャムル（Jamul）、つまりコヨーテマンが足跡を残した聖地である。

同様に夏至の太陽が沈むときに、シムロキの峰から南東方向に影が伸び温泉が湧く地点に到達する。その方位は冬至の太陽の出現方向である。さらに春分と秋分の年2回、シムロキの峰から真東に影が伸びる。そこにもたくさんの精霊が宿る聖なる泉がある。影が伸びる方向は当然、その日の朝に日が昇った方角である。

これら特別な日に男たちは影を追いかける競争を行う。この競争は神話に由来する。それはかつて最初にこの世界の秩序を造ったコヨーテマンのジャムル（Jamul）と銀ギツネ男クァーン（Kwahn）の競争である。クァーンは理知的で慈悲深く、ジャムルは意地悪で智恵がなかった。男たちは影に追いついて偉大な力を得ようとするといわれている（Broughton and Buckskin 1992）。

E．イロコイ族

最後にモルガンの『古代社会』などで有名なアメリカ北東部の主要部族、イロコイ（Iroquoi）族の状況を見てみよう。イロコイ族はニューヨーク州周辺という比較的北方でトウモロコシ栽培を行っていたが、栽培の北限に近いので植え付けなどの時期を厳しく守っていた。彼らの間ではプレアデスが重要な星座であった。

プレアデスの観察は基本的に夕方になされ、その結果、プレアデスが西の空に夕方に沈む5月前半から、東の空に夕方現れる10月から11月の間が農耕の季節とされていた。この間夜の空にはプレアデスは見えないが、その期間は霜のない季節（frost-free season）と考えられていた。この地は比較的北方にあ

り、霜が作物に与える影響が深刻であった。先住民は南方系の作物であるトウモロコシを主食としていたが、それは寒さに弱いために、霜が降りない季節の始まりと、霜の降り始める季節の間（百数十日間）に、種まきから収穫まで必要なトウモロコシを、期間を正確に守って植えなくてはならなかったのである。

この地の神話ではプレアデスの起源を語る事例がある。そのほとんどが地上で悪さをした人間が天に昇って戻れなくなった、そして彼らは飢えあるいは乾きに苦しんでいる、という、どちらかというとネガティブな話になっている。これはすなわち、プレアデスが夜に見える時期は寒い冬で、飢えの季節であることと関係するだろう。

一方、プレアデスが夜見える時期は、儀礼の季節でもある。それはイロコイ族の真冬の儀礼であり、星団であるプレアデスは夕方、彼らの集会場の真上（天頂）で踊っているとされる。イロコイ族西部では、それは2月の最初の週に新月から5日後の夜に行われる（Griffin-Pierce 1995：25）。そしてこれが新年とされる。プレアデスが天頂に来たあとには、同じ時刻にだんだんと西の空に低く出現するようになる。それにあわせて徐々に日が長くなって春の到来を予感させるのである。また儀礼のときにボールゲームが行われる。裏と表が白黒の石を6個木椀に投げ入れて、どちらの色が多いかを競うのである。これは2つの半族によって、特別な台かロングハウスの床で、2氏族が対面する形で行われる。その勝敗によってその年の実りを占うのである。この2集団の対立には、光：闇、暖：寒、生：死、夏：冬、プレアデス：トウモロコシなど基本的な原理の対立が象徴されている。星の集まりであるプレアデスはトウモロコシの粒を想起させるようである（Ceci 1978）。

北米先住民の民族誌を概観してみると、狩猟採集民や遊牧民であるポーニー、ナバホ、さらにアパッチ、ダ（ラ）コタ、クロウなどは星を重視することがわかる。一方、定着的な農耕民であるプエブロ族、とくにホピやズニでは太陽を重視することが指摘できるようである（e.g. Malibrath 2009）。この事

例にあわないのがカリフォルニア諸集団である。彼らは狩猟採集民であるが、豊かな狩猟採集民（affluent foragers）といわれ、比較的コンパクトな地域の中で植物や魚類（サケ類）を捕って安定した暮らしをしていたことが知られている。

しかしプエブロと同様、トウモロコシ栽培を行うイロコイ族が太陽ではなく星、とくにプレアデスを重視したのはなぜだろう。もともと彼らは狩猟採集民であり、南部地域からトウモロコシ栽培を導入し、その栽培限界の地で栽培を続けていたからだろうか。あるいは彼らはプエブロ族と違って森林帯に住んでおり、地平線における太陽の出現を観察するのは難しかったためかもしれない。

また天体の利用における多様性は、生活形態ではなくむしろ文化の系統に帰する可能性も考えなくてはならないだろう。南西部の集団でもナバホはもともとカナダ方面から移住してきた集団であるので、クロウ、ダ（ラ）コタあるいはポーニーと共通性があるのかもしれない。しかし後に論ずるポリネシアにおいては、東部ポリネシアの東端のマンガレヴァでは太陽の重視、そして東に位置するラパヌイでは近年太陽よりも星座が重視されたという意見が出てきている。同質性が高く、神話の神格や星座名でも同族語の割合が高いポリネシアでも、これほどの多様性がある（後藤 2014b）。

以上、北米先住民に限っても天体とコスモロジーの関係には多様性が見いだせる。一つだけいえることは、人類にとって天文現象を基本にして形成された時空間の概念は、単なる枠組み、あるいは入れ物ではなく、神話や象徴に満ちた媒体であるということである。

4．中南米の民族事例

A．ユカタン半島

メソアメリカでは次章で論ずる考古学的資料、たとえば碑文などによって確認される星座の名称や天文現象に基づいた農業暦が今日でも色濃く生きてい

る。たとえばマヤ民族の間では、年2回起こる、太陽の天頂通過を基本とした暦が造られている。人々は日時計用の棒（gnomon）あるいは自分の体の影を指標にして天頂通過日を推測していた。最初の天頂通過は緯度によって異なるが、だいたい5月に起こる。それはマヤ地域では雨季の始まりに相当するので、その頃に低地ではトウモロコシの植え付けが始まるのである。

　2度目の天頂通過日はユカタン半島では7月後半で、半島南端部のエルサルバドルでも8月中旬には起こるが、それは2度目の植え付けの時期となる傾向がある。一方、高原地帯ではこの時期の直後に刈り取りが行われる。たとえばユカテック（Yukatec）族では3月に焼き畑の火入れが行われ、5月の後半か6月の初頭に種まきが行われる。そのあと除草などが行われ、早い品種では10～15週、遅い品種でも4か月半で生育し刈り取りが11月には行われる。その時期は乾季の始まりとなる（Malbrach 1999：13）。

　ユカタン半島では天の川は蛇ないし道であると認識され、ときには死者の領域であるとされた。そして広く信じられているのは、死者の魂が星になるという観念であった。太陽が夜にどこに行くかについては多様な説明がなされた。たとえばメキシコのチアパス（Chiapas）におけるチョル（Chol）族では、太陽は夜には自分の家に帰る。しかし他のマヤの集団は、太陽は夜、木を伝って地下におり、地下の洞窟を通って行く、そのとき瓢箪に入って地下を旅する、あるいは小人に担がれて旅をするなどと語られる。現代のマヤでは、キリスト教と融合して太陽がキリスト、月が処女のマリアとされることもある（Milbrath 2009：167）。

　マヤの農民は植え付けの時期を太陽、月あるいは特定の天体で予測していた。マヤの集団間では今日でも広くプレアデスが雨季の初めの植え付けの時期を知るために観察される。また多くのマヤ集団では、月齢が雨に影響すると考えている。チョルティ（Chorti）は農業サイクルにおける雨について、月やプレアデス、天の川および金星の輝きを総合して考えている（Milbrath 2009：167-168）。

　天体の観察はたくさんある季節の指標の一つである。マヤの星座である亀座

は双子座からオリオンの周辺の星を意味するようだが、それは海亀が卵を産む時期に現れることと呼応する。また別のマヤの集団は鷹の移動を季節の指標とするが、そのときは彼らは空に鷹座を見いだす。彼らはこのように星座の位置によってその季節を予測する（Milbrath 2009：168）。

　フリアル・ランダ（Friar Landa）の年代記によると、マヤ人はプレアデスをガラガラヘビ座、双子座を火の錐などと呼んでいたというが、それは現在まで続いている。また植民地自体から今日まで続いているのは、金星をスズメバチの星、月を出産の守護、天の川を蛇とする考え方である（Milbrath 2009：168）。

　オアハカのミヘー（Mixe）では20日を1か月とする暦が知られ、太陽暦との誤差を修正する仕組みもあった。彼らは1年のサイクルと気象を天文学的な出来事と結びつけていた。たとえば蟻の発生と雨季の開始と金星との関係である。類似の関係はアマゾンのバラサナ（Barasana）族ももっているが、ここでは雨季の始まりに出現する葉食い蟻とベテルギウスの天頂通過を関係づけていた。この星は蟻の星と呼ばれていた（Milbrath 2009：168）。

B．南米諸民族の民族天文学

　南米ではオリノコ川のワラオ（Warao）やコロンビアのボロロ（Bororo）で天文現象が詳しく研究されている。この地は北回帰線に近く、垂直に昇る太陽がコスモロジーに大いに影響を与えていた。たとえばイェクアナ（Yekuana）族の居住地は南回帰線上にあるので、12月至の太陽が天頂を通る。太陽が天頂にあるときに起こる乾季と雨季の移行は、顕著な星の集団の対立に反映される季節的な対立を確立する（Milbrath 2009：169）。

　南米でもっとも広まっている言語集団であるアラワク（Arawak）では、オリオンの旦出が乾季の始まりを意味し、それは漁撈にも適した季節の到来を告げる。またプレアデスの旦出は新年を区切る指標で、農耕の季節の始まりでもある。南十字座の旦出はキュラソウ（curassow キジ目ホウカンチョウ科の鳥）と視覚化され、この鳥の繁殖期にあたる。牡羊座の旦出は乾季のトウモロコシ

の植え付け時期であり、サバンナで餌を捕る動物を簡単に狩猟できる時期でもある。水蛇とされる蠍座の旦出は12月の雨を告げ、主星アンタレスは蛇の目あるいは腹の中の獲物の目とされる。ブラジルの南に住んでいる集団では、天の蛇はアナコンダであるが、星座を蛇とする考え方は多様である（Milbrath 2009：169）。

アンデス東斜面の熱帯雨林に住むアマフアカ（Amahuaca）はある星を快晴と農耕の季節、また別の星が雨季をもたらすと考える。金星以外の惑星の名前が採集されることはまれであるが、この集団では木星を含む名称があり、木星は「大きな星」、あるいは「月の妻」などと呼ばれる。また月の角が上を向いていると乾季で天気がよいなどといわれる（Milbrath 2009：170）。

ペルーのアマゾン側の低地に住むシピボ（Shipibo）におけるコスモロジーは、天のカヌーの舳先と艫にのる太陽と月の対比に特徴づけられる。太陽と月のカヌーによる航海は、分点が形づくる東西の道に沿って行われる。一方、川を横切って行くカイマンのカヌーはプレアデス、ヒアデス、オリオンに比定されるが、至点と関連する。天の川の動きはまた季節のサイクルと関係するが、それは毎年起こる洪水は魚を分散させ、動物を集める。逆に乾季は魚を川に閉じこめて捕りやすくするが、動物は分散し狩りが難しくなる。シピボはアマゾン川とカヌーで広く移動するので、天の川を道と見る観念はアンデスのイメージと基本的に同じである（Milbrath 2009：169-170）。

チリの南端のマプーチェ（Mapuche）やアイマラ（Aymara）は昼と夜、東と西の対比を重視する。東と太陽の昇る方角は滝と春、またエネルギーと活力と結びつく。西と太陽の沈む方角は海、暗黒、そして死と結びつく。日中の主なる指標は太陽と金星の二重の姿（明けの明星と宵の明星）であるが、夜の指標はオリオンベルト、南十字、プレアデス、天の川、その他の星の集団である（Milbrath 2009：170）。

C．生き続けるインカの暦

ペルーのクスコの近くの農村ではインカ時代の星座が受け継がれている。ケ

チュア（Quechua）族は星座と動物を関係づけ、星座の性格をその動物の行動と関係づける。金星は明け方の星あるいは天頂の星と呼ばれ、作物の植え付けの時期を決める。暦は社会的構成物で、農業の仕事と宗教的な祭りが統合されたものである。星の中ではプレアデス（倉庫と呼ばれる）とオリオン（鋤）のみが直接農業と関係し、それらの旦出と旦入が農耕サイクルのそれぞれの時期と関連づけられる（Milbrath 2009：170）。

　アンデス考古学を専攻していたG. アートンは、1970年代にクスコ周辺の村落の調査によって民族天文学の優れた作品『天と地の交差点で』を残している。村周辺の景観と道路や運河あるいは教会といった人工物との組み合わせで形成される方位観を描いたあと、この地で観察される天の川の動き、すなわちその振幅ないし角度の変化と太陽の6月至や12月至の出現地点との関係を分析している。さらにそれを雨季・乾季およびその漸移帯という時間の区分と季節にそった生業との関係を総合させた分析を行い、人々の地上の生活と天空現象がどのように統合されているかを示した（図3-12）（Urton 1981）。

　アートンは海岸部の谷の中でも比較的標高の高いところに暮らす集団はより複雑な暦があることを見いだした。数多くの生態ゾーンが互いに影響を及ぼしあっていることを反映したその暦を生計暦（サブシステンス・カレンダー）と呼んだ。天文はこの暦の基本である。たとえばプレアデスの出現と消失は多くの共同体で農業や漁業のサイクルと結びついていた。北部海岸のモチェ＝ワンチャコ（Moche Huanchaco）の暦における4月10日の太陽の天底通過も、プレアデスの消失と一致している。プレアデスが夜空に見えない時期を生態環境の面で重要な中間的時期の目安として使うことや、太陽の天頂・天底通過とプレアデスの関係を利用することは、クスコのセケ（Ceque）・システムに組み込まれた古い暦を想起させる。

　アートンはまた、人々がオリオンの三ツ星や南十字やいくつかの暗黒星雲が見えはじめる時期と見えなくなる時期を、生計暦の中で特定の時期を告げ知らせる徴ととらえていたことも発見した。どの場合も星によって画される季節の区切りは、彼が中核的周期（core periodicity）と呼ぶタイミング、たとえば

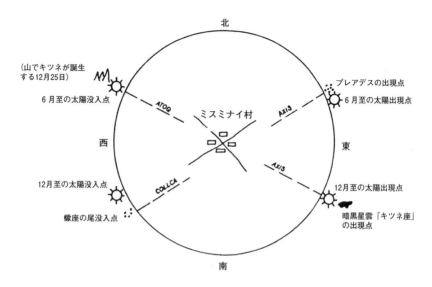

図3-12 アンデス農民と天体のコスモロジー（Urton 1981より改変）

川に水が流れはじめる時期に合致していた。これらのタイミングの上により精巧な暦が組み立てられていく。その結果、組織化された社会であれば、その暦の使い方をもっと複雑な生態ゾーンにもあうように改良させられるようになった（アヴェニ 2006：230-231）。

また公共の建築物を造る際、その方位も天体を基礎に定められていた。それは、特定の天体が特定の時期に見せる出現や没入、あるいは天頂通過といった現象と関連していた。とくにプレアデス、南十字、オリオンベルト、そして太陽の天頂および天底通過日の出没地点が意識されて、建築の方位が定められる傾向にあったようだ（Urton 1982：245）。

5. 太平洋諸民族の事例

A．ポリネシアの星と天空

（1）ハワイの天空の構造

多くの民族と同様、ハワイ人は層をなす天空を認識していた。すなわち空ないし天（lewa＝sky, atmosphere）、天の上に上天あるいは上界（paa iluna）、その下で地上につながる下の層ないし大気圏（paa ilalo）のようにである。そして天と地が交わるところが地平線（kumu lani）である（Kepelino 1932；Makemson 1938, 1939, 1941；Malo 1903）。

この3層は各々さらに3層に細分され、合計9層に分かれる。その最下層のluna a'e は人が立ちあがったとき頭の直上に来るような空間、6番目の層はluna a ke ao で雲の最上の場である。最上階の3層は① kea o ulu（黒い雲）、② ke lani uli（青い空）、③ ka lani pa'a（固定したあるいは堅い天）と呼ばれる。

ka lani pa'a（lani＝天）は空を見上げたところにある、青く高い天空で、太陽が海に沈むまで運行するのがこの空間である。そして太陽は海の中を移動し、再び東の空から同じ空間に昇ってくる。月や星の運行も同様である。神話ではマウイ神は早く運行する太陽を捕らえた話があるが、ハワイ人は水平線の彼方まで航海して待っていれば太陽や月に届くことができると考えていた。このことからハワイ人は天空を何らかのドーム状の形態として理解していたことがうかがわれる。

地平線を表す語彙に円弧の天（ke kukulu ka lani）があるが、それは天の壁で空が海と出会う所、あるいは地上を囲んだ暗い雲の上、の意味である。もう一つの円弧の地（ke kukul o ka honua）は、地上の広がり、あるいは丸く地上を囲む海が空と合一する場所の意味である（Makemson 1938：372）。

いろいろな表現に出てくる kukulu という語彙は何らかの垂直なものを意味していたようだ。方角を意味する場合では kukulu は天を四方で支える巨大な

柱を意味していた（Makemson 1938：371-372）。

　ハワイ人の方角の概念としては次の語彙がある。kahiki moe は「地面と海の上にある方角で、空の縁の近く、目で見える所」あるいは「目の届く範囲の地上ないし海上の場所であり同時にその円弧の上にあるすべての土地」、kahiki kū は「空の縁上で、海と出会う場所」あるいは「暗い雲の縁、またその円弧上の土地」で、真上には kahiki-ke-papa-nu'u があり、その一番上には kahiki-kapui-hōlani-ke-kunia がある（Malo 1996：147）。また kukulu-o-kahiki を「kahiki moe や kahiki kū の円弧を超えた、ハワイから隔たったすべて土地」、また kahiki-ke-papa-nu'u や kahiki-kapui-hōlani-ke-kunia については「たくさんの島がある場所」としている（Makemson 1938, 1941）。

　なぜこれらの概念は天の上にある層のような意味がある一方で、土地や島がある場所という矛盾した意味をもつのだろうか？　そもそもハワイ語で kahiki はタヒチ島を特定するともいわれ、抽象的には始祖の土地という意味があるが、kahiki ku と kahiki moe をハワイの東西にある大きい大陸や島を意味すると解釈することもできる。

　一般に、ポリネシア人は、太陽は海から上り、空を運行し、そして海に沈み、そして海中では地上とは逆向きに運行し、次の日の朝また東から上ると考えていた。つまり自分たちの島は球体の中心にあるというような宇宙観をもっていたようなのである。そのような宇宙観のモデルの一つは、巨大な貝（例：シャコ貝）の貝殻の中にある島の概念であろう（e.g. Henry 1928：339）。天空だけを考えればドーム状の空で、そこにいくつかの層があったと考えていたのである。

　さてハワイの天空観の謎であるが、空の層でもあり、ハワイから離れた島々ないし土地を表すという視点から考える。北緯20度付近にあるハワイの場合、天体の運行は図3-13のようになる。そしてその運行に平行に空を輪切りにするように上記の層をなす空があったのではないか。天文学者のM. メクムソンは kahiki ke papa は冬至線（12月至）に、nu'u kahiki ke papa lani は天空の赤道に、kahiki kapui hōlani ke kunia は夏至線（6月至）に相当すると推

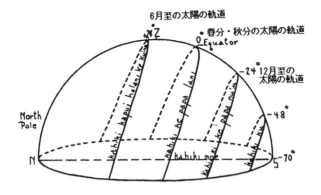

図3-13 ハワイの天空構造 (Makemson 1938 より改変)

測している (Makemson 1938：380)。一番低い軌道はおそらくカノープスなどの星座の軌道であったろう。

このように考えれば、天空の層は水平線で海に没するが、それを追っていけば、特定緯度の島にたどり着くことになる（天頂星の概念）。したがって空の層の kahiki が同時に「たくさんの島がある空間」となるのである。

(2) ポリネシアの星座

東部ポリネシアで鳥（マヌないしマヌマヌ manumanu）と呼ばれる星座はシリウス、プロキオン、カノープスからなっていた。ラパヌイ（イースター島）では鳥人タンガタ・マヌ（tangata manu）を意味していた。鳥は天界あるいは神を意味する言葉とも解釈される。しかし鳥といってもいつも同じ星座から成り立っているわけではない。ミクロネシアでも同じ星（シリウス・プロキオン・カノープス）から成り立つが、ティコピアでは鳥座とはオリオン座のリゲルなどを意味していた。

ポリネシアには「航海の星」と呼ばれる一群の星々がある。それは魚、鳥、カヌー、釣り鉤、エイ座などの複合体であり、これらはポリネシアの島々に居住したポリネシア人の想像力と密接に関係する (Cruchet 2005：236-237)。

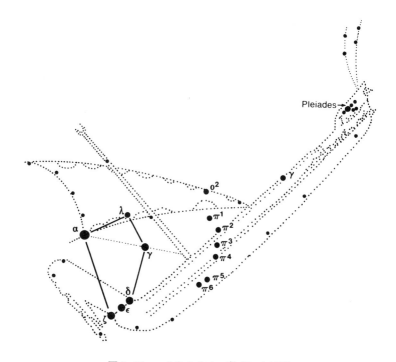

図 3-14　マオリのカヌー座 (Staal 1988)

プレアデス、ヒアデス、オリオン座の中心と南十字座はカヌー座を表す。プレアデス（タヒチ語はマタリキ mataliki）はカヌーの艫、ヒアデス（ニュージーランド・マオリではテ・ココタ te・kokota あるいはタウマタ・クク taumata・kuku）とアルデバラン（タヒチではアナムリ anamuli）は三角帆、オリオンの中央部である。この群星はタイヌイの誕生、マオリではテ・ラオ・タイヌイ（te ra'o Tainui）と呼ばれる（図3-14）。このカヌーはポリネシア型のようなほっそりした船体と逆 V 字の帆を備える（Cruchet 2005：239）。

　他の考え方では、オリオン座だけでカヌーとその納屋を表すとする（マオリでは tuke a Maui、ミクロネシアでは waka totoru）。ここでワカ（waka）はカヌーの意味である。一方マオリは別のカヌー星群を見いだす。それはワカ・オ・タマレティ（waka o Tamarereti）と呼ばれ、プレアデスから南十字まで

南北両天球にまたがって存在する。このカヌーはプレアデスを船首、オリオンの三ツ星が船尾、そしてベテルギウスはじめ、α、λ、δ星などが帆を表す（Staal 1988：72）。

蠍座は一般にマウイ神の釣り鉤とされる。タヒチでは「マウイの釣り針」テ・マタウ・オ・マウイ（te matau o Maui）とされる。しかしマオリの異伝では、それは「天のカヌー」ワカ・オ・マレイランギ（Waka o Mairerangi）とされる。したがって蠍座はポリネシア語においては漁撈と航海の両義的な意味をもつ（Cruchet 2005：242）。

辺境ポリネシアやミクロネシアにかけても鳥座の概念が広まっている。それはシリウス、プロキオンおよびカノープスであり、シリウスとカノープスは似た名前で呼ばれている。カロリン諸島では鳥の羽が片方切られて見えるという。向かって左側のプロキオンが、右側のカノープスよりも真ん中のシリウス（鳥の胴体）に少し近く、また高く見えるのは、魚に食いちぎられたからだといわれるからである（スタジオ海工房DVD『ミクロネシアの伝統航海術』参照）。

ミクロネシアでは、鳥座は南の風（ti pakau i ngake）であるプロキオンと、北の風（ti paku i）であるカノープスで構成される。それは羽が南東と北東に伸びているが、もう一つの中央のラインはオリオンから南十字に伸びている（Cruchet 2005：242）。

B．星の航海術

（1）航海のチャント

タヒチ島の北、ライアテア（Raiatea）島で記録された長いチャントは、星が次々と水平線から浮かび上がる、あるいは「釣り上げられる」という不思議な内容である。その一部を紹介する。

　　生み続けよ！　響き渡る太鼓は何処。
　　東方の海の彼方に、岸うつ波がフアヒネ島を打ち上げしところ
　　首長を敬う国、月の海におかれし国フアヒネ島を

生み続けよ！　響き渡る太鼓は何処。
　マウリアの星は南に飛び去り、ここに来たれ、北東の方角に太鼓が響く、
たぎりたつ海がププアの島を打ち上げしところ、
　タイ・オ・ヴァウア（7つの海）の波が盛り上がるところの。
　生み続けよ！　生み続けよ。響きたる太鼓は何処。
　黎明の霊は飛ぶ。タイ・オ・ヴァウアの外縁まで。
　そこで叩け！　(Henry 1928：399-402)

　このチャントはライアテア島からツアモツ諸島やマルケサス諸島を経て、ハワイ諸島のハワイ島に至る模様が唄われている。それは復元された古代カヌー、ホクレア号が実験航海をしたときのルートと一致しているが、このチャントはかつて航海士が目指す島をその天頂星を目標に航海したとするならば納得できる話である。各島はその緯度と等しい赤緯をもつ星を天頂星、いわば守護星としていた。目指す島の天頂星が次第に空高くなり、真上に来たときその島と同じ緯度にいることがわかる。星の下に島が浮かび上がる、あるいは星が島を釣り上げるというイメージである。

　ポリネシアでは西欧人到来以降、このような航海術は長らく絶えてしまった。それが近年、カヌールネサンスの脈絡で復興しているが、それを助けたのが次に述べるミクロネシア・カロリン諸島の人々である。カロリン諸島では今でも星のナビゲーションなどのスカイロアが現役なのである。

（2）カロリン諸島のスターチャート
　上のチャントから、太平洋に生きる人々は星を中心とした航海術のスカイロアをもっていたことがうかがわれる。そしてミクロネシアの中央カロリン諸島では、今日に至るまで伝統航海術が使われている。彼らは交易や漁撈活動、あるいは近隣の島への移動のために、帆つきのアウトリガー・カヌーで行く。彼らが依存するのは星、太陽、海流（うねり）、鳥、雲、漂流物などである。彼らの航海術はこれらの要素の総合的判断なのであるが、航海師を目指す若者がまず覚えるのは星であるといわれる。

航海術のメッカはサタワル（Satawal）島やポロワット（Polowat）島である。1975年の沖縄国際海洋博覧会にチェチェメニ号という航海カヌーが機械を使わずにサタワルから沖縄まで航海するという偉業を成し遂げている（スタジオ海工房DVD『チェチェメニ号の冒険』）。

彼らは32地点の星のチャートをもっている。真北の北極星と真南の南十字星の直立地点を除き、他の15星々は出現と没入地点が

図3-15 カロリン諸島型航海カヌー

記され、合計32地点となる。前掲の図3-3はこのような教育に使われるスターチャートである。円く並んだ石ないし貝殻が星の出現と没入地点を示す。ただしこのチャートは先輩が後輩に教えるときに海岸の砂あるいはタコノキの葉で作ったマットの上などにその都度作られ、終わると消えていく学習ツールである。決してカヌーに積み込む「海図」ではない。

新米の航海師は星の名前と出没地点を覚えたあと、対称点を覚える。たとえばヴェガの出現点なら、対称点はアンタレスの没入点というようにである。この対称点のペアごとに、それと直角の対称ペアを覚える。直角ペアはカヌーの側舷に見えるわけだが、目標の方角に沿った星が見えない場合の指標となる。それぞれの星が互いにもっている角度の関係によってカヌーの進路を保つ。

星は次々と出現し没入するので、実際はそのたびに見る星を変えていく。航海師はこのように星を連続して記憶し、どの島に至るためには、どの星々の連続をたどればいいのかという「スターライン」を記憶する。

かりに星がまったく見えないときも星のチャートを頭に描く。それは星の方角と関連して、風やうねりの方角の関係を思い出すためである（Goodenough and Thomas 1987：5)。

（3）プカプカ島のスターナビゲーション

ミクロネシアの外縁にあり、ポリネシア飛地ともいわれるプカプカ（Pukapuka）島での航海について詳しい記録がある（図3-16）(Beaglehole and Beaglehole 1938)。

プカプカ島からニウエ（Niue）島まで行くには、ケンタウルス座のαとβ星が南西の空低く見えるときその星の場所が方角を示す。航海師は方角の指標になるのはそれが低く見えるときだけだと強調する。熟練者はケンタウリが高い高度にくると方角を急速に変えることを知っている。しかし同じことはスターラインにあるアンタレスには適応されない。

プカプカからニウエまでの真の航路はメルカトール法で考えると204°48′である。ケンタウルスのα星が5°の高度にあるときにその方向にカヌーを向けると、星の方角と島の方角が一致する。プカプカの緯度では、それは209°10′である。

上記の移動での方位角は真の進路の西4°22′であるが、もし出発点での方位のままに進めば、ニウエの南端の西方39マイルの地点に至る。この距離まで来れば航海士は陸の近くにいることを察知するであろう。このようにケンタウルスのα星が低い高さにある間に見て進路をとる限り、ニウエの近海まで行ける。しかしこれは仰角15°以上の高さまでは可能だが、それ以上の高さになったときを目標にすると違ってくる。

ケンタウルスのα星に関する興味深い事実としては、7月から9月の航海季節では星が夜の早い時間帯に沈むので方角推測に使えるという点、さらに一般にこの頃の風はニウエに航海するには都合のよい東ないし北東の風が恒常的であるという点があげられる。

サモア諸島のウポル（Upolu）島に行くときはアンタレス（melemele）が西の空に低く見えるときの方角を目指す。アンタレスは蠍座のγ星との間に一直線にならぶ赤い星なので何より見つけやすい。目的地への真の進路は243°で

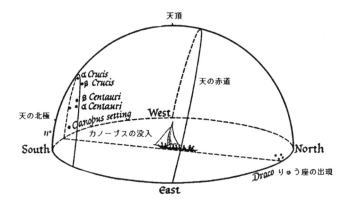

図 3-16　星の航海術のイメージ（Makemson 1938 より改変）

あるが、高度 15°のときのアンタレスの方角は 245°、またアンタレスが沈むときの方位は 243°である。アンタレスは 10 月の後半に最後に西の空に見えるはずなので、それは貿易風の吹く航海にあたって条件のよい時期である。

　西に位置するキリバス（Kiribati）諸島のエリス（Ellice）島に行くときはアルタイル（tolu）を使うという。プカプカから航海すると 277°から 300°の間ならこれらの諸島に突き当たる。アルタイルの没入はほぼ真西の 279°である。高く上がると北に少し方角が変わるが、貿易風シーズンの後半にはこの星の没入を見ることができるので指標にしやすい。

　サモアからプカプカまで来るときは、まずウポル（Upolu）島からオロセンガ（Olosenga）島まで来る。そしてそこからオリオン座のζ、ε、δ星を見て進路を決める。これらの星はほぼ真東 88°の進路を示す。この星を目指して 259 マイル進むと、プカプカの南 18 マイルほどの地点に到達する。そこにはティマ・リーフ（Tima Reef）があり、ここまで来れば、プカプカへ北上するのは簡単である。もし北に流されてこのリーフをのがしても、プカプカの北ナッサウ（Nassau）島が見えるだろう。これらの島の南北 30 マイル（約 50 km）付近までは来ているはずで、アジサシの飛翔が見えて来るであろう。アジサシは岸から約 50 km 飛んでくる習性がある。夕方巣に戻るアジサシの

方角 50 km に島があるはずである。

C．キリバスのスカイロア
（1）空の梯子

私が 2016 年より調査を開始しているキリバス諸島（旧称：ギルバート諸島 Gilbert Islands）は太平洋の中でも赤道直下にあるので、星がほぼ垂直に昇り沈む。そのためキリバスの航海師は夜の空を大きな天井（karawa）と呼び、ときには、「航海の屋根」（uma ni borau）とも呼ぶ。東の地平線は東の屋根板（te tatanga ni maniku）、西は同じように西の屋根板（te tatanga ni maeao）と表現される。子午線は梁の棒（te taubuki = ridge pole）と呼ばれる（図 3-17）。

屋根は想像上の筏（oka）で支えられ、東側と西側にはそれぞれ 3 枚の梯子が想定される。真ん中の一対の頂点はオリオン座のリゲルが子午線を横断する地点とされる。この真ん中の梯子は天の赤道を意味し、それはリゲルの赤緯で固定されているが、赤緯では南緯 8° に相当する。北の梯子の頂点はプレアデスが子午線を通過する点で赤緯 24° であり、キリバスでは 32° に相当する。アンタレスが子午線を通過するのは赤緯 26° であるがキリバスでは 18° となる。

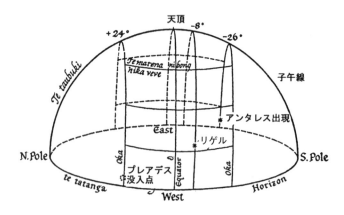

図 3-17　キリバスの天空観（Makemson 1938 より改変）

図 3-18　キリバスの伝統的集会場
　　　　　（マレアバ）

　ちょうど梯子を横切る階段のように、星見人は一連の3つの等間隔の横木を想定する。これらの横木は天体の地平線からの距離（角度）の推測に使われ、3本の梯子は赤緯の推測に使われる。高度の推測の厳密化のために横木をさらに二分割する線が想定される。そして下から地平線（taganga）の間隙（marea ni bong）、次は最初の横木の聖なる囲い（nikaneve）最初の横木、最初の横木の間隙、2番目の横木の聖なる囲い、といった具合に認識しながら星の仰角を観察していくのである（Grimble 1972：217）。

　彼らは最低でも178個の星や星雲の名前を記憶する必要がある。そしてそれらの屋根における相対的な位置、および特定の季節の日の出や日の入りのときの庇（地平線）からの高さを覚える必要がある。

この天空観は赤道直下にあり、星がほぼ垂直に移動するという地理的特徴と、伝統的家屋の構造の対応に由来するのである（図3-18）。

(2) 星の航海術

航海師は特定の島に至るためのスターラインを季節と関連して覚える必要があると述べたが、その覚え方にはコツがある。それはそれぞれのコースに応じて物語を紡ぐという方法である。物語は想像上の航海で出会う人やモノからなる。しばしばより知名度の高い民話がその目的に使われる。ある有名な神話上の英雄が旅に出たとき、最初に彼は家の扉の前に座った老婆に出会う（プレアデス）。そこでトリックをかけると彼女は西に逃げてしまう（西の空に傾く）。次に彼は東の方からカヌーに乗った男に出会う。これはカヌーの断面のようなV字型の牡牛座のアルデバランに舵を向けて航海することを意味する。彼と会話している間に老婆は海に落ちてしまう（プレアデスが沈む）。老婆はひどい叫び声をあげるので英雄は東の方に逃げ2人の癩病患者（双子座）のところに隠れる。

話が展開するにしたがって目的の島に近づく。しかしこのような伝承はしばしば意味を解くのが難しい、というのは、これらはそれぞれの家や氏族の秘伝であり秘密裡に伝承されるものだからである。また星座が何にたとえられるかも、教える人間によって異なる（Grimble 1972：218）。このような覚え方は先述したタヒチの航海のチャントと同じようなスターロアといえよう。

また、キリバスの南端アロラエ（Arorae）島には星による針路を覚えるための航海石が置かれている。石はそれぞれ目指す島の方向に置かれていると思われ、航海師はこの石の延長上に昇るあるいは沈む星を見て記憶するのである（図3-19）。

また舟の上では、航海師はアウトリガーの甲板に寝て同じ星を眺め、星の高度が変わらなかったらその星は天頂にあるということを知っていた。このようにして天頂星を覚えて利用するのである。また地平線近くの星の南中時の高度を見て、今いる地点の緯度を知った。

第3章 民族誌に見るスカイロア・スターロア　95

図 3-19 キリバス諸島の航海石（左上：Hilder 1959）

　5000〜6000年前、北極星は天の北極にはなかった。その時期は小熊座のコカブが天の北極に一番近かった。コカブは紀元前1300年でだいたい赤緯N84°であったが、そのとき北極星はN72°であった。5000年前は北極星やコカブよりもっと明るい星が天の南極の上にあった。それはエリダニ星座の a 星・アケルナル（Achernar）であり、北極星より3倍も明るかった。それは紀元前約3300年のときにもっとも天の南極に近く赤緯S81°であった。それ以来、極に近い星でこれほど明るい星は存在しない（Grimble 1972：219-220）。
　太平洋の伝統航海術を実践したデビッド・ルイス（David Lewis）はタヒチからニュージーランドへ航海した時に、太陽、星、風、海のうねり、鳥、海の

色、海草、魚あるいは浮遊物など、ありとあらゆる目印を利用した。星を見るときは（アケルナルの）南中したときの天頂からの角度と、周極星ならば南中したときの高度を観測した。

　このようにして諸島に近づいたとき、いくつかの諸島は島が近接しているので目標にしやすい。マーシャルとキリバスは岸から離れて数マイル伸びてくる交差するうねりから判断できる。それに島の間には海の標章（betia）が存在する（Grimple 1972：220）。島の東方に出たカヌーは戻ってくるときに順風に乗ってくれば、さまざまな標章が交叉する網の目の中に入るであろう。そこにはさまざまなサインや兆候が交差している。もしうまく行かなかったら風にのって戻れば危険は少ない（Grimble 1972：221）。

（3）季節の目安

　季節を知るためには、プレアデス（nei auti）とアンタレス（rimwimata）を観察する。というのは両者は赤緯10°以内に存在するが、天空ではちょうど反対側に位置するからである。1年（ririki）の始まりはプレアデスが東の一番下の梁の高さに、日の入り直後夕方6時頃現れる時をもってする。それは仰角15°程なので12月の最初の週にあたるであろう。1922年の11月29日は、プレアデスが東の水平線に低く見えたが、このとき nei auti の月が始まるといわれた。この季節はアンタレスが午後6時に同じ高さに現れた時に終わる。それはだいたい6月の第2週である。このあと1年の第2の季節（tanuaki）が始まり、それはプレアデスが日暮れに現れるまで続く。

　つまりキリバスの1年は2つの季節 te auti と te rimwimat に分かれるが、さらに細分（bong）によってそれぞれ8区分に分けられ、合計16区分となる。それぞれは特定の星の日暮れの出現によって区分されている。最初の月はプレアデスの出現から第一の梁の高さまでである。次は同じ時刻にプレアデスが第一梁を通過したとき、次は第二梁の通過、第五の月はプレアデスが南中を過ぎて西にかかったとき、などと決められる。そしてそれが西の空の第三梁を過ぎると8番目の bong となる。あと半年はアンタレスが同じように観察され

る（Grimble 1972：224）。それぞれの月の名称を解釈すると、そのときに飛んでくる渡り鳥や天候に関する表現が使われていたようである（Grimble 1972：225）。

6. 日本の星民俗

A. 日本の星民俗の特徴

　日本列島は南北と同様に東西にも長い。そのために地方によって太陽や星の見える時間や見え方が大きく異なる。緯度によって見える星座が異なるからである（Goto 2016）。たとえば日本人にもっとも親しみのある北斗七星。本州以南では北斗七星は季節によって沈む星になるが、北海道の北部では北斗七星は周極星となる。そのため北海道アイヌの人々は北斗七星を熊祭（イオマンテ）のときに丸くなって踊る女性と見てウポポと呼ぶ。一方、沖縄では南十字の上3星が見え、八重山最南端の波照間島ではケンタウルス座も見える。そのため南十字座が家の庇の下に見える5月頃から米を刈り取るという風習があった。沖縄では梅雨が明けると台風シーズンになるので、このような早い時期に米を収穫してしまうのである。また八重山ではプレアデスがほぼ天頂を通るので、天を支配する星とされる。

　また見え方が違うだけではなく、作物の植え付けや収穫時期、あるいは特定の魚の捕れる季節も日本の南北あるいは太平洋岸と日本海岸では異なるので、農業や漁業の指標とし、どの星のどの状態（例：東の空に昇る、南中など）を使ったかは微妙に異なるので日本全体の一般化は無理にすべきではない。

　一方、東西の差は天体の出現や没入時間に影響を与える。たとえば夏至の太陽の出現時間は、東の根室と西の那覇では約2時間も異なるのである。

　また日本の農民や漁民も星座に対して、道具、動物、植物、人間の姿勢など生活の中からさまざまな名称を与えていた。本書では詳しく触れないが日本人の星座に対するイマジネーションについては、いくつか本が書かれている（野尻 1973；内田 1973；北尾 2001, 2002, 2006）。

日本列島に住む人々の星の信仰や星座の話は数多いが、本章では太陽や星を農業や漁業あるいは航海といった実践的な目的に使っていた事例を中心に見ていきたい。

B. 農民・漁民と星座

(1) 双子座

日本の農民たちは農耕の時期を知るために星座を使っていた。たとえば1月の終わり、つまり大寒の頃に西の空に夕方沈む双子座はカンボシ（寒星）と呼ばれていた。あるいはこの頃、正月飾りに備えた餅を食べることからモチボシ（餅星）あるいはモチクイボシとも呼ばれていた（野尻 1973：31）。

双子座は、出現するとき2つの星がカニの目のように立って昇ってくる。カニの目とは漁師らしいたとえだが、2本の柱のようにも見えることからモンバシラ、カドクイ、あるいはマツグイなどと呼ばれることがある（内田 1973：123-125）。カドクイやマツグイとは門松の2本の柱を意味するが、それは季節的にも納得できる。

(2) アルクトゥールス

瀬戸内の農民は11月の明け方、東の空に昇る赤いアルクトゥールス（大角星のα星）をムギボシ（麦星）と呼び、麦まきを行った。この星が5月の中頃、明け方に西の空に沈むと麦を刈り取った。アルクトゥールスの赤い色は熟れた麦の穂をイメージさせるのである。

北日本の岩手ではこの星はハトボシ（鳩星）と呼ばれていた。寒い気候が終わって遅い春がくると、オレンジ色の赤い星が東の空に夕方現れる。そのときは山鳩が畑を荒らしに来る兆候なのでこのように呼ばれた（野尻 1973：26-27）。

浜名湖付近ではこの星はカジカイボシ（舵櫂星？）と呼ばれていた。農民はこの星が7月の深夜に西の空にかかると田の水を取り替えたのである。カジカイという名称は漁師の呼び方を踏襲したものかもしれない。瀬戸内ではこの星

をタコやハゼなどの漁期の目安としていたが、瀬戸内ではウオジマボシ（魚島星）と呼んで、海の幸が豊富な時期としていた（内田 1973：157-165）。

（3）蠍座
7月の初めに梅雨が終わる頃、炎のような蠍座の並びが見えてくる。西日本ではこの姿をヤナギボシ（柳星）と読んだ。盛夏になると蠍座は位置を変えて南の空で釣り針のように見える。ポリネシアでは蠍座はマウイ神が島を釣り上げるときに使った釣り針座と呼ばれるが、面白いことに瀬戸内でもウオツリボシ（魚釣星）、タイツリボシ（鯛釣星）などと呼ばれた。日本海側ではカツオボシ（鰹星）、沖縄ではイユチャブシ（＝釣り針の星）と呼ばれた（野尻 1973：41-42）。台湾の原住民も釣り針と見ていたと聞くので、生活感と星座の形態の興味ある並行現象といえる。

（4）プレアデス
世界の民族誌の中でプレアデスが重要な季節の指標となったことはすでに述べた。不思議なことにプレアデスを注目するのは世界的な傾向である。日本ではプレアデスを「すまる・すばる」と呼ぶ文化圏と「ムリブシ」と呼ぶ文化圏がある。後者は琉球文化圏で「群星」の意味である。

京都や静岡ではプレアデスが6月に東天に明け方昇るのを農業、とくに田植えの目安にしていた。静岡ではノーボシと呼んだ。ノーとは田植え時を意味している。焼津では旧暦5月の田植え時に現れて稲刈りの済む旧暦10月頃没する星として「ノウノヒツケボシ」（農の火付け星）と呼んでいた。

夜明けの4時頃空を仰いで、プレアデスが上天にかかるのは9月上旬である。プレアデスが明け方東天にかかる頃をもって田植えの季節としたという確証は得られなかったが、中空に達したのを目安に蕎麦などの種まき時としている場所は多い。「すばるまんどき粉八合」という諺がそれを示している。ここで「まんどき」とは「南中」を意味しており、このときまくと1升の実から8合の粉がとれるほど取れるという意味なのである。「すばるまんどき、蕎麦の

とき」「すばるまんどき、蕎麦のしゅん」「すばるまんどき蕎麦の蒔きしゅん」も同様の主旨である。

広島ではプレアデスを九ツボシと呼ぶ風習が倉橋島にあった。上の「すばる九つ」はその意味かもしれない。カラスキ星がオリオンの三ツ星を指す播州では「スマル九つ、カラスキ三つ」ということもあった（内田 1973：3-7）。

福井県では「ツンバリ九つ、こう八合」という。ツンバリはプレアデスの方言で、この星が上天にあるきに蕎麦を巻くと1升から8合の粉がとれるほどよく実ったという意味である。「スバルまんどき　烏賊とる船は　さぞや寒かろ冷たかろ」「ツバルまんどき　榾とる船は　さぞや寒かろ冷たかろ」などは伊豆地方の表現である（内田 1973：3-7）。

夜明けに西の空を見てプレアデスが西の山にかかるときをもって麦まきの時期としたところもある。これは晩秋の頃で夜明けも遅いから午前5時半過ぎになるが、それは11月下旬の事例であろう。「プレアデスが山の入りだから麦まきの旬」（福島県）、「イッショーボシが入ると麦まきが遅い」（伊豆の賀茂郡）という地方もある。

八重山では日没後に東天を見てプレアデスが胸部の高さになったとき、あるいは日没後三尋の竿を立てて三尋後ろから見て星と竿が直線上になったときを種粟をまく時期としていた。これはだいたい立冬の頃である。亜熱帯の沖縄では台風シーズンの前に稲刈りをするのであるが、マレーシアの人々がプレアデスかオリオンを見て穀種をまいていたのと同様である（内田 1973：15）。

後述するが八重山地方では11月頃ムリブシ・ムリカブシが東天に夕方に出現したときの高さを見る星見石あるいは節定石（しちさだめいし）というものが存在した。それによって麦まきの指標とした。緯度の関係で八重山ではプレアデス（赤緯約24°7´；石垣島は緯度24°20´）がほぼ天頂を通る。これに関しては「ムリカブシユンタ」という民話が伝えられている。

沖永良部では亡き妻を追って馬に乗り天に達した男がしばらく行くとブリブシに会ったので妻を見なかったかと訪ねると「自分は麦まきが遅くなって見なかった。あとでミチブシ（オリオン）がくるから問うてみろ」という。そこで

三ツ星に訪ねると「自分は田植えが遅くなったので見なかった。後から来る夜明け星に尋ねよ」と。これよりプレアデスは麦まきに、オリオンは田植えに関係しているのではないかと考えられる。南島では晩秋に麦の籾まきをしていたのである。

（5）オリオン座

オリオンも日本人にとって、もっとも親しみのある星の一つである。しかしプレアデスを追うように昇ってくるオリオンはプレアデスの季節観と若干混乱が見られる。

オリオンが明け方に南中するのは粟をまく時期を意味する。それはおそらく9月半ば、朝の5時頃に起こる現象である。関東や東海では「三ツ星、昼間、粉八号」という言い伝えがある。ここで「昼間」とは真っ昼間ではなく夜に南中したことを意味する。別の表現では「空中（そらなか）」である（内田 1973：53-55）。

12月初めの明け方に西の空にオリオンが沈む頃（acronical set）は、中部と西日本では麦まきの季節であった。福井の漁師はカラスキ（唐鋤＝オリオン全体の形）が夕方に東の空に昇る（acronical rise）とアジやサバがよく獲れるという（内田 1973：57-58）。

12月に麦まきをするとき静岡の農民は「三ツ星が太陽の10時の位置（南中より少し東）に見えたら、働くのをやめよ」といっていた。この寒い季節では畑の土は朝は凍っているので、農民は麦、カブ、稗などを土が少し温まっている夕方にまいたのである。他の地域ではプレアデスが南中より少し西に見えたときに、同じ風習を行っていた。そして5月頃、三ツ星が日暮れに西の空に現れる頃（旦入か？）、農民は田仕事を始めた（内田 1973：60）。

C．航海用の星

古代日本において星が航海にどのように使われたかについては断片的な情報しかない。日本列島自体は高い大きな島から成り立っているので、沿岸航海の

場合は岸を見て行う「ヤマアテ」法が中心であったからだと思われる。

中世に瀬戸内で活躍した能島水軍が記した『日和見様』では、北斗七星、北極星、オリオン、プレアデスなどが方角と天候を知るために使われたとされる。

（1）オリオンの三ツ星
ほぼ真東から上がり真西に沈むオリオンの三ツ星は、洋の東西を問わず、方位の目印にされた。古代の日本でも同様であったであろう。とくに古代、中国と日本の間、あるいは瀬戸内海では東西移動が基本であるので、この星が方位の指標とされた可能性は大きいであろう。

記紀神話において冥界から戻ったイザナミが穢を落とすために水で禊をしたときに生まれた筒男（つつのお）三神がオリオンの象徴ではないかと推測する古代史家がいる。筒男三神は大阪の住吉神社に祀られている。この神社の3つの祠は兄弟それぞれを祀っているが、それらは縦に並ぶという珍しい形式である。上筒男、中筒男、底筒男という表現が、オリオンの三ツ星が東から上がるときに垂直になって登ってくる様を表したのではないかという意見がある。また古代ツツというのは、「夕つつ」のような表現で、星を意味していたという意見をもつ国文学者もいる。「つつ」とは空に空いた穴で、すなわち星であろうというのである（野尻 1955：18-20；勝俣 2000：102-124）。

古代のオリオンについては推測の域を出ないが、江戸期の随筆家が佐渡島へ行くときに「みっつ連ねたる星」を目印にしたと記しているのはオリオンを航海の目標にしたことを意味している（勝俣 2000：112-113）。瀬戸内の漁師の間でオリオンがアテボシ（当て星）あるいはネライボシ（狙い星）と呼ばれるのは、方位の指標としたためではないだろうか（野尻 1958：30；桑原 1963：146）。

（2）北極星
北の目印である北極星が北半球にある日本で航海の目印にされたのは確実で

あろう。北極星はヒトツボシ、シンボシ（心星）、ネノホシ（子の星：子＝北）などと呼ばれていた。

　沖縄のネヌファブシ（子の方の星）も同じで「夜走る船は子の星を目当てにする」という民謡はこの星が北の目印であったことを示している。

　江戸時代の民話で徳蔵という男の話がある。徳蔵は大阪出身で北前船で北海道との商いをしていた。夫が留守のときに妻が機織りをしていて、障子のさんに見えた北極星がわずかばかり動いたことを知った。妻からそれを聞いた徳蔵は以後、注意深く星を見て、商いに大成功した、という民話である。この民話には船乗りは北極星などの星を見て航海をしていたことを暗示するものであろう（野尻 1958：30-31）。

（3）北斗七星

　北斗七星にはカジボシ（舵星）という名称もある。これは船の舵に似ているからで、漁師や船乗りの間の名称であろう。また同様に四ツ星の部分が横たわっていると船にも見えるのでフナボシ（船星）とも呼ばれた。源義経の残した『義経記』では「夜、曇ってシソウノホシが見えなかったので海で迷った」と記されている。

　シソウノホシとは四三の星であり、柄の三ツ星はサイコロの3、升の四ツ星は4に見えるから、日本の各地でこのように呼ばれたのである。北斗七星は妙見信仰とも結びついて武士の間でも信仰された。北斗七星の七ツ星にはそれぞれ神があてられていた。とくに柄の一番端の星は破軍星（はぐんしょう）と呼ばれ、陰陽道を取り入れた兵法では重視された。この星の位置によって北斗七星が指している方角を観察し、武田信玄などは軍を進めるときや方角を占ったというのである。

　一方、シソウノホシという名称は博打で使うサイコロの呼び名に由来するようだが、博打打ちも北斗七星の位置によって、運を占ったともいわれる。武士と博打打ちが北斗七星で運勢を占ったという思考方式には共通するものがあろう（野尻 1958：7-10）。

なお沖縄では北斗七星に対して南斗六星という星座が知られていた。これは中国の影響とも思われ、南方でないと観察できない射手座を意味していたようである。沖縄では南斗六星も舵星と呼ばれていたので、やはり航海の指標とされたのではないだろうか。

(4) カノープス

日本ではカノープスは冬の短い間、南の空に低く輝く星である。それが航海の指標にされたという直接の証拠はない。しかし房総や伊豆から、冬場マグロを追って南下するとこの星がよく見えたであろう。カノープスは中国ではコトブキボシ（寿星）などと呼ばれ、めでたいとされる星であるが、伊豆半島や房総半島の漁師の間ではこの星は不吉な星とされていた。短い時間しか海から昇らないが、とても明るい星であるカノープスは、死んで恨みをもった漁師の魂が現れたものだと伝えられている。この星のメラボシという名前は房総半島の米良の出身で遭難した漁師を意味しているといわれる。またこの星が出ると海が荒れると伝えられる（野尻 1958：162-170）。なお沖縄では南極星と呼ばれることもある。

D. 漁師の「ホシアテ」

日本人が星を体系的に航海の指標としていたという情報は少ないのだが、東北の宮城県では漁師が「ホシアテ」、つまりスターナビゲーションに使っていたという証拠がある。黒潮と親潮が交わり南北の海の幸が利用できる豊富な漁場をもつ宮城県は（後藤 1991）、海岸線が基本的に南北なので、漁師が沖に出るときは東、帰るときは山を目当てに西に行くことになる。

阿武隈川河口にある亘理の漁師が方位の目当てにした星が柳田国男らによって記録されている（柳田・倉田 1938：53）。明け方漁に出るときは明けの明星が東天に出るのを見て、夕方帰るときは西の空の宵の明星を目当てにする。また漁師は「夜中の明星」ないし「夜中の明神」を目当てにすることもあるというが、これは木星らしい。明星を明神というのは民間語源である。

海から戻るときに亘理の漁師はマツグイとサンカクを目当てにするという。両方とも北の空の天頂近くを通り西の山の方角に沈む。マツグイは戌の方角（西北西）、サンカクは亥の方角（北北西）に沈むという（野尻 1958：22-27）。

マツグイはすでに述べたように双子座であり、この表現は一対の門松を意味する。マツグイは5月は夜8時から9時の頃に沈むが、この時期はサワラの季節でもある。四国ではこの星座をサワラボシと呼ぶことがある。

サンカクが何を意味するかは確定的でない。一説では大犬座のδ、ε星およびη星の三星からなる三角形であろうという（野尻 1958：23；千田 2015：37）。これらの星は、この地では北北西ではなく西南西に沈むので他の可能性を考えた方がいいかもしれない。別の説ではW型のカシオペアを指すのではないかという。この地ではカシオペアは周極星で沈まないが、西の山に隠れるからである。さらに別の可能性は三角座（Triangulum）ではないかと考える。

秋と冬には漁師はムズラとサンダイショウをみて漁期を知った。ムズラとは「六連」でありプレアデス、サンダイショウはオリオンの三ツ星を指す。雄勝の漁師はムズラが上がるのを見て秋先にイカ漁を始め、アトボシ（後星）が上がると漁をやめる（北尾 2001：54）。アトボシとはシリウスのことで、プレアデスやオリオンのあとから昇ってくるからそのように名付けられている（千田 2015：27, 69）。またサンダイショウが水平線から明け方に離れるときがイシガレイの漁期であるといわれる。

漁師はまた夏の終わりから秋口にかけて北の金華山までイカ漁に出かける。方角を確認し時間の経過を知るために、彼らはプレアデス、アルデバラン、オリオンベルトそしてシリウスが連続して東天から昇ってくるのを観察した。ある漁師はプレアデスの前にカペラの上昇を観察したという（千田 2015：157）。

唐桑半島の漁師は金星をナガシアミ・トモシボシと呼んだ。その語源は、流し網漁船の艫にいる漁師、つまり親方を意味するのである。つまり親方は艫に座って金星を観察して流し網のタイミングを決めていたというのである。金星はさらにカメドリボシとも呼ばれていた。その意味は漁船の船倉にいっぱいに

なるくらいの漁獲を導いてくれる星、という意味なのである（千田 2015：165-168）。

七ヶ浜の漁師はナナツボシの角度を見てマグロ網を仕掛けるタイミングを見ていた。この星は北斗七星である（千田 2015：61）。また彼らは北斗七星の角度で流し網を降ろしたり揚げたりするタイミングを見ていた（千田 2015：93）。

歌津の漁師は冬至と大寒（1月半ば）の間にタラの刺し網を行うが、彼らは烏座が南天に午前4時頃見えたときを最良の漁期としていた。またフタツボシが明け方に西の山に沈むときがタラ漁の終わりとなる。この星は双子座のαとβ星である（千田 2015：159）。

亘理の漁師はプレアデスが西の空に1時間の高さ（仰角約15°）にあると、サケが阿武隈川に帰ってくるときだと知っていた。そしてオリオンベルトが見えるようになる頃がサケ漁の終わりであった（千田 2015：150）。

E．アイヌと星

多くの北方民族と同様、アイヌは層をなす宇宙観をもっていた（図3-20）。

アイヌの人々の天空は天、地上、地下に三分されるが、天は上天、星の空、本当の空、雲の空、下の空、そして霞の雲と6つに細分され、その下に人々の住む地上が位置することになる。

（1）太陽の観察

アイヌのように、北方に住んでいる民族の場合、太陽の出現位置の季節変化はより大きいことになる。アイヌ語で太陽はチュプ（cup）、道はル（ru）で、チュプルは太陽の道、すなわち天文学の黄道に相当する。チュプルと大地（モシリ mosir）の交点のうちで重要な点が6つあるといわれ、それは下記の通りである。

①チュプケトク（cupketok: cupka＋etok）は「東の頭」の意味で、夏至の日の日の出地点。②チュッポケトク（cuppoketok: cuppok＋etok）は「西の

第3章　民族誌に見るスカイロア・スターロア　107

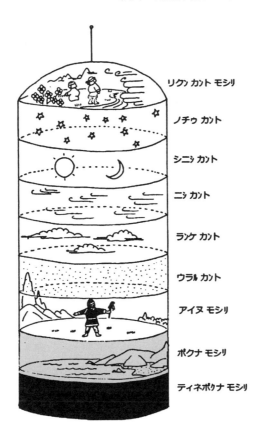

図 3-20　アイヌの天空観（末岡 1979）

頭」で夏至の日没点。③チュプカラントム（cupkarantom: cupka＋rantom）で「東の中央」で春分・秋分の日の出地点。④チュップポクラントム（cuppokrantom: cuppok＋rantom）で「春分・秋分の日没点」。⑤チュプコ（cupko: cuka＋o）で「東の尻」、すなわち冬至の太陽の出現点。⑥チュッポコ（cuppoko: cuppok＋o）で「西の尻」、すなわち冬至の日の入り点である。

　北海道の北東部では、太陽がチュプカラントム（春分の日の出点）から左手（北）に向かう季節をパイカラ（paykar）、左手の端のチュプケトク（夏至の日の出点）から右（南）へ回帰する季節をサク（sak）、再びチュプカラントム

を過ぎてさらに右（南）へ進む季節をチュク（cuk）、右手の端（冬至の日の出点）から左（北）へ回帰する季節をマタ（mata）というところがある。これはすなわちアイヌ語の一般名称、パイカル＝春、サク＝夏、チュク＝秋、マタ＝冬のもともとの意味であったことが推測される（末岡 2009：44）。

　アイヌの住む北方地は季節の変化がより大きいので、人々が太陽の動きを念入りに観察していたことは想像に難くない。イヌカルニ（inukarni＝i［それ＝太陽］＋nukar［を見つめる］＋ni［木］）という名の木が、コタン（村）の見晴らしのいい場所にあったといわれる。

　アイヌにとってもっとも重要な祭りイオマンテは、育てた小熊を花矢で射てカムイの国に送り届け、次の年の豊穣を祈る儀礼である。この祭りはコタンごとに異なっており一般化はできないようだが、元来は出猟前の季節儀礼であったようで、熊の狩猟時期の冬に入る前の冬至の頃に行われていたらしい。

　また日高静内を境にして南西に住む集団によって行われていたシンノラッパ（sinnorappa＝本当に涙を流す、の意）、あるいはイチャラパ（icarapa＝それを差し上げる、の意）と呼ばれる祖先祭は夏至の頃に行われていたようだ。

　それ以外にも春分、秋分を意識した年中行事があったようで、アイヌの人々が太陽の動きから季節を推定していたことは十分に考えられる（末岡 2009：32-33）。

　さらにアイヌの人々は星にも豊かな伝承をもっていた（末岡 1979, 2009）。十勝アイヌは東に向く神窓ロルンプヤラ（rorunpuyar）から見て、朝に太陽の側で光る星ニサッサウォツ（nisatsawot）が見えると、災難がないようにお祈りをした（北海道文化財保護協会 1987）。

　さて北海道の北緯45°付近では、夏至と冬至の太陽の出現する方位角に70°近い差がある。したがって東を意味するチュプカ（cupka: cup＋ka＝太陽・が昇る）と西を意味するチュッポク（cuppok: cup＋pok＝太陽・が沈む）という概念は、そうとう幅をもった概念といえる。またペケレカムイ（pekerkamuy: pekere＋cup＋kamuy＝明るい・天体・の神）はすなわち太陽で、「良いカムイ」の住むところから太陽は昇り、ウエンカムイ（wenkamuy: wen＋kamuy

＝悪い・カムイ）の住む方角に没するといわれる。日没点はまた死者の赴く場所でもある（末岡 2009：34）。

（2）北斗七星

北海道の北部で周極星になる北斗七星は踊る女たちにも見立てられ、もっとも一般的な星座である。アイヌの人々は北斗七星を舟型星チップノカノチゥ（cip ＝ 舟；noka ＝ 形；nociw ＝ 星）と呼んでいた。これは柄杓の部分の5星が並んでいる状態を舟に見立てたわけで、本州の漁民と同じ発想である。アイヌの人々はとくに春先の延縄漁のときにこの星を漁期の目当てにしたようである（末岡 1979：39-42）。

（3）双子座

双子座はアスルペノカノチウ（asrupenoka-nociw）と呼ばれるが、それはアス・ルプ・エ・ノカつまり「熊の耳」という意味である。アイヌの人々は双子座を熊の左右の耳と見立てていたようだ。この星は12月の末頃になると「東の頭（＝夏至の太陽出現点）」のやや北側から寒空に昇って来る。そしてこの頃から、太陽が「東の尻（＝冬至の出現点）」から戻ってくることを告げるのである。そしてこの星が南中する3月後半には雪が溶け、サケが登ってくる季節となる。そして「西の頭（＝夏至の太陽没入点）」に姿を消す頃には、すでに太陽は秋分に向かっているのである。このようにアスルペノカチウは、季節や儀礼の時期を知るために、アイヌの人々にとって重要な星、そして聖なる星であった（末岡 1979：85-86）。

（4）プレアデス

狩猟採集民といわれるアイヌであるが、雑穀農耕も営んでいた。春の草露を踏んで畑仕事をする女性たちは明け方東天に輝くトクタンロノチウ（toy ＝ 畑；ta ＝ 耕す；sawot ＝ から逃げる；nociw ＝ 星）すなわち農耕を嫌う星を見て播種の時期を知ったという。その農耕法はトィタないしムンカル（mun ＝

草を；kar＝とる）と呼ばれ耕転を意味していたが、4月の初めから5月の中頃まで行われていたらしい。そして夕方西の空に見えていたプレアデスが見えなくなるのは4月末で、ちょうどその時期にあたっている。さらにその1か月あまりあとの6月上旬、明け方の太陽に先駆けて東天にトィタンロノチウが登ると播種の季節なのである。末岡はプレアデスは「播種の星」と呼ばれてもよさそうだが、そのような事例はなく、なぜか「農耕を嫌う星」と呼ばれていたと指摘している（末岡 1979：203）。

（5）オリオン

アイヌの人々はオリオンの三ツ星が直立して暮れの東天に掛かる頃、笹の実を採集して濁り酒を作る。それでオリオンはイユタニノチウ（i＝物を；uta＝叩く；ni＝木）と呼ばれた。これは冬至の頃で、直立した三ツ星が杵のように見えるからである。それは笹の実（ウリペ）を摘んできて天日で乾燥させ、細い棒で叩いて脱穀してから木の臼に移して水を加えてさらに叩くと小麦粉のようになる。これを蒸すと酒粕のような状態になるので濁り酒を作ることができる。

（6）カシオペア

また人々はカシオペアを漁撈活動との関係で見ていた。彼らは α と β 星を1隻のボートと見立て、δ と ε 星をもう1隻と見て、真ん中の γ をその間で引かれる網であると考えていた。それでカシオペアはヤスヤノカ・ノチウ（yasyanoka-nociw）、すなわち網を引く船、と呼ばれた（末岡 1979：195）。

F．琉球列島

亜熱帯に属する琉球列島では、他の地域と異なる天体に関する民俗が知られている。第4章で論ずるように、琉球王朝は「テダ」すなわち太陽を王権の象徴とした。そのためにグスク時代の遺跡には太陽信仰に関連する可能性のある事例が知られている。一方、沖縄ではプレアデスを季節の指標としたという事

例以外では、あまり星の実践的利用の情報は多くない。

琉球列島の民話を20万話近く集めた、故遠藤庄治・沖縄国際大学名誉教授は、星の民話は先島に圧倒的に多いことを生前、私に語っていた。それは農耕や漁業、あるいは航海術における星の重要性を示すのではないかというのである。たとえば沖縄本島と宮古群島の間には琉球列島で最大の海域があり、ここを越すには星が重要でなかったかと遠藤教授は語っていた。

図 3-21　久米島の太陽石

（1）久米島の太陽石

沖縄本島の南西に浮かぶ久米島は、琉球王朝と中国貿易の中継点として重要な島である。そしてこの島には「テダイシ」つまり太陽石というものがある。昔、中国で天文学を学んだ堂之比屋という人物がこの石の前で太陽の出現を観察して季節を予知していたというのだ。石の上面には線が走っているのだが、それが天体の運行を意味しているのかどうかは不明である（図3-21）。

方位を確認すると夏至の太陽はちょうど粟国島の背後から昇り、冬至の太陽は慶良間の久場島の背後から昇るようになっている（図3-22）。私はこの現象のうち夏至のものを2016年の6月22日に確認した。もしこの石が島の他の場所にあったら、正確にはこの関係は望めない。ただ現状では冬至の太陽は茂みに隠れて遠望できないようである。

（2）プレアデスと星見石

先島でもとくに八重山では緯度の関係でプレアデスがほぼ天頂を通る。たと

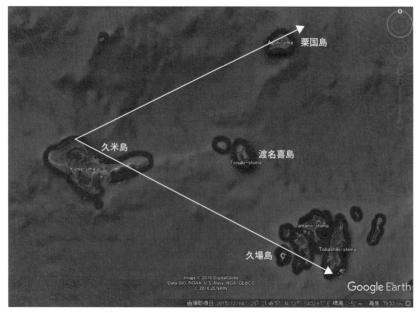

図 3-22　久米島の太陽石から見た夏至と冬至の日の出方位

えば石垣市の緯度は 24°20′、プレアデスの赤緯は 24°7′であるからだ。宮古八重山には、なぜ群星（ムリブシ、ムリカブシ）が天頂を通るようになったのかを語る民話「むりかぶしゆんた」がある。以下にそのあらすじを記す。

　昔、沖縄の八重山の島々の農家は、琉球王朝から重い年貢を取り立てられていて、とても苦しい暮らしをしていた。それを見ていた天の王様は、南の七つ星に「お前が島を治めよ」と命令したが、南の七ツ星は自分にはできないと返事をした。王様は怒って、南の七ツ星を南の空に追いやり、舞い踊りをさせた。次に天の王様は、北の七ツ星に「お前が島を治めなさい」と命令したが、北の七ツ星も断るので、王様は怒り、北の空に追いやり、組み踊りをさせた。

　天の王様はたいそう怒り、星々は怖くて口も利けず、そばに近寄るのも恐れていた。そのとき、小さなムリカブシが天の王様の前に進み出て、その仕事を私にやらせてください、と言った。王様はたいそう喜び、「お前

第3章　民族誌に見るスカイロア・スターロア　113

はいつも島全体が見えるように、天の真ん中を通るべし」と言いつけた。それ以来、ムリカブシは、東の海から昇り、天の真ん中を通り、西の海へ沈むようになり、人々に季節と農作業の時期を知らせた。島の人々は、星見石を使って毎晩かかさず、ムリカブシの位置を見て、種まきや収穫の時期を決めるようになった。すると豊作が約束され、農民は畑からの帰り道で、いつも「むりかぶしゅんた」を謡いながら、豊かになったわが村の自慢をするようになった。

さてここに登場する星見石とは 11 月頃、プレアデスが夕方、東の空に上がってきたとき（acoustic rising）、その高さを目測して麦などの冬植えの時期を知るために使われた。そのような石は石垣島や竹富島で知られている（図 3-23、24）。竹富島の事例は穴が空いており（図 3-23）、この石の前に座ってプレアデスの高さを観察したもの思われる。また小浜島では集落の入り口に節定石が置かれていて（図 3-25）、これも同様の目的で使用されたという。ただしこれらの事例は皆すでに元の位置から移動されているようである。

なお石垣島の川平地域には群星御嶽という聖地がある。この御嶽の起源伝承では、空から海に降ってきた星＝プレアデスを祀ったという伝承がある。

（3）星見様と星図

宮古群島の多良間島にはどの星がどの月の何日頃から見えるのか、という星の周期に関する伝承があった。夏の星は早朝に見て、冬の星は夕方に見る、とされている。たとえばムニブス（群星）は夏は旧暦 5 月 12 日（新暦 6 月 26 日）、冬は 10 月 4 日（新暦 11 月 13 日）に見るとされている。おそらく両方とも東天で観察したものと思われる。

多良間島では星の出現によって気象や天候を占う知恵もあった。たとえば「旧暦 10 月頃、タタキィ星が見えるようになると、ウキトゥリといって風が静かな日が続く。この日は七ツ星（北斗七星）が早朝、横に長い形で見える」などと表現された。この資料には星座の図が添付されており、タタキィは 3 つの星が並んでいるし、時期的にもオリオンベルトを指しているようである。

図 3-23 竹富島の星見石

図 3-24 石垣島の星見石

図 3-25 小浜島の節定石(右は石碑)

第3章　民族誌に見るスカイロア・スターロア　115

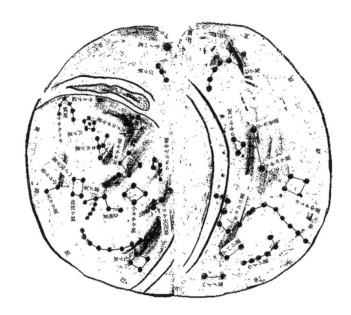

図3-26　波照間島の星圖（黒島 1999）

さらに多良間島には『星見様』という古い文書があって、昭和初期まで使われていた。ただし原本はなく現在はそれを書き写したノートしか利用できない。

このような文書としては石垣島の『星圖(せいず)』および『天気見様之事』、久米島の『星圖』、波照間島の『星見様』などが加えられる（図3-26）。久米島の図の円周には十二支で方位が記され、全天の星座図が添えられている。黒島為一はこれらの文書の間に見られる共通性から、具体的にどの星座がどの時期に見えるか、あるいは「よどむ」すなわち見えなくなるか、またどの方角から昇るか、について比較検討している。その中で「子ノハ星」は北極星、七ツ星は北斗七星でまちがいないが、「子ヨチヤ星」は海豚座の綾形、「大ヨチヤ星」はペガスス座の大四辺形、「カボシ星」は牡羊座のα、β、γ星、「六ツ星」はプレアデス、「ウトナ星」は御者座のカペラ、「箕星」はアルデバランを中心とした星座、「立明星」はオリオン座の三ツ星を中心とした星々、「弐ツ星」（多良間

ではウプラ星）は双子座の α、β 星、「大ウラ星」はシリウスであろうと推測している。

　太陽暦に近い星座の出現時期と太陰暦はずれるはずなので、何らかの補正が行われていたと思われるが、詳細は不明である。一方、方位に関しては、遠藤庄治が指摘したように、久米島や宮古八重山では航海との関係で重視されていたのではないかと推測される（Goto 2011）。

第4章　考古天文学の現状

1. 中東古代文明

A．エジプト
（1）古王朝

　エジプト古王朝の第3王朝（2680-2145B.C.）時代に77mの高さの階段状ピラミッドがサッカラ（Saqqara）に作られた。この最古のピラミッドは古王朝第3王朝二代目のネチェリケト（Netjerikhet）あるいはジョセル（Djoser）王（2667-2648B.C.）が建てたサッカラの階段状ピラミッドである。ピラミッドは南北軸を基本に建てられている。ピラミッドの北方に葬祭殿と呼ばれる神殿が位置し、この神殿に隣接して王の彫像安置所が設置されており、その天井の丸窓から北の空を見上げるようになっている。王は死後、ラー（Ra）、ゲブ（Geb）、ヌト（Nut）、オシリス（Osiris）そしてホルス（Horus）ら創世神話の神々と一緒に天に住むとされた。そして王は北天の沈まない星になって神々と一緒に永遠に空をめぐるとされる（Wegner 2012：65）。

　このピラミッドは丸窓から北天の周極星を眺めるようにできているが、これは永遠に沈まない星に永遠の生命を願ったためだといわれる。この地は日本ではトカラ列島の緯度に相当するが、このピラミッドが作られた4650年前は天の北極は今と大きく異なっていた。この時代は竜座のα星、トゥバーン（Thuban）付近にあり、比較的低緯度のエジプトでも北斗七星は周極星であった。

　ピラミッド建設は続く第4王朝（2613-2494B.C.）にピークを迎える。一般的にピラミッドは肥沃な河床を望む砂漠高原の縁に、景観をにらむように作られている。第4王朝のスネフェル（Sneferu）王（2614-2579B.C.）は屈折ピラ

ミッドや北部にある赤ピラミッドを造った。赤ピラミッドがいわゆる真性のピラミッドの最初である。その傾斜角は太陽光線を象徴したといわれる（近藤 2010：45-51）。

また第4王朝のときにギザ（Giza）のピラミッドの建造が、クフ（Khufu）王（2579-2556B.C.頃）によって始められた。3基のピラミッドのうち一番南のピラミッドが少しずれていることから、このピラミッドはオリオンを地上に映したもの（ナイル川を天の川に見て）といわれたが、この俗説の問題点はすでに第1章で指摘した。

ギザのピラミッドに関して確実なのは、3つのピラミッドが北東から南西に向けて直線的になっていて、その延長が太陽信仰の中心であるヘリオポリス（Heliopolis）の方角とそこにあったはずの太陽の神殿を向いていることである（近藤 2010：54）。そして3つのピラミッドの主軸自体はラトポリス（Latopolis）の方位に相当する（図4-1）。さらに最大のクフ王のピラミッドの王墓から外につながる長い通路は、北の通路が31°傾いており、これは当時の北極星のトゥバーンを向いているようだ。他の南側の軸は44°から傾いており、これはオリオンを向いているようだ（Belmonte *et al.* 2009, Belmonte 2015a）。

（2）中王朝と新王朝

エジプト人にとって最大の関心事はナイル川の氾濫であった。シリウスの出現を祝った最古の記録は、中王朝（2025-1795B.C.頃）のセヌセレト3世の時代のパピルス片に書かれていた。シリウスの観察が1年の長さと暦の基礎でもあった。観測起点はメンフィス（Menphis）であったようだ（近藤 2010：19-25）。6月頃エチオピアの高原で夏季モンスーンによる降雨のためにナイル川は増水する。増水が始まる時期（7月下旬）は、シリウスが夜明け前に東天に見えはじめる時期（旦出）とほぼ同時であったので、その出現を注意深く観察した。

シリウスはソプデト（Sopdet）と呼ばれ、イシス（Isis）女神の化身と見なされた。その図が残されているのは新王国第18王朝のセネンムウト（Senen-

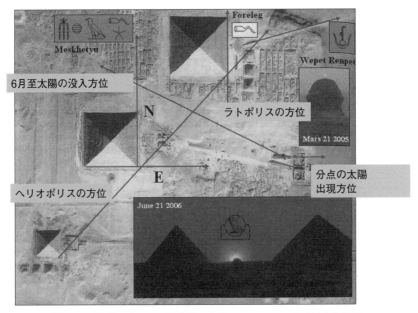

図 4-1　ギザのピラミッド付近の方位（Belmonte *et al.* 2009 より改変）

mut）の墓の天井図、アメンホテプ（Amenhotep）3 世の水時計などである。セネンムウトの墓では聖船に乗り頭上に 2 枚の羽根と羽根飾りを組み合わせた冠をかぶった姿でイシス女王＝シリウスとして描かれる。その右手には三ツ星＝オリオンが描かれる（Wegner 2012）。

　新王朝時代にギザに建てられたスフィンクスであるが、それは東西南北軸を意識して造られた。その結果、春分・秋分の太陽の日の出の方角を向いているようにも見える。ただし文献ではあまり分点への重視は読み取れない。一方、スフィンクスからクフとカフレ（Khafre）の二大ピラミッドの中間点へ視線を伸ばすと冬至の太陽の没入地点に至る。これは何らかの意図があったためかもしれない（図 4-1）（Belmonte *et al.* 2009；Ruggles 2015f）。

（3）太陽のシンボル

　太陽神ラーへの信仰は古王朝のギザのピラミッド建造のあと、第五王朝時代にネウセルラー（Neuserre'）王などによって建てられたアブ・グラーブ（Abu Ghurab）の太陽神殿などに遡ることができる。ラーは隼の頭をして太陽の輪の冠をつけた姿で描かれる。ラーに捧げられた神殿は星や太陽の観察ができるように設計されていた。

　エジプトでは昇る太陽は砂漠の中で砂を転がしながら歩む姿にたとえられたので、羽の生えたコガネムシが太陽の円盤を押している姿が昇る太陽であるケプリ（Khepri）として表された。コガネムシは砂に卵を産むので無からの創造の意味もあり、ケプリは再生の象徴とされた。ラーは太陽の輪や昼間の太陽、沈む太陽である羊の頭をしたアトゥム（Atum）神は男性または動物なら羊の姿で象徴された。それらは太陽の上に座っている姿であった。

　夜になると太陽は地下世界を船で移動する。新王朝時代の墓の絵画にそれが描かれている。太陽神はオシリス神と合一し12時間の間地下世界を移動する。その旅の間、太陽神は敵であるアポピス（Apophis＝大蛇）と戦い、この航海の間12の門を通過する。通過するためには太陽は各々の門の名前、その門番の名前や従者の名前を告げる必要がある。夜明けに昇る明るい星は門番、その直前に昇る暗い星は従者と考え、星の出現を見て太陽の出現時刻を予想した。

　ヘリオポリスではアトゥム＝ラーが最初に現れ、唾を吐いて大気の神シュウ（Shu）と湿気の女神テフヌト（Tefnut）を生み出した。二人から大地の神ゲブと天の女神ヌトが現れた。ゲブは寝そべってその上にヌトが天蓋を形成するよう手足を踏ん張り、上に展開する。二人からオシリス、イシス女神、ネフティス（Neftis）女神とセト神が生まれる。ヌトは毎日太陽や星を産むとされる。天の川の外の腕は女のような形をしているのでヌトを表すとする。オリオンと双子座の春分のときが彼女の頭の位置である。ヌトは太陽を食べ、9か月後に再び生み出す。それは冬至のときで、そのとき太陽はデネブ・アディゲ（Deneb Adige）に向かった地平線から昇る（＝白鳥座にある星）。この星はヌ

トの女陰である（Wegner 2012：67-69）。

（4）カルナックの大神殿

ピラミッドと並んで神殿の方位も議論の対象となってきた。一つ指摘できるのはナイル川の方角に神殿の入り口が向いているという傾向である。しかしJ. ベルモンテ（Belmonte）率いるスペインとエジプト合同チームの調査によって、天体と関係すると思われる傾向が指摘されている。時代によっても異なるが、春分と秋分、冬至の太陽出現地点、さらに星ではシリウスとおそらくカノープスが意識された可能性がある（図4-2）（Belmonte 2015a, 2015b）。

新王朝では巨大なピラミッドの建築はなされないが、太陽と関係する多くの神殿が作られた。テーベではルクソールの近くでテーベの守護神のアムン（ア

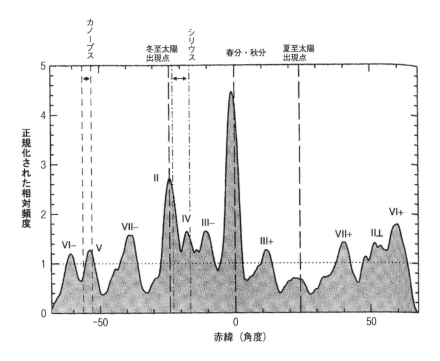

図 4-2　エジプトの 350 基の神殿方位（Belmonte 2015a より改変）

モン Ammon）が太陽神ラーと同一視された。そしてカルナック（Karnak）の偉大な神殿アムン・ラーが太陽神に捧げられた。紀元前 15 世紀頃トトメス（Thutmose）2 世の聖なる妻ハトシェプスト（Hatshepsut）が自分は太陽の神アモン・ラーの娘だと宣言し王になった。この王が建てた神殿はアモン・ラーとハトシェプスト王を表す 2 本のオベリスクの間の細い隙間から、冬至の太陽が昇るように設計されている。この場所は一般公開されていたようなので、大きな政治的効果があったであろう。この遺跡はナイル川の東岸にあるが、西岸にあるデイル・エル・バハリ（Deir el Bahari）神殿も冬至の日の出に照らされたであろう。他にも特別な日の太陽の方向に向いている遺跡があるが、その意味は十分には解明されていない（Belmonte *et al.* 2009：267）。

しかしその後、アメンホテプ 1 世による拡張などを経て、神殿は次第に西、テーベの陸を向くようになっていった。川の反対側にはいわゆる「王家の谷」があって 60 基の王の地下墓が発見されている。そこには有名な新王朝のツタンカーメンの墓も含まれ、墓の中に有名な天文図が描かれている（Ruggles 2005：143-146）。

（5）アブ・シンベル神殿

アブ・シンベル（Abu Simbel）神殿はもともと砂岩でできた岩山を掘り進める形で作られた岩窟神殿であった。この遺跡は大神殿と小神殿からなる。建造主は新王国時代第 19 王朝の王、ラムセス（Ramesses）2 世である。大神殿は太陽神ラーを、小神殿はハトホル（Hathor）女神を祭神としている。小神殿は最愛の王妃ネフェルタリ（Nefertari）のために建造されたものでもある。

1960 年代、ナイル川にアスワン・ハイ・ダムの建設計画により、水没の危機にあったが、ユネスコによる救済活動が行われ、現在ではダム湖であるナセル湖のほとりにたたずんでいる。この神殿では、年に 2 回神殿の奥まで日の光が届き、神殿の奥の 4 体の像のうち、冥界神であるプタハ（Ptah）を除いた 3 体を明るく照らすようになっている。それは本来はラムセス 2 世の生まれた日（2 月 22 日）と、王に即位した日（10 月 22 日）にこの現象が起こるもので

あったが、移設によって日にちがずれてしまった。

アブ・シンベル大神殿には青年期から壮年期までの4体のラムセス2世像が置かれている。その前に並んでいるのは家族の像である。奥にはプタハ神、アメン・ラー神、ラー・ホルアクティ（Ra-Harakthe）神、そしてラムセス2世の像がある壁には神聖化された聖なる船の前で儀式を行う場面が描かれている。浮き彫りに王の業績、北の壁にはカディシュの戦い、南の壁にはシリア・リビア・ヌビアとの戦いが描かれている（Ruggles 2005：143-146）。

B．イラク・シリア・イスラエル付近

（1）メソポタミア

メソポタミア、とくにバビロニアは西欧に天文学の基礎を提供した地域である。

イラク中央部、ウル（Ur）のジッグラト（Ziggurat）は紀元前2000年頃建造された。その大きさはシュメール文化で重要な数学比を使って設計されている（図4-3）。基壇の縦横比は3：2に近接した62.5 m×43 mとなっている。

図4-3　ウルのジッグラト復元図（Magli 2005）

2段目は4：3に近く36 m×26 mとなっている。それより最上階に至るには北東面に作られた階段から登るようになっている。この階段は夏至の昇る太陽が照らすのである。ジッグラトは神殿であり墓でもあったが、それらの多くは東西南北の方位か至点を意識して設計されていた。またジッグラトは、煙の立ちのぼる都市の上に輝く星を観察するには理想的な台であり、また供犠や儀礼の行われる場所であったと思われる（Penprase 2011：206-207）。

　これ以外でも中東ではフェニキア（Carrasco 2015）、ヒッタイト（González-García and Belmonte 2015b）、あるいは隣接するギリシャの神殿（Boutsikas 2015）が至点や分点と関連した方位をもっていることが推測されている。われわれが今知る星座の多くや天文学はバビロニアにその起源を求めることができるが、それを科学として発展させ、のちのイスラムやヨーロッパの天文学の基礎を気づいたのはギリシャの学者たちであった（Jones 2015）。

（2）中東のストーンヘンジ：ルジム・エルヒリ

　シリアのレバント地方、またはイスラエルのゴラン高原にある円形の石壁で作られた遺構ルジム・エルヒリ（Rujm el-Hiri）は中東のストーンヘンジと呼ばれている。後述のアイルランドのニューグレンジ遺跡とほぼ同じ時期、紀元前3000年頃に作られたと思われる。この遺跡名はアラビア語では「野生ネコの石塚（墓）」の意味、ヘブライ語では「精霊あるいは死霊の車輪」の意味だといわれる。

　直径155 mの大きで、周壁の壁の高さは2 mほどであるが中央部の壁の高さは20 mもある。入り口と思われる部分は夏至の日の出の方向を向いているが、さらに入り口の広さはちょうどこの地域の太陽の大きさに相当する（図4-4）（Aveni and Mizrachi 1998）。どのような信仰が背景にあるのか不明だが、たとえばシュメールのウル遺跡では夏至と冬至と両方のとき、神ドゥムジ（Dumuzi-Tammuzu）と女神イナンナ（Inanna）の神婚とその後の神の死を祀る儀礼が行われたことと関係があるかもしれない（Aveni 2008：99-100）。

　ドゥムジは牧人の神とされる。イナンナと結婚するときにおいしい乳製品を

捧げた。家畜が肉の貯蔵のために屠殺される春、牧神であるドゥムジは冥界に赴く。するとその姉でブドウの女神ゲシュティナンナ (Geshtinanna) は捜索するために冥界に降りる。これはブドウが収穫される夏から秋にかけての時期にあたるが、イナンナはゲシュティナンナを冥界に残し代わってドゥムジを地上世界に戻すと生気が地上に戻ってくる。

この地域では、夏至から過酷な熱い乾燥時期が続き、それが終わって涼しくなり肥沃な雨の季節が始まるのが秋分の頃である。この遺跡は過酷な時期の始まりを知るためのカレンダーだったのかもしれない。それ以外に東方の聖なる山を遥拝するなど、天体ではなく地形と関係する宗教的な意味もあったのであろう（Aveni and Mizrachi 1998）。

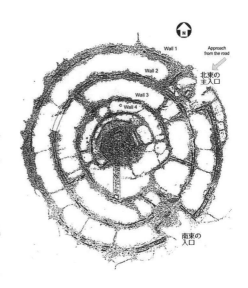

図4-4　レバント地方ルジム・エルヒリ
（Aveni and Mizrachi 1998 より改変）

（3）メッカのカアバ

メッカはイスラム教徒にとって巡礼 haji の目的地であった。カアバ（Ka'ba または Ka'aba）は、メッカ（マッカ）のマスジド・ハラーム（Al-Masjid al-Harām）の中心部にある建造物で、イスラム教における最高の聖地と見なされている聖殿なのでカアバ神殿（カーバ神殿）とも呼ばれる。カアバの南東角にはイスラムの聖宝である黒石（くろいし）が要石として据えられている。

カアバはもとはイスラム以前（ジャーヒリーヤ Jāhiliyyah）におけるアラブ人の宗教都市であったメッカの中心をなす神殿であったとされる。「カアバ（カーバ）」とはアラビア語で「立方体」を意味し、形状はその名の通り立方体

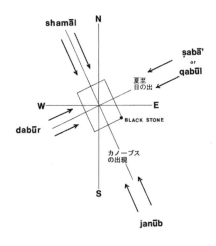

図 4-5 カアバの方位観（King 1982 より改変）

に近いが、縦にやや長い構造となっている。

　カアバ自体は東西南北からずれた方位を示し、南東の聖なる黒石のある壁のラインは夏至の太陽の日の出と冬至の太陽の日の入りの方位を向いている。またその直角に南に伸びるラインはカノープスの出現方向を向いている。夏至と冬至はモスクの建造で重要な役割を果たしていた。東西軸は、春分・秋分直後の最初の三日月の出現方向に相当するのである（図 4-5）。

　イラクなどメッカより東に所在するモスクの多くは、祈りの壁が冬至の太陽の沈む方向を向いている。一方、エジプトなどメッカより西のモスクの多くは夏至の太陽の日の出の方向を向いているという。これは各地のモスクはメッカの方角、聖なる方位キブラ（qibla）に従っているからである（King 1982；Penprese 2011：209）。

　このようにモスクの方位を決めるのにはメッカの方角と同時に太陽や星の観察が必須であり、そのためにイスラムでは天文学が発達し専門家も存在した。ただし実際にモスクの方位には変異が見られる。イスラム法学者の考えたキブラと天文学者の主張するキブラの間に齟齬があったり、地理的あるいは政治的要因など、さまざまな要因で変異が生まれたようである（Rius-Piniés 2015）。

2. ヨーロッパ

A．岩絵と人工物

(1) 旧石器時代の天文学

人類の狩猟の歴史は長いが、ホモ・サピエンスの出現した後期旧石器時代には人類は計画的な狩猟を行い、馬、牛、鹿などが獲物となった。またサケを彫刻した遺物も発見されている。これらの動物の生殖期や発情期、あるいはサケの遡上期には規則性があり、人類は季節的なサイクルを理解して狩猟ないし漁撈を行っていたことがうかがわれる。その指標が天体であった可能性は十分あるであろう。そのような思考能力こそホモ・サピエンスと旧人や原人を分ける要素であったかもしれない。

ドイツで発見されたマンモス牙製に彫刻を施した遺物は、いまから約3万1千年前のものと推定されている。一面には足の長い人物が彫られ、裏側には何らかの規則性をもった点の列が刻印されている。これを綿密に分析した M. ラッペングリュックは人物の両肩と足の先を表した点が3万3千年ほど前の春分時のオリオン座に相当すると推測している。鼓型をしたオリオンの周りの四ツ星である。そしてギリシャ神話のオリオン座のように腰のあたりに三ツ星が位置するというのである (Rappenglück 2015b)。

また裏に彫られた点はオリオン座の主星、ベテルギウスが春分の約14日前に、夕方西の空に沈み（旦入）、夏至の約19日前の明け方に東天に出現する（旦出）までのいくつかの天文事象に相当するという。そしてその合計の86日を1年365日から引くと、280日という女性の妊娠期間に相当する。すなわちこの遺物は女性の出産の日を推定するのに使われ、その基準に星座が用いられたことを示唆するという。このような1年の区分は後述するメソアメリアの暦と類似している。

またラッペングリュックはラスコーの動物壁画の側に描かれている黒い丸い点の中に、牡牛座のプレアデスやヒアデスのようなパタンを見いだしている。

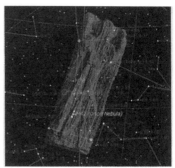
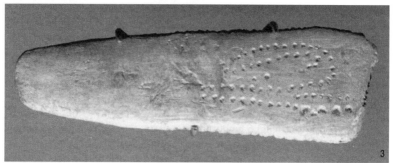

1. 表裏に人形意匠と妊娠周期を刻んだと思われるマンモスの牙製人工物（ドイツ Geißenklösterle 洞穴）
2. 人形意匠の周辺に彫られた天体を表すと思われる穴（同上）
3. 月齢を刻んだと思われる骨片（フランス Blanchard des Roches 岩陰）
4. ラスコー（Lascaux）洞窟の壁画
   A：駆ける雄鹿　B：13個の点
   C：直立する箱？　D：26個の点
   E：妊娠した馬　F：跳ねる野牛

図 4-6　旧石器時代の人工物や岩絵に刻まれた天文情報
（1-3：Rappenglück 2015a，4：Rappenglück 2015b）

とくにプレアデスの形は北米のナバホや
シベリアのチュクチ族が儀礼的に描いた
模様にそっくりである。また別の点の数
からこれらの星座の出現や没入を予測し
たと推測している。これらの星座は壁画
に描かれている動物の発情期や出産期の
サイクルを知る指標であったという
(Rappenglück 2015a)。

図 4-7　ドイツ青銅器時代の天文盤ネ
ブラ・ディスク (Pásztor 2015)

(2) ネブラ・ディスク

　ネブラ・ディスク (Nebra disk) は、ドイツ中央部、ザーレラント地方の街ネブラ近くのミッテルベルク (Mittelberg) 先史時代保護区で 1999 年に発見されたとされる。一時行方不明になっていたが、考古学者と警察の捜査によって 2002 年スイスのバーゼルで骨董団からこのディスクは保護された。

　ネブラ・ディスクは青銅とその上に大小いくつかの金が張られた円盤で、初期の青銅器時代における天文盤と考えられる。その原材料 (銅とスズ) と加工技術から中部ヨーロッパの流通ネットワークの中で高度な技術による製作が可能であったことが推測される (Pásztor 2015)。

　直径は約 32 cm、重さおよそ 2000 g の青銅製で、円盤の厚さは中央から外側へと 4.5〜1.5 mm と減少している。現在の状況は緑色の緑青をふいているが、元の色は茶色を帯びた紺色であると思われる。

　このディスクは約 3600 年前に作られた人類最古の天文盤であるとされ、盤の上には金の装飾 (インレー) で、太陽 (または満月) と月、32 個の星 (そのうち 7 つはプレアデス星団) などが模られ、太陽暦と太陰暦を組み合わせた天文時計であると考えられている (図 4-7)。

　もともとの天文盤には、37 個の金のインレーがあった。そのうち 1 つのインレーは古代にすでに取り除かれていたが、残っている溝により位置を想定す

ることが可能である。円盤の縁は、前面から 38 個の穴が開けられ、その穴の直径はおよそ 2.5 mm で、決まった位置に開けられている。

このディスクは、右側にある弧の真ん中に春分・秋分の日の出、すなわち当時の真東をあてると、弧の両端が夏至と冬至の日の出の方位とあうようである。逆側にあったであろう弧はそれぞれの日の入りの方位であった。弧の中心角は 82〜83°であるが、それは、1 年を通じて、日の入りまたは日の出時の太陽が地平線に描く軌跡と一致したのである。

太陽の位置から日を求める太陽暦とは異なり、太陰暦は月の満ち欠けによって日が計算される。しかし太陰暦は 12 か月の朔望月（29.5306 日）を基準とするため、太陽暦よりも約 11 日少ない 354 日で 1 か年となる。ネブラ・ディスクは太陰暦によって生ずる閏月、すなわち 13 か月目をいつに合わせるべきかを予測し、太陰暦と季節を同期させるために用いられていた可能性がきわめて高い。それは 4 ないし 5 日の月の左側に置かれた七ツ星すなわちプレアデスが春先に三日月と比べてこの位置見える年は、3 年に一度閏月を入れることを示唆する可能性もある（Hansen and Rink 2008）。

B．南ヨーロッパ
（1）マルタ島とゴゾ島

この地では新石器時代の紀元前 4100 年頃から神殿時代と呼ばれる時代が始まる。紀元前 3600 年頃から本格的に神殿建築が始まり、紀元前 2500 年頃、ギザのピラミッドが完成する前にこの時代は突然終わるのである（Trump and Cilia 2002；Lomsdalen 2014）。

マルタ島や北にあるゴゾ（Gozo）島には平面プランがクローバー状に壁で形作られた神殿が造られるが、その入り口の向く方位が問題となっている。神殿の入り口はほとんどが南東から南南西の間を向いている。真南は意外と少ないが、この方位は太陽ないし月の出現、没入の方角としては南すぎるからであろう。神殿が建造された時代だとケンタウルス座の α と β 星、およびその 1 時間ほど前に上がる南十字の方角を向いているのではないかと考えられる（図 4

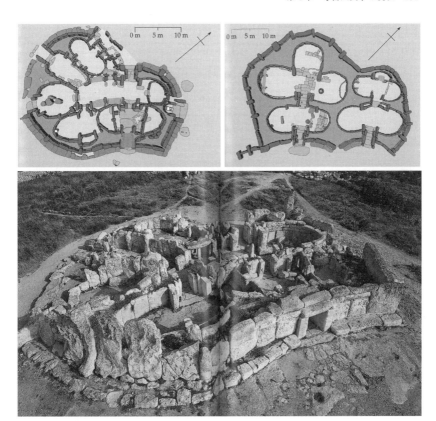

図 4-8　マルタ島の神殿と入り口の方位（Trump and Cilia 2002）

-8)。

　しかし別の解釈もありうる。たとえば南向きの入り口は北風を防ぎ、太陽光を入れるためであるという意見、またもし神官が入り口を向いて立つなら、民衆はそれと対峙するから、むしろ北の方に重要性があったのではないかという意見である。北向なら故郷のシシリア島の方角に相当する。逆にシシリアから南東方向のマルタに海を渡ってきたなら、やはりその方角の星が重要であっただろうという意見もある。

　最大級のムナジュラ（Mnajdra）神殿の入り口は珍しく真東を向いている。

これは分点を向いているのだろうか。または、もう一つの可能性として、この入り口を通してこの時代ほぼ同じ赤緯をもつプレアデスの出現を見たのではないか、とも考えられる。ムナジュラのIII号神殿の入り口に立てられた石版には無数の小さな穴が彫られている。上部の穴は装飾だと考えられる。しかし下部の穴は行ごとに、19個、13個、16個など何らかの意味をもったような数で彫られている。

当時の天体の動きをシミュレーションすることによって、考古学者のM. ホスキン（Hoskin）はこれらの数字は農耕活動などの指標となる星の旦出間隔を示すのではないか、と推測している。たとえば同時期のエジプトにおいてはシリウスの出現を洪水の開始の指標としていた。また、ギリシャのヘシオドスの『仕事と日』における「バラ色をした暁にアルクトゥールスを見るようになったらブドウを刈るべきである」という記述なども論拠としてあげている（Hoskin 2001：35）。

さて石版の数字であるが、当時4月6日に旦出したプレアデスのあと、19日して牡牛座の$α$星（アルデバラン）が現れる。さらに16日後にはヒアデス、その3日あとにはオリオン座の$α$星、同様にオリオン座の$γ$星、オリオン座の$β$星、そして大犬座の$α$星（シリウス）、大犬座の$β$星、牛飼い座$α$（アルクトゥールス）、南十字の$γ$星、そしてケンタウルスの$β$星と続く数字を示すというのである（Hoskin 2001：33-35）。

（2）メノルカ・マヨルカ島

紀元前123年にローマ帝国によって征服されたメノルカ（Menorca）およびマヨルカ（Mallorca）島にはマルタの神殿とほぼ同時期、タライヨット（tolayot）と呼ばれるT字型のモニュメントが建てられていた。これは長方形の薄い石版の上に、厚みのある長い長方形の石を乗せてT字型にしたものである。

タライヨットとはアラビア語で観察タワー（watch tower）という意味であるが、メノルカ島が平坦なこともあり、タライヨットはとくに敵などの観察に

適した場所に建てられているわけではない。その用途は未だ謎なのであるが、これは平和的な競争のために建てられたモニュメントであるという説がある。

このT字型のタライヨットは単独で建っていたのではなく、その正面に門をもつ遺構の中にあったと思われている。その門の方位を推測するとだいたいが南向きで、ケンタウルス座のα星の出現と没入の範囲に収まることがわかっている。メノルカ島の地形は平坦でタライヨットから南方を見ると南の水平線が見え、この遺構の建造がピークを迎える紀元前1000年頃は仰角の低いケンタウルス座が遺構をかすかに誉めるように見えたと思われる。

一部の事例には東を向いているものもある。この方位の傾向は不思議とマルタ島の神殿の入り口方向の方位と類似している。しかし両者の遺構には構造上の共通点はない。ホスキンはギリシャのプトレマイオスの『アルマゲスト』などの解釈から、タライヨットを含む遺構は医学、とくに治癒儀礼（ヒーリング）が行われた場所ではないかと推測している（Hoskin 2001：37-43）。

（3）イベリア半島

スペインとポルトガルにまたがるイベリア半島には巨石墓が残っており、それらについても天文考古学的な調査がなされている。対象となったのは、年代的には紀元前3000年から2000年に相当する遺構である。墓の形式には種々あるが、半島南部において調査された約390基の墓には東を向く傾向が見られた。これが太陽と関係するのか、それとも別の天体、たとえばアルクトゥールスなどの星の出現方向、あるいは聖地とされる山の頂を向いている可能性も捨てきれないが、東向きという圧倒的な傾向は否定できなかった。

同様の傾向はイベリア半島西部のポルトガルあるいはスペイン・ポルトガル国境付近の墓でも指摘された。さらに東向きの墓はイベリア半島北部からフランス西部にかけても見つかっている（Hoskin 2001）。

ホスキンはこれらの分析結果を次のように要約している。東向きの墓は夏至と冬至の間の太陽の出現方向にあるパタンをSR（sun rising：方位角62〜117°）、太陽が昇って南中するまでの方位をもつパタンをSC（sun culmination：方位角 127～150°）とする。イベリア半島西部では約 97% が SR のパタンであり、とくに春分・秋分から冬至の太陽出現方向にかけて集中が見られた。イベリア半島南部および北部に行くと SR に限定されず、SR から SC にかけてのパタンが 96% 近く見られた。半島西部の墓の方が古いので、ホスキンは SR パタンが弱まった結果 SR/SC パタンに移行したと推測している。

一方、フランス南部、地中海に面するプロバンス地方では対照的に西向き傾向の墓が見つかっている。イベリア半島東部、フランスとの国境にあるピレネー地方の海岸部は混在したパタンが観察される。ホスキンはこれを SD・SS（sun descending/sunset：方位角 168～302°）を示すものとしている（Hoskin 2001）。

このように意味の解釈は不明であるが、イベリア半島から地中海西部にかけて、巨石墓の方位に対照的な傾向が見いだせることは興味深い。

C．西ヨーロッパ
（1）ストーンヘンジ

第 2 章でも触れたように、天文の考古学の発達はストーンヘンジ研究とともにあったといっても過言ではない。ストーンヘンジはイギリス南西部、ソールズベリー（Salisbury）平原にある環状列石のことである。この地方には大小の類似遺構があるが、その中でもっとも規模の大きい遺跡がいわゆるストーンヘンジである（図 4-9）。

長い間の研究でストーンヘンジは何度かにわたって拡張ないし建て替えが行われてきたことがわかっている。最初の建造は新石器時代の中頃、紀元前 2950 年頃で、円形の溝と土塁がおそらく鹿角のピックで掘られた。主たる入り口は北東、また小さな入り口は南に作られ、そして円形に 56 個のオーブリー穴も同時に掘られ、おそらくその穴には木の支柱が立てられていた。数世紀の間、この施設は動物の供犠や人間の火葬に使われた。円の内部には台のような木造の施設が作られていたようだ。

続く新石器時代後期（2700-2400B.C.）には巨大なサラセン石が 30 km も北

図 4-9　イギリス　ストーンヘンジ遠景

のマルボロ・ダウンズ（Marlborough Downs）から遠く運ばれて立てられた。最大で 35 t もある石が、臍を作って組み合わされて石門を形成した。合計 5 つの三石塔が作られたが、それらは馬蹄形に並べられ、その形と隙間を考えると明確に北東—南西の対称軸が浮かび上がる。この三石塔はサラセン石の立石で囲まれている。

さらに青銅器時代（2200-2000B.C.）、最大で 6 t のブルーストーンが 200 km 離れた南ウェールズから運ばれて、三石塔と廻りのサラセン石の間に円形に配置され、また三石塔の内部にも円形に配置された。同じ頃、4 つのサラセン石によるステーションストーンが立てられた。それらは四角形を形成するが、その方位は北東・南西の軸にそっている。ちょうどサラセン石の円に外接するようにこの四角形は配置される。

このようにして現在目にするストーンヘンジは完成した。まず謎を呼ぶのが入り口にあるヒールストーンである。またオーブリー穴の北東部にある通称スローター・ストーン（屠殺石？）である。時期は不明だが、サラセン石が運び込まれるときにはこれらが通路の目印を形成していた可能性がある。

ストーンヘンジは独立で存在していたのではまったくない。付近から関連する遺構が発見されているからである。土塁や支柱による類似の円形の遺構がた

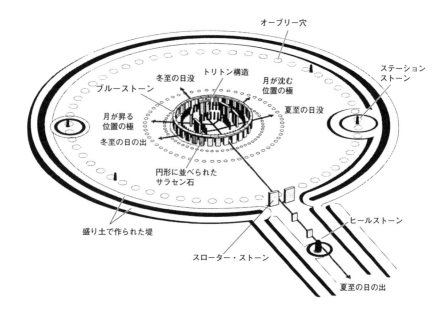

図 4-10　ストーンヘンジ復元図（Aveni 1997 より改変）

くさん発見されている。埋葬址の発掘から青銅器時代の中期（2000-1600B.C.）には首長たちがこのモニュメントの見える場所に埋葬された形跡がある。

　ストーンヘンジに関するもっとも確実な方位性は三石塔が開いており、通路が形成されているように見える北東・南西軸である。これが夏至の太陽の出現と冬至の太陽の没入の方角であるといわれている。復元された構造ではブルーストーンの間、サラセン石の門の間、さらに円の入り口の2つの石の間と通路の入り口のヒールストーンとスローター・ストーンの間から、夏至の太陽の回廊が形成されていたように見える。あるいはこれを延長した南西側の何か、おそらく冬至の太陽の沈む方向を意識していたのであろう。

　しかし重要なのは、空間的な正確さが時間的な正確さを意味するわけではないことである。至点近くの太陽の毎日の動きは小さいので、ストーンヘンジの軸は至の日の出あるいは日の入りの数日前後にも対応する。したがってこれは

正確な太陽暦の存在を証明するものではない。もし儀礼が行われるなら至点を挟んで前後1週間程の期間には適応できるのである。

　ストーンヘンジが太陽、とくに夏至ないし冬至と関係していたことは付近の遺跡の方位によって裏付けられる。ストーンヘンジと対応するといわれるダーリントン・ウォールズ（Durrington Walls）のウッドヘンジでも至点に関係する軸を引くことができる。興味深いのは南東に伸びる軸は正確に冬至の太陽の日の出を向いている点である。しかし逆にその軸を反対側に伸ばすと夏至の太陽の日の入りから少しずれるが、それは北西に陸があって太陽の日の入りの位置がずれることと関係するであろう。事実、入り口の中央から中央の円に伸ばしたラインはこの太陽の日の入りの位置により近い。

　これらの遺跡は M. ピアソンが推測しているように、相互に対応していた可能性がある。石でできたストーンヘンジは「死者の世界」、木でできたウッドヘンジは「生者の世界」として対になると。事実、ダーリントン・ウェールでは大きな住居祉や宴を思わせる動物遺存体が発掘されている。しかし、これは恒常的な住居ではなく、英国各地から特定の季節、たとえば冬至のときに、巡礼に集まってくるような場所ではなかったか、と推測されている（Pearson 2011）。

　ストーンヘンジは、かつて春分や秋分、月の出没（極大や極小点）あるいは日食や月食を予測する施設であったという学説もホーキンス（1964〔1983〕）などによって唱えられていたが、現時点では確実視されていない（Ruggles 2015e）。

（2）ニューグレンジ

　ニューグレンジはストーンヘンジより少し古い時代、新石器時代の中期に相当する紀元前3200〜3100年頃に造られた円形の埋葬マウンドで、直径80 m、高さ10 m以上ある大きな墳墓である（図4-11-1）。この遺跡のあるアイルランド・ダブリンの北に位置するボイン（Boyne）渓谷には同規模の大きな墳墓が数個と、それを取り囲むようにして立つ小さな円墳がたくさんある（Pren-

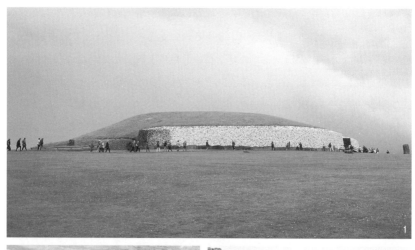

図 4-11 アイルランドのニューグレンジ
1. 遺跡遠景　2. 遺跡内部の参道　3. 遺跡入口

dergast 2015)。これらは北東 20 km 地点にあるクローガーヘッド（Clogherhead）から運ばれた玄武岩によって土塚の周りが固められている（O'Kelly 1982）。

墳墓の内部には坑道がある（図 4-11-2）。ニューグレンジ（Newgrange）はその種の墳墓の中でもっとも手の込んだ作りをしている。入り口には渦巻きを彫刻された石が横たえられ、来る者を拒むような作りをしている。入り口の上には小窓がつけられている（図 4-11-3）。そしてこ

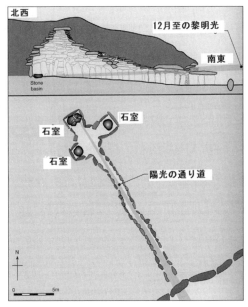

図 4-12　ニューグレンジにおける冬至の日の出の陽光の通り道（Stout and Stout 2008 より改変）

の小窓から、冬至の太陽が南東にあるレッドマウンテン（Redmountain）の頂から出現したときの光が石室の最奥部を照らすことが知られている（図 4-12）。しかもそれは現在では午前 8:58 から 9:12 の 15 分たらずの間だけである。光は入り口からも入るが、石道が若干上に伸びているために最大で 4 分の 1 程度しか照らさない。したがって小窓が意図的に造られているのがわかる。ただし同様の現象は冬至の数日前後にも起こる（Stout and Stout 2008）。

遺跡が造られた今から約 5 千年前の状況を考えると、細長い小窓の中で今より中央に近い部分に冬至の日には太陽が見えていたはずである。しかしそれより古い時代、たとえば 9 千年前になると、太陽は小窓から完全に外れてしまうことになる。これは遺跡が 5 千年前頃に造られたという発掘による推測と一致する。

ストーンヘンジやニューグレンジは分布からしてケルト人の残した遺跡では

ないかと推測された時期もあった。とくにケルトの司祭ドルイドが残した宗教施設であるという伝承もあったため、今でもそれを信じる人々が冬至の儀礼を行ったりする。

しかしケルト人が活動したのは紀元前2000年以降で、ヨーロッパ中・西部に彼らが進出したのは紀元前1千年紀、鉄器時代のことであるので時代があわない。詳細は不明だが、首長たちが冬至の日に先祖の再生儀礼などを行っていたものと思われる。

D．キリスト教会

教会は一般的に東を向いているといわれるが、一定方位を向いているわけではない。とくに近現代では都市部に建てる場合、いろいろな制約によって方位を合わせなくてはいけないのだが（McCluskey 2015c）、一般にキリスト教会の方位には6つの可能性があると思われる。

①一般的に東の方を向く、②日輪（solar arc）範囲の方角を向いている、③教会の基礎が作られたときの日の出の方角を向いている、④教会が捧げられている聖人に関係した日の日の出の方角に向いている、⑤分点の日の出の方角に向いている、⑥復活祭の日の出の方角に向いている、などである（Ruggles 2005：96）。

キリスト教会は東に向く傾向があり、それは古代の太陽信仰を関係すると主張したのは、N. ロッキャーであった。そして教会はおのおの捧げられた聖人がいるので、その聖人の日の昇る太陽の方角に建てられていると主張した。たとえばバチカンの聖ペテロ寺院は東西軸によって建てられ、分点の太陽がまっすぐ差しこむようになっている（Lockyer 1984：95-96）。

中世の記録では徹夜して日の出を待ち、注意深く日の出の方向に基礎や祭壇の方角を決めたというものがある。だがこれはロマンチックな想像で書かれた可能性もあり、教会の建築の日は記録されていることが少ない。また教会は長期にわたって修復されたりもしているので、今の方位がオリジナルの方位とどう関係するかわからないケースもある。

たとえばイギリスの中世の神話では、全能の神の天地創造のとき、最初の3日は太陽も月も星もなかったとしている。そして4日目神は太陽を造り、早朝、真東に置いた。また同じ日の夕方に月を作って真東に置いた。したがってその日は昼と夜の長さが同じとなっている、という。すなわちこれは春分と秋分の日を表しており、復活祭も春分に近いので中世教会は東に向く傾向がある。

　しかし、日にちがわかっていても中世ではグレゴリウス暦ではなくユリウス暦を使っていた可能性もあるので、確定するのが難しい。たとえばギリシャの分点は3月21日と9月21日、ローマの分点は3月25日と9月24日、また太陽が牡羊座に入る3月18日と同じく天秤座に入る9月17日がそれぞれ春分・秋分とされていたのである（McCluskey 2007：340）。

　イギリスの教会は聖母マリア（Mary）、洗礼者ヨハネ（John the Baptist）、諸聖人（All Saints）、聖アンデレ（St. Andrew）のいずれかと関係しているようだ。それぞれの祝祭日はグレゴリウス暦で春分、夏至、11月1日、11月30日である。しかし実際は確定的な一致は見られず、むしろ可能性としては諸聖徒教会はユリウス暦の春分＝神の8日目に合致する傾向がある。また聖ヨハネ教会のnave（身廊）は予想外にこの聖人の受胎のあった秋分の日の日の入りの方角、西を向いているようである（McCluskey 2007）。

　こうしてみると、ヨーロッパの教会はすべてが真東を向くというわけではないが、多くがそれぞれ特別な日の日の出を意識して建てられているのは確かなようである。イタリアの中世教会アビー・オブ・ポンポーザ（Abby of Pomposa）は東西軸を基本に建てられており、分点の朝の太陽が教会内部に射して床や聖人の像を照らす「光と影効果（light-and-shadow effect）」が研究されている（Incerti 2015）。

　歴史的にみて、西欧諸国に対して東欧ではキリスト教の普及が遅れ、キリスト教以前の風習が教会の構造に影響を与えている可能性と（Čaval 2015）、ビザンチンとカトリックが融合してより複雑な状況を呈していることが指摘されている（Laužikas 2015）。

一方、イベリア半島では一時期イスラム教のモスクが建てられていた。イベリア半島北部のアストゥリアン（Asturian）王国は南部に台頭したイスラム勢力と戦っていたが、この時代の教会の方位とアンダルシア地方のモスクでは方位が異なっている。教会は真東を中心に夏至と冬至の日の出の方位に収まるが、モスクは冬至の日の出の方位から真南にかけて向けられており、両者の方位はほとんど重ならない。これはキリスト教とイスラム教、両勢力が意図的に相手の建築構造を避けたからではないかと推測されている（González-García and Belmonte 2015a）。

3. アジア

A．中国

（1）新石器時代の天文台

天文学はインドや中国でも独自に発達してきた。古代中国では新石器時代から天文を意識していたことがほぼ確実である。中国山西省臨汾市の陶寺遺跡で、世界最古の天文台遺跡が発見されたと報じられた（図4-13）。紀元前2100年頃に造られたと見られ、メキシコのマヤ文明の天文台遺跡よりも2000年以上も古いことになる。

天文台は直径約40mの土で固めた半円形で、直径約60mの外円が取り囲んでいる。中心には高さ4mの計13本の石柱が立てられており、その間から日の出の方角を観察しながら季節の移り変わりを理解したと見られる。中国の史書には、中国では紀元前24世紀頃から専門の「天文文官」が存在したと記されており、この遺跡の発見がその証拠となるであろう。

中国社会科学院考古研究所が、この遺跡で1年半にわたって模擬天文観察を行ったところ、中国で現在も広く使われている旧暦と1、2日の誤差しかなかった。発見された天文台は観測以外に季節にそった祭祀にも使われた可能性がある。

図 4-13 中国陶寺遺跡　推定復元された石柱（西江清高氏提供）

(2) 夏・殷・周王朝

　エジプトのピラミッドで指摘した歳差運動は、同じ程度古い年代をもつ古代中国でも重要な要素である。中国文明では星の運行の中心である天の北極が常に重要であった。中国の科学史に関する大著を書いた J. ニーダムは夏の時代は小熊座のコカブが北極星として認識されていただろうと推測した（ニーダム 1991：96）。しかし夏（2000-1600B.C.）の王朝があったときコカブは天を小さな円を描いて毎晩回っていたので、その妥当性には疑問が生じる。

　最古の王朝である夏においては「天の神殿」という別称をもつ「定」という名前の星座の南中（子午線を通るとき）に合わせて地上の神殿の方位が決まっていたという説が唱えられている。夏王朝時代には文献はないが、周代に書かれた『詩経』（紀元前 10～7 世紀）には、次のような表現がある（Pankenier 2013：128；目加田 1991：64）。

　　定星ま南にかがやくとき、楚の丘に宮居作る
　　日景揆（はか）りて方位を定め、楚の丘に宮居作る

定という星座が真南、すなわち子午線を通ったとき、それを見て宮殿を建てたというのであるが、それは古来中国で重視された真北を測定したものと思われる。「日景揆りて」とは、日の出と日の入りを見て東西を決めたものと解釈される。

定とはペガスス座の四角形を意味すると考えられ、とくに紀元前 1105 年ではペガスス座の東側の辺が南中したとき地平線に垂直になって子午線と直線になり、その延長上に天の北極が位置するということになる。当時はこの延長上に目立った星は存在しないので、この方法によって天の北極を推測し、南北軸を定めていたのではないかと D. パンクニール（Pankenier）は推測している（図 4-14）。

これによって天の北極、したがって真北を定めるやり方は観測誤差などを考えると、続く殷および周の初めまで続いていただろう（1600-300B.C.）。そし

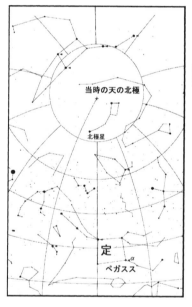
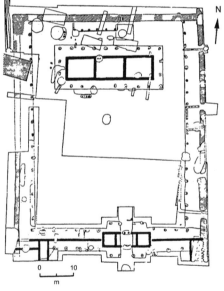

図 4-14　北を定める「定」(Pankenier 2015 より改変)　　図 4-15　若干方位のずれる夏時代の宮殿 (Pankenier 2013)

て観察は晩秋の夕方であったはずだ（Pankenier 2013）。

さてこの時代、夏代、殷代や東周、また西周時代に作られた宮殿が南北軸を意識して作られていることは明らかであると言われている。しかしその軸が微妙にずれているのも注目すべきである（図4-15）。それは歳差運動のためかというと、そうともいえない事実がある。たとえば夏と周の初頭と思われる宮殿は真北よりも若干東、殷代と西周の段階では若干西という方位になっており、時代と偏差（offset）がうまくあわないのだ。定を使ってかなり正確に真北を計測していたはずなので、これは計測の誤差なのか、それとも何らかの意図があるのかが問われなくてはならない。たとえば神聖なものの直視を避けた、あるいは神聖な物の真正面には立たない、などのタブーに由来する可能性もあろう（Hutton 2013：386）。

（3）明・清王朝

北を重視する思想は中国史を通して一貫して続いた。中国では北の北斗七星に対する南斗六星の考え方がある。おそらく南天に輝く射手座であると思われるが、漢代にはこの星座を地上に模した壁をもった建造物も作られたという説がある（Pankenier 2013）。

さて今と天体景観がほぼ同じになった紀元後は、現在の北極星という、宇宙の中心になる星が出現し、それを天帝あるいは玉皇大帝として崇める思想が発達した（Krupp 2015a）。とくに明代から清代にかけて建造された北京の紫禁城は南北軸を基本とした設計が有名である。紫禁城は南北961 m、東西753 m、周囲は幅52 mの堀が囲む巨大な建造物である。6つの門があり、南に天安門、もっとも外には端門と午門、東に東華門、西に西華門、北に玄武門（神武門）がある。紫禁城は中国の天文学に従い、北極星（天帝）を皇帝に擬え、皇帝の住居「禁域（自由に立ち入れない域）」の囲りに、北極星の周辺を回る星の辺りである「紫微垣」を再現し、世界の中心を地上に再現した領域である。つまり天帝に代わって地上を治める皇帝の住む宮殿として建設された。そのため「天子は南面す」の言葉通り、北に皇帝の宮殿が置かれている。

皇帝は季節ごとに決まった道を通って城内の儀礼を行う。とくに至点における儀礼は重要で、皇帝は季節の移行に積極的に助力するとされる。冬至には皇帝は城内の南にあるもっとも高い丸い塚に南側から登って北面し、臣下は通常時には皇帝のいる宮殿を南から遥拝する（Krupp 1983, 1997）。

B．南・東南アジアのヒンドゥー教寺院
（1）バンガロール

世界最古の天文学が発達したといわれるインドには天文に関係する遺跡が多数知られているが、本格的な調査はこれからのようである。

インドで神殿建築が作られはじめるのは今から2000年前からである。バンガロール（Bangalore）にあるガヴィ・ギャンガッドヘアシュワーラ（Gavi Gangadhresware）神殿は1月14日の日の入りの陽光が洞窟内部の神像を照らすことが知られている。1792年に描かれた絵画から判断すると、もともと12月22日の太陽の光が射すように設計されていたが、改築の結果、1月14日になったようである。つまりもともとは12月至を意識した設計がなされていたようだ。

前庭に置かれた2枚の円盤も天文現象と関係すると考えられる。この円盤は約2mの大きさで並行に置かれている。その方位が6月至の日の入り、および12月至の日の出と関係するようだ。今は木が生い茂って東側は見通しが悪いが、描かれた絵は見通しのよい景観が描かれているので、かつては日の出・日の入りがよく見えたであろう（Shylaja 2015：1960）。

他の事例はスリンゲリ（Sringeri）にあるヴィジャサンカラ（Vidyasankara）神殿で8世紀頃作られたと思われる。この神殿は正確に東西南北を基本に建てられている。入り口のホールには黄道12星座を表す12本の柱が作られている。12月22日の日の出の光はマカラ神（山羊座に相当）の柱を照らす（Shylaja 2015：1962）。

その他のいくつかの寺院でも至点が意識された建築が見られる。マッデャプラデシュ（Madhya Pradesh）のウダヤギリ（Udayagiri）神殿では建築の間

に夏（6月）至の日の出がまっすぐ射しこむような道が作られている。冬（12月）至の太陽が差しこむような事例はスラヴァナ・ベロゴラ（Sravana BeLagoLa）の洞窟、あるいはカルナタカ（Karnataka）にあるいくつかの神殿で見られるようである。また太陽の南中を意識して作られた神殿も存在する（Shylaja 2015：1961）。

8世紀以降の文献記録を分析すると、冬至はインド全体で記録されているが、夏至は北緯18度以北の地域でしか言及されていない。これは季節性との関連である。というのは南インドでは6月にモンスーンが終わるので、夏至の時期を観察するには向いていないのである（Shylaja 2015：1961）。

文献の分析によって、インドでは至点や分点の観察から東西南北の方位を正確に決めていたことがわかっている。これは幾何学の応用と日時計を併用して行われていたようである（Shylaja 2015：1963−1965）。

7世紀から16世紀まで使われていた巡礼地ビジャヤナンガル（Vijayanagara）にある150ほどの神殿方位調査から、多くの神殿が東向き、いくつかは北向に建てられていることがわかった。さらに至点を意識した方位もあったが、もっとも注目されるのは3月3日と7月27日の太陽の天頂通過日の日の出の方角に向いた神殿がいくつかあったことである。太陽の天頂通過日を意識できるのは影がなくなる瞬間なので、注目されても不思議はないであろう（Malville 2015：1978）。中米などの熱帯地域では天頂・天底通過日と遺跡の関係は頻繁に指摘されているが、インドではこれが初めての発見であろう（Malville and Fritz 1993）。

（2）太陽神殿：コナーラク

インドの遺跡の中で明確に天体と関連する遺跡は太陽神殿である。中でもベンガル湾に望むオリッサ州ブバネシュワール（Bhubaneswar）の南60kmにあるコナーラク（Konark）のスーリヤ（Surya）神殿がもっとも有名である。神殿は高さ3mあまり、縦200m、横400mの大きさの壁で囲まれている。中央にあった70mの高い塔は、かつては航海の目印にもなったといわれる。

この太陽神殿は1255年に東ガンジス王朝の獅子王として呼ばれたナラシンハデーヴァ（Narasimhadeva）1世が建立した。王はプリー（Puri）にあるジャガナート（Jagannāth）寺院よりも壮麗を極めるようにと命じて作らせたといわれる。遺跡の中心、塔や拝殿の複合遺構の平面形は巨大な馬車、二輪戦車のような形をしている。この遺構の両側には3mの大きな車輪が12対あってそれが7頭の馬に引かれている像がある。車輪は太陽の輪と呼ばれ、時間や日付を測るのに使われた（図4-16）。

　しかしこの神殿は、理由は不明だが、塔が破壊され放棄された。ただし聖地であるという特徴は残っており、1月ないし2月（Maghの月）の月齢7日目「古い月の日（the day of old moon）」には各地から巡礼が訪れる。人々はその日ベンガル湾から昇る朝日を遥拝するという（Malville 1989：377）。

　ここで崇拝されている太陽神（スーリヤ）はヴィシュヌの化身として崇めら

図4-16　コナーラクのスーリヤ（太陽）神殿
1. 太陽神殿を引く馬の彫刻
2. 太陽の輪を表す基壇の彫刻
3. 神殿正面の入口

れ、壁面を多い作る彫刻はすべて太陽神である。コナーラクという名称はサンスクリット語の角を表す kona と太陽を意味する ark から成り立っている。さらにミトゥナと呼ばれる男女一対の神像は昼を支配する男神と夜または月を支配する女神として崇拝された。その姿は官能的で男女の交合のあらゆる表現が見いだせる。

　この遺跡は基本的に東西南北軸にそって作られ、各建築が配置されている。倒壊した塔の東側には高さ 30 m の拝殿が建てられている。遺跡の東には門があり、そこからまっすぐ正面に拝殿が立っている。そして春分・秋分の日の出が拝殿の奥に射すような構造になっている。

（3）東南アジアのヒンドゥー教寺院

　12 世紀前半、アンコール王朝のスーリヤヴァルマン（Suryavarman）2 世は、30 年を超える歳月を費やしヒンドゥー教寺院を建立した。その巨大遺跡アンコールワットが東西南北を基本にした構造をなしていることは有名である。アンコールワットの建築の設計は、壁の長さと塔などの高さの比をもとになされており、平面形における各部の長さもヴェーダ哲学における理想比を使って作られている。そして主門は西向きであるので、春分と秋分の太陽が門の正面に沈むように見える（図 4-17）。また東壁から西を見れば、春分・秋分の太陽が第三回廊の須弥山を表す中央塔の背後に沈むのが見えるのである（Kak 2002）。

　またタイ東部、カンボジアに近いブリルム（Burirum）州にあるパノム・ルン（Phnom Rung）は世界遺産に登録されたヒンドゥー教寺院である。遺跡は休火山の縁に作られ、標高 383 m、付近の地表面からは 200 m ほどの高さにある。寺院の意味はいろいろな議論があるが、もっとも信憑性が高いのは「大きな山の石の寺」である。

　この遺跡はヒンドゥー教に基づくクメール様式によって作られている。年代は 10〜13 世紀の間である。最初はカライラサ（Karailasa）山に住むと信じられているシヴァ神に捧げるために作られており、基本的に東向きに建てられて

図4-17 カンボジア北西部
アンコールワット

いる。
　丘の東肩から西に向かって主神殿に登るように160 mの回廊が作られている。主神殿の手前にはナーガ（＝大蛇）の門があって、現世と来世をつないでいる。回廊には15個の門があって、東側から西側の塔（グプタ）に登ることは、来世への旅でもあった。この長い回廊は完全に東西ではなく、真東から若干北、方位84.5°を向いている（図4-18）。

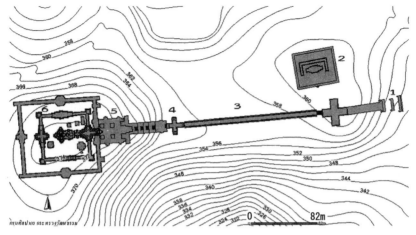

図4-18　タイ東部パノム・ルン（Komonjinda 2011 より改変）

　この方位は特別な日の日の出の方位で、その光が塔の奥にあった（はずの）シヴァ神の像を照らしたと考えられる。それがどの日かについては種々の意見がある。一説では、タイの陰暦の5月における満月の夜の翌日の明け方であろうというものがある。現在では4月頃に相当する。

　一方、この方位は月ではなく太陽のみに関係するという意見もある。それは4月2〜4日と9月8〜10日の日の出である。あるいは逆に3月5〜7日と10月5〜7日の日の入りである。それが何を意味するのかはまだ解明されていない。

　またカンボジアやラオス国境にあるヒンドゥー教寺院の方位を調べた研究では、この遺跡と同じ方位をもっているのは約20％であるという。ヒンドゥー教寺院のほとんどが何らかの天文学的な方位をもっているというが、20％という数字が多いか少ないかは評価が分かれるであろう。ただし方位84.5°がまったくの偶然や異常な数値ではないことだけは確かであろう（Komonjinda 2011：325-330）。

　たとえば西欧のキリスト教会は東向きになる傾向があり、正確にどの方位に向くかはその教会に縁が深い聖人の日の日の出方向などと関係することを指摘したが、多神教であるヒンドゥー教寺院の場合も同じようなことはいえないだ

ろうか。ヒンドゥー教に関してはヴィシュヌとシヴァでは対応する方位が異なるという指摘もある（Aller and Belmonte 2015）。

4. 北米

A．北米平原のメディスン・ホイール

北米大陸における天文の考古学研究の端緒を開いたのが、このメディスン・ホイール（medicine wheel）、訳すと「治療の輪」と呼ばれる特徴的な遺構である。

北米ワイオミングやアルバータ州などの平原にはメディスン・ホイールと呼ばれる石の遺構がある。有名なのはワイオミングのビッグホーン（Bighorn）遺跡である。これらは中東のルジム・エルヒリ遺跡を彷彿とさせる石を丸く配置した遺構で、1880年代から発見されるようになったが、先住民の民族誌的情報は不思議と使えなかった。強いていうとシャイアン族のメディスン・ロッジ（まじない小屋）の平面図とよく似ていたためにメディスン・ホイールと呼ばれるようになった。メディスン・ロッジはサンダンス（太陽踊り）を行うための小屋でもある（図4-19）。

シャイアンではロッジの真ん中に柱があるが、それはメディソン・ホイールの中央のケルン（石塚）に相当する。またシャイアンの小屋では28本の垂木が放射状に延びているが、ビッグホーン遺跡の輪にもスポークが28本ある。またシャイアンの小屋では西側に祭壇を設けた事例があるがビッグホーンではこの方角にケルンが作られる傾向がある。

いち早くこの種の遺跡に注目したJ.エディ（Eddy）は、中央から周辺にあるケルンにさまざまなベクトルを伸ばして天体との関係を探ってみた。もっとも関連のある可能性が高かったのは、夏（6月）至の太陽の出現方向であった。一方は冬（12月）至であるが、この地は山の上で冬は雪が深く遺跡に来るのは困難であったという現実的な理由で考慮外であった。

また星に関してだが、輪のうち太陽と関連のない2つのケルンとほぼ一直線

第 4 章　考古天文学の現状　153

▶ビッグホーン遺跡メディスン・ホイール西側ケルンからみた夏至の日の出（Williamson 1984：202）

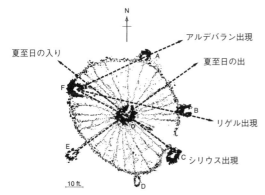

◀ビッグホーン遺跡メディスン・ホイールの方位（Eddy 1977 より改変）

▶シャイアン族のまじない小屋（エディ 1984）

図 4-19　北米大平原のメディスン・ホイール

の位置から東天に昇る星はアルデバランであった。さらにアルデバランを見るのに使ったケルンのうち一つから他のケルンを見ると、その延長上に際だった星が2つ見えたという。オリオン座の明るい星リゲル、もう一つはシリウスであった。これらは夏至の頃明け方近くに昇る星々である。とくにアルデバランが日の出の直前に昇るのが夏至、ただしこの遺跡が作られた2000年から4000年前の夏至の日の出の方位であった。アルデバランは夏至の日に限って地平線間近でピカッと光りほんの数分間またたくと、日の出直前のまばゆい光の中に消えてしまう。

この現象の28日後にケルンの第二整列線上に同じようにリゲルが姿を現す。さらにその28日後、第三整列線上にシリウスが姿を現すとエディは主張した（Eddy 1974, 1977）。ただしこのエディの分析には批判も加えられている（Vogt 1993）。

B. 北米南西部
（1）チャコ渓谷

チャコ渓谷（Chaco Canyon）は、ニューメキシコ州の北西、アルバカーキとファーミングトンの間にある、涸れた険しい渓谷の中にある国立歴史公園である。チャコ渓谷は、紀元後900年から1150年にかけてプエブロ文化の最大の中心地であった。

チャコ渓谷における天文現象と関係する現象でもっとも著名なものは、ファジャダ・ビュート（Fajada Butte）（図4-20）で見られるサン・ダガー（Sun Dagger＝太陽の短刀）（図4-21）である。これは、岩壁に掘られた同心円状のペトログリフの上に夏至と冬至、そして春分、秋分といった決まった日に短刀のような楔型に日光が射す現象である（Sofaer 2008）。とくに夏至に大きな同心円の中央に大きな短剣、冬至には同心円の両脇に2本の短剣が出現する。これは岩絵を隠すように立てかけられている3本の砂岩の石盤の隙間から陽光が射すことで起こるのである。この石盤はもともと一つの岩が割れたもののようである。そして不思議な光の現象は正午近くのほんの14分間しか起こらな

図 4-20 北米南西部ファジャダ・ビュート遠景

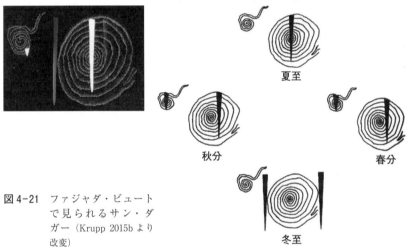

図 4-21 ファジャダ・ビュートで見られるサン・ダガー（Krupp 2015b より改変）

いので、この発見自体がかなり奇跡的であった。

ファジャダ・ビュートは自然にできたのかそれとも人工的なものなのかは定かではない。しかしチャコ渓谷の建物の多くは、何百年、何世代にもわたる天体観測の技術的な蓄積によって、太陽や月の周期が設計に取り込まれてきたようである。

チャコ渓谷では紀元後860年付近から四角い部屋が凝縮した集団集落（グレート・ハウス）や円形の儀礼小屋（グレート・キヴァ）という複合住居が造られる。そして1130年以降50年ほど続いた干ばつなどのために集団はこの地

を放棄してしまったといわれている。

(2) プエブロ・ボニートとグレート・ハウス

チャコ渓谷の中央部には最大級の構築物がある。もっとも研究が進んでいる遺跡にプエブロ・ボニート (Pueblo Bonito、原義は美しい村) がある。この遺跡は 8,000 m^2 にわたる面積をもち少なくとも 650 の部屋をもつ、最大の集落である。プエブロ・ボニートは大小 36 のキヴァをもち、南北方向に走る壁によって2つに区分される (図4-22)。グレート・キヴァは、チャコ渓谷にある多くのグレート・ハウスと呼ばれる遺跡においては、そのような壁のどちらか一方の端に設けられている。

チャコ渓谷の家は一般的に南向きになっており、密封された部屋ないし高い壁に囲まれた中庭 (プラザ) 部分をもっている。複数階に及ぶ構築物は多くは4階か5階建ての高さで、1階にある部屋は直接プラザに面している (図4-22)。各階層の部屋の集まりは段々状に積み重ねられ、後ろの部分がもっとも

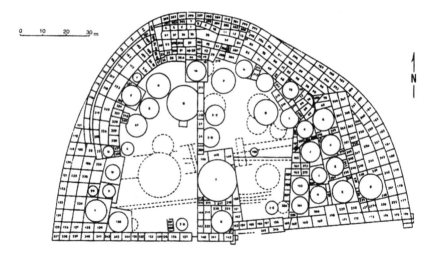

図4-22　プエブロ・ボニートのグレート・ハウス
(Malville and Putnam 1989)

高くなっている。

　紀元後1085年あたりにこの集落の基本軸はほぼ南北方向（誤差15′程度）に向けられ、それを中心軸として東西に2つの区をもつようになった。西区の南端の壁はほぼ東西（誤差8′程度）方向に造られている。また壁に窓が開いた部屋があるが、ここから太陽神官が太陽を観察したのではないかと思われる。東に開けられた窓からは太陽の動きがよく観察できたが、それは10月の末までで、その後太陽はとくに目印になる地形のない平板な地平線を移動する。しかし窓から射す陽光は内部の壁にあたり、日に日に移動する。そして冬至の日、壁の角に光があたるのである。

　ペニャスコ・ブランコ（Penāsco Blanco）のグレート・ハウスは紀元後860〜865年に建造が始まったようである。ここの住民は前述のとおり1054年の超新星爆発を表現したと思われる岩絵やハレー彗星を思わせる岩絵を残している。グレート・ハウスには冬至の太陽の出現方向に向けたと思われる窓が開けられている例がある。

　長いチャコ渓谷自体は白道（月の軌道）にそっており、その集落の配置は天文学的な意味から考えられたと思われる（Malville 2008：49-79）。

（3）カサ・リンコナーダ

　プエブロ・ボニートの南には、キヴァとしては最大級のカサ・リンコナーダ（Casa Rindonada）が存在する。直径20m弱で住居と隣接せず単独で存在する珍しい事例である。そのため、この遺跡は付近の住民が集団で儀礼を行った巡礼地ではないかと考えられる。遺跡の北の入り口は地下トンネル状になっているが、これはプエブロ族が地下世界から這い出てきたという神話を再現するためのものではないかと考えられる。儀礼のときには祖先の格好をした踊り手がここから突然出現するような効果を狙ったのであろう（Williamson 1984：132-144；Malville 2008：61-64）。

　遺跡の中心軸はほぼ南北に走り、南の入り口から望めるニュー・アルト（New Alto）のグレート・ハウスはこの軸上に乗っている。キヴァ内部には

28個、おそらく29個の窪みあるいは台があり、その8番と22番の窪みは正確に東西線上に乗っている。29個の窪みの数は月の周期に対応すると思われる。内部には正方形の柱穴があり、それぞれの辺は南北および東西方向を向いている。柱の位置はプエブロ族特有の思考、つまり夏至と冬至の太陽出没方位を概念的に表現したものであろう。

　これらの窪みは同じ高さにあるが、それより下にも6個の窪みがある。その意味は不明だが、一つの可能性として夏至の太陽が北東部にある唯一の窓から射すと24番目の窪みにあたり、やがて太陽が昇るとその左下にある窪みを照らすような構造になっている（図4-23）。

　南西部にはこれ以外に天文と関係すると思われる数多くの遺跡が存在する。たとえばコロラド州にあるチムニーロック（Chimney Rock）は文字通り煙突のような高く尖った岩と、その周辺のキヴァや集落との関係で月の最大点（lunar standstill）の出現地点、あるいは夏至や春分・秋分の太陽が観察された可能性が指摘されている（Malville 2008：81-99）。さらにイエロー・ジャケット（Yellow Jacket）、メサ・ヴェルデ（Mesa Verde）、ホーヴェンウィープ・キャッスル（Hovenweep Castle）などの遺跡でも太陽や月との関係が主張されている。この地域一般にいえることは、キヴァや集合住居などの建築物と

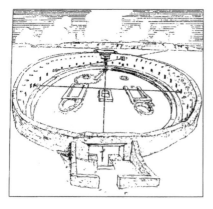
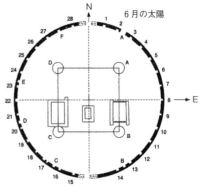

図4-23　北米南西部カサ・リンコナーダ（Malville 2008より改変）

ファジャダ・ビュートやチムニーロックなどユニークな自然地形との関係において、太陽や月が季節儀礼や農耕サイクルとの関係で観察されたということである。

C．東部のミシシッピー文化
（1）北米先史時代最大の都市

　セントルイスの東にあるカホキア（Cahokia）マウンド群はメキシコ以北では最大のピラミッドを含み、住居や墓からなる都市的な遺跡群である（Fowler ed. 1977；Young and Fowler eds. 2000）。遺構の長さは300×280 m で高さは30 m。最大のマウンドないしピラミッドは、北アメリカ大陸では後述するメキシコのチョルーラあるいはテオティワカンの太陽のピラミッドに次ぐ大きさである。ここには1800年頃まで修道僧が住んでいたので、修道僧のマウンドと呼ばれている。この塚は周りに120ほどある塚とセットになっている点も特徴で、住居址や墓を入れた遺跡全体は3700エーカーあり、メキシコ国境以北では最大の遺跡となっている。

　遺跡は紀元後900年頃、ミシシッピー文化の一端として形成され、1150〜1250年の間に最盛期を迎えた。ミシシッピー川の東の平野にあって豊富な土壌を背景にトウモロコシ、豆類、かぼちゃなどを栽培し、また狩猟なども行っていた。遺跡は交易の中心でもあったようで、墓の中からは近隣各地に由来する副葬品が埋葬されていた。しかし1500年頃にはミシシッピー文化の中心は南ないし東に移動したので、この遺跡は中心的な位置を失っていった。

　修道僧の塚であるが、四段構造で、22万立方フィートの土が盛られている。他の塚の形態はさまざまで、もっとも一般的なのは上部がプラットフォームの型式であるが、さらに上部が稜線になっている型式、円錐形の型式などもあり、形も丸、楕円形、そして四角などで、またプラットフォームも一つだけではなく複数の場合もある。

　屋根型のマウンドは遺跡の東端、南端、西端に位置している。南端にある72号塚の南東端は修道僧塚の西のラインの延長上で、かつ南端にある屋根型

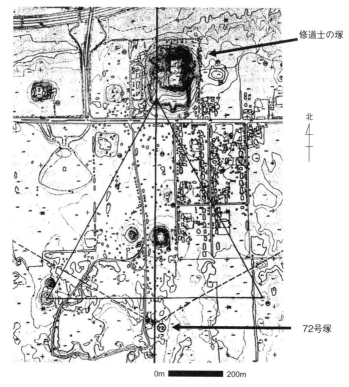

図 4-24　カホキア遺跡（Fowler ed. 1977 より改変）

塚の西辺の延長上にある。このラインは南北で子午線と一致する。また 72 号塚は遺跡の他の塚とは異なった方位をもっており、東 30°南を向いている。またそれは遺跡で最大のピットの東縁に位置している。

発掘の結果、72 号塚の北には南北軸の延長上に太い柱が立っていたらしいことがわかっており、それは遺跡の南北軸を決めるのに塚が使われていたことを示唆すると発掘者は推測している（図 4-24）（Fowler 1989）。

（2）ウッドヘンジ、住居、墓

カホキア遺跡の西にはウッドヘンジが造られていた。これはイギリスのス

トーンヘンジの近くのウッドヘンジと同じように柱が円形に並べられた遺構である。カホキア遺跡のウッドヘンジは中心が若干ずれながら造られた直径約120〜130 m の4つの遺構とその東側にある直径50〜75 m の間の遺構1個から成り立つ（図4-25）。大きなヘンジは修道僧の塚の西側に位置し、中心から塚の第三段テラスの南縁へ視線を向けると、春分・秋分の太陽が昇るように見える。大きなヘンジの中心が4回移されたのは、マウンドの拡張にそってこの観察ができるようにとの配慮があったのではないかと推測される。

　大きなヘンジを構成する柱は、一つの詳細不明の事例を除き、その間隔が5°、7.5°、10°と規則的な並び方をしている。それらは太陽の動きを観察して農業や儀礼の季節を知るための施設だったのではないかと考えられる。ただし発掘の結果判明したピットの存在から、円の中心から見るのではなく、そこか

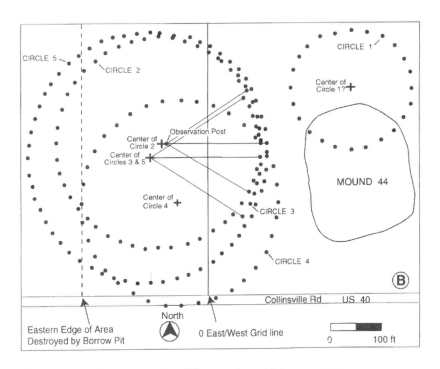

図4-25　カホキア遺跡のウッドヘンジ（Pauketat 2003）

ら若干ずれた地点から観察する方が正確であったと推定されている（Williamson 1984：242-246）。

また天文学的な方位をもっていると思われた72号マウンドの発掘は、驚くべき結果を示した。22体の女性がほぼ真西の方位に頭位を向けて伸展葬されているピットが発見されたのである。またその東側には4体の頭や手のない男性の伸展葬があり、頭位は夏至の太陽の出現を向いていた可能性がある。さらにそのすぐ南東に夏至の太陽の没入地点に向く53体の女性の伸展葬が見つかった。女性の人骨は彼女らがポーニー族の民族誌に見られるようにトウモロコシの女神であり宵の明星に捧げられ、一方男性たちは明けの明星または雷鳴とされる男神、あるいはその供犠として祀られたのではないかと考えられる（図4-26）。

ところでカホキアを含め、ミシシッピー文化に属する遺跡を構成する住居址、墓、マウンドなどに、ある一定の軸が存在するらしいことは、かつてL.ビンフォードも指摘していた。カホキアの場合は、真北か5°、東あるいは真東から5°南にずれた方位が遺跡全体を支配する軸である。このわずかなずれは何を意味するのか？

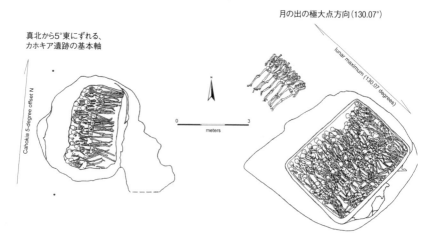

図4-26 カホキア遺跡72号塚の埋葬人骨と方位（Pauketat 2003より改変）

たとえばメソアメリカで一般的なように、夏至や冬至、あるいは春分・秋分ではなく、太陽の天頂通過日、あるいは暦上の重要な日の太陽の出現の日にあった方位であろうか。ただし、この地では太陽は天頂を通過しないので、1年を別のある規則で2つに分けるための日の太陽の方位と関係があるのだろうか。

太陽は春分・秋分の前後、2日で1°ほど移動する。したがって5°のずれであれば、分点から10日ほどずれた日、すなわち春分の10日前の3月10日か秋分の10日後の10月3日に相当する。遺跡の発掘成果から、秋の祭りが重要で、周辺からも人々が集まってその日を祝ったのではないかと推測できるので、10月3日を収穫祭としてこの遺跡で祀ったのではないかともいわれている（Pauketat 2013：100）。

5. 中米

A. 古代メキシコ

古代のメキシコから中米にかけての遺跡は、天体との関係がもっとも顕著に見られる事例である。太陽の夏至・冬至あるいは春分・秋分以外に、年に2度起こる天頂と天底通過日などが注目された。天文サイクルに基づく儀礼の根本的な関心は農業に依存する文化に共通であろうが、この地域ではとくに雨と豊穣性であった（Broda 1982：96）。さらに戦争、豊穣儀礼、太陽儀礼、そして死者儀礼の連関はアステカやそれに先立つ古代国家のイデオロギーの中心であった（Broda 1982：97）。

儀礼ではプレアデスも重要であった。この地ではプレアデスは太陽と対照的な動きをするのがその理由であろう。プレアデスは4週間見えなかったあと、5月の終わりに旦出をするが、それは最初の太陽天頂通過の月である。逆に11月にはプレアデスは夜、天頂に来て夜通し見えるが、そのとき太陽は天底を通過するときである。すなわちプレアデスと太陽の間には対立的なシンメトリーが存在するのである。またプレアデスは雨および豊穣と関連する。プレア

デスが姿を消すのは4月の終わりで、それは太陽がやがて天頂を通る印になる。それはまた雨季が近づいていることを意味し、それに対応して4月から5月にメソアメリカではトウモロコシの植え付けが行われる。

一方、11月の太陽の天底通過はプレアデスの天頂通過と偶然一致し、同時にメキシコ全土では乾季に相当し、太陽が雨季よりも支配的になる。アステカでは11月から12月が太陽の誕生の時季で祭りが行われ、冬至の月に冥界の川を太陽が越えるとされる（Broda 1982：99）。

メソアメリカの暦は基本的に356日と260日の組み合わせであった。太陽暦（xihuitl）の基本である365日サイクルは20日の18か月＝360日＋5日から成り立つ。一般的な生活や朝貢、そして公的な儀礼の時期はこの暦にそって行われた。260の儀礼暦（tonalpohualli＝アステカなどによる日の数え方の意味）は20日単位×13か月と考えられた。13か月にはほとんど動物の名前がつけられ、西欧の黄道12星座のようなイメージであった。この暦は日によって吉凶や関係する神々が想定されており、神官がその日の意義を決めた。

365日と260日の組み合わせは52年で一回りする。これはxiuhpohualii＝年の数え方、と呼ばれる。52年は短期サイクルxiuhmolpilli＝年の束、と呼ばれる。この暦はメソアメリカで一般的であるが、マヤの場合はこれと異なり、52年は金星暦の65年に相当すると考える（$65 \times 584 = 104 \times 365 = 146 \times 260 = 37,960$日）（Broda 2000：227-228）。

アステカにとって52というサイクルは重要で、「年の束」という儀礼を行う際に彼らは新しい火を灯し、世界がもう52年続くように祈る。この儀礼が行われる日（11月18日）はプレアデスが夜中に南中する。

このような儀礼を含む暦は、メソアメリカできわめて強固に続いていた。メキシコを最終的に統一したアステカ（Azteca）王国の首都テノチトラン（Tenochitolan）は現在のメキシコシティーにあったが、そこで発見されたアステカの主神殿（テンプロ・マヨール）（図4-27）は双塔構造が特徴的であった。2つの塔の間隙は真東ではなく$7°30'$ほど南にずれている。またその間から昇る太陽を望むためには仰角$21°$強で見上げることになるが、これも春分や

第4章 考古天文学の現状　165

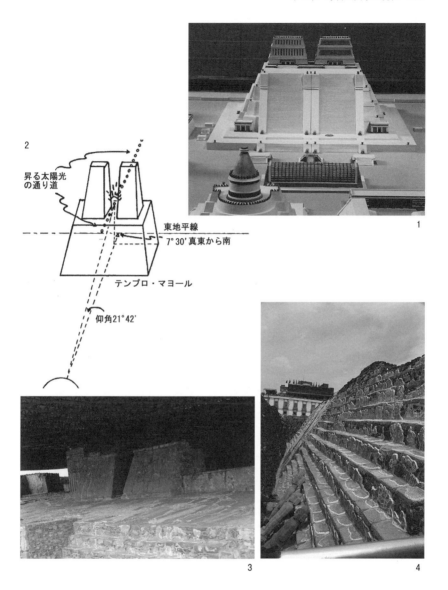

1. メキシコ国立博物館の大神殿模型　2. 太陽の通り道の模式図（Magli 2009 より改変）
3. 大神殿頂上の双塔　4. 神殿の階段。この内部にさらにより古い時代の階段が存在する。

図 4-27　テノチトラン（現メキシコシティー）のアステカ大神殿（テンプロ・マヨール）

秋分ではなく、儀礼的に重要な日の太陽を望むためであった。この日は生け贄の心臓をえぐり出すという有名な儀式が行われたと推測されている（Broda 1993）。

J. ブローダ（Broda）は、メソアメリカにおいて見られる天文現象に基づく暦と儀礼の密接な関係について、宇宙の動き（コスモロジー）と社会の階層性や秩序との間に同一原理が働いているとして、この共通の思考的枠組みをコスモヴィジョン（cosmovisión）と呼んでいる（Broda 1982, 1993, 2000）。

B. メキシコ高原周辺

（1）編年

メソアメリカ先史時代の先古典期は前期（2500-1200B.C.）、中期（1200-400B.C.）、後期（400B.C.-200A.D.）に細分される。この時代は定住と集約農耕が生業の基本であるが、採集や狩猟、漁撈も行われていた。やがて交易の拠点としてオルメカ（Olmeca）文化を形成したサン・ロレンソ（San Lorenzo）、ラ・ヴェンタ（La Venta）、トレス・サポテス（Tres Zapotes）などの遺跡が台頭する。この先古典期前期の終わり頃から後期にかけて繁栄したオルメカ中核地帯では、後の社会の母体となる特徴である文字、暦、球技などの文化が発達した。一方マヤ低地のナクベ（Nakbe）やエル・ミラドール（El Mirador）、オアハカのサン・ホセ・モゴテ（San José Mogote）、中央高原のクイクイルコなどでも独自の文化が形成された。

古典期は前期（200-600A.D.）と後期（600-900A.D.）に分けられる。この時期、国家規模の社会が形成され、都市ではさまざまな機能をもつピラミッドが建設された。テオティワカン（Teotihuacán）、オアハカのモンテ・アルバン（Monte Albán）、マヤのパレンケ（Palenque）、ティカル（Tikal）、コパン（Copán）などがあげられる。

後古典期は前期（900-1200A.D.）と後期（1200-1521A.D.）に分けられる。古典期後期から後古典期前期へはモンテ＝アルバンやマヤ地域王朝の崩壊などによって社会が混乱する。この混乱期を経て、中央ではトルテカ（Tolteca）

族という集団が繁栄する。その後、後古典期の半ばからメシーカ（Mexihca）（アステカ）族が覇権を握る。マヤ地域では南部低地から北部へと人口移動が起こり、伝統的なマヤ王国の崩壊によりチチェン・イッツァ（Chichén Itzá）のような重要な新しい都市が成立した。この後古典期は古典期社会と比べて、死や人身御供をモチーフとした芸術が登場し、遺跡の要塞化や朝貢政治など軍事化が目立ってくる。ただメソアメリカの文化伝統は継続している（杉山・嘉幡・渡部 2011：27-30）。

（2）遺跡の概観

　メソアメリカは考古天文学のメッカであり、天文現象と関係する多数の遺跡が調査されている。メキシコとマヤ地域の遺跡の線形構造を集積してみると、その方位は13日および20日の倍数の日における太陽の方位に相当する確率が高い。この2つの数字はメソアメリカの伝統的な暦の基本である。

　すでに見たようにメソアメリカの遺跡の方位は基本的に太陽が至点、分点および天頂・天底通過日の地平線における位置と関係する。至点への方位観およびその間の時点への方位観は比較的一般的であるが、それが分点であるかどうかは証明されていない。また天頂通過の観察は行われたのは確かだが、その日の太陽が地平線で観察されたという証拠はない。星座に関しては確かなことはいえないが、金星と月の極大点・極小点への方位観はあっただろうといわれている（Šprajc 2015a：721-722）。

　建築物は天文現象と同時に周辺の顕著な地形を意識して作られているようだ。たとえば後述するテオティワカンの太陽のピラミッドから太陽を見ると、四半期の1日（3月23日と9月21日）の太陽は東にある顕著な山の頂から昇るように見える（Šprajc 2015a：724）。

　メキシコのプエブラ（Puebla）州にチョルーラ（Cholula）の大ピラミッドがあるが、体積ではエジプト・クフ王のピラミッドなどよりも大きく、その意味で世界最大のピラミッドと呼ばれる。このピラミッドは現在は小山のようになっており、ご多分にもれず頂上にはカトリックの教会が作られている（図4

1. ピラミッド遠景
2. ピラミッド頂上に建つ教会
3. ピラミッド小基壇の階段

図 4-28　メキシコ　チョルーラのピラミッド

−28)。そしてこのピラミッドの軸は6月至の日の入りと12月至の日の出の方向にあっている（Broda 1982：85）。

　一般にメソアメリカの遺跡の線形構造は13日と20日の単位を基本とした暦と関連しており、そのときの天体との関係でいわゆる十字型（東西南北）にはなっておらず、歪んだ形になっている。

　また線形構造は天体、とくに太陽と地形との関連が顕著に見られるが、南北軸の方が東西軸よりも顕著になっている。そして南よりも北の方を意識した建築がメキシコでは2倍程度見られる。これはとくに北の方位が水と豊饒性と結びつくからであろう。

　雨季や農耕のサイクルは天体、とくに太陽と金星が地平線の特定の地点への到来に条件付けられているように信じられた。これらの現象を注目させるように設計された建築は、天文学的な出来事とそれに対応した気象学的な出来事が規則的に起こるための保証をするものとも考えられた。メソアメリカの都市の空間構造は政治的イデオロギーの複雑性を反映しているが、天文学的に派生してきた概念は自然に関する信仰および宇宙全体の構造や機能と分かちがたく結びついていた（Šprajc 2015a：727）。

（3）オルメカとサポテカ文化
　メキシコ湾岸のタバスコ（Tabaso）州西部からヴェラクルス（Veracruz）州南部にかけて栄えたメソアメリカでもっとも初期の文明がオルメカ（Olmeca）である。オルメカはサン・ロセンソ遺跡（1200-900B.C.）で開花し、ラ・ベンタ（900-400B.C.）へと発展し、最終的に先古典期後期のトレス・サポテス（500B.C.-200A.D.）へと変遷する。しかし一般的にオルメカの終焉は紀元前400年頃に置かれている。オルメカ様式の芸術はもっと広範囲に見られる。

　彼らの居住地は肥沃な湿潤農業地帯であった。狩猟採集や漁撈も重要であったが、トウモロコシなどの初期農業も営んでいた。オルメカ文化の中心地のラ・ベンタ遺跡は基軸が統一された建築方位軸、複雑な排水システム、石彫群の配置の規則性を備え、オルメカ人が高度な空間設計をもっていたことを示す

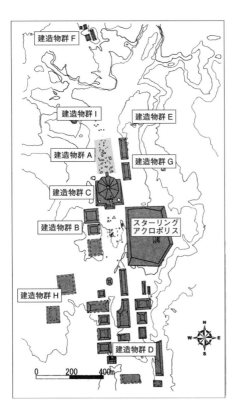

ラ・ベンタ遺跡の方位
(杉山・嘉幡・渡部 2011)

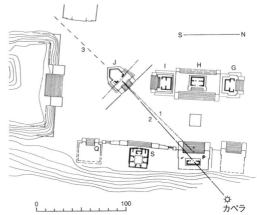

モンテ＝アルバン遺跡とカペラ
(Aveni 2001 より改変)

図4-29 メキシコの文明初期の遺跡と方位

（図 4-29 上）。

　オルメカは統一国家ではなかったが、支配階級はおそらく聖職者として天文の知識をもち、雨季や播種と収穫時期を把握したと思われる。またメソアメリカで共通に見られるジャガーへの信仰、さらに高山や火山への信仰が形成された。

　オルメカ人が後世に残したものには独特な世界観があった。世界が天上界、地上界、地下界という複数の次元から成り立っており、互いに異世界と行き来できると考えていた。そして地上界における巨木や高山は異世界へと通ずる入り口であり、神聖な力がみなぎる場所とされていた。ここを中心に地上界が広がっている。そしてこの思想は続くテオティワカン、マヤ、アステカにも継承された（杉山・嘉幡・渡部 2011：45-50）。

　モンテ＝アルバンは、メキシコ、オアハカ州のオアハカ盆地中央、オアハカ市街の西方 10 km、盆地の「底面」からの比高差 400 m にあった。山の頂上を平らにして築かれたサポテカ文化の中心をなすこの祭祀センターは、紀元前 500 年頃から紀元後 800 年頃まで繁栄した。

　モンテ＝アルバン遺跡は南北にプラットフォームをもち、ほぼ南北軸にそって建築が配置されている。とくに図 4-29（下）のなかの建造物 P という遺構は 2000 年ほど前に建てられたが、年に 2 度、5 月 8 日と 8 月 5 日の天頂通過日に太陽の光が垂直の管を通してこの建物の小さな祭壇に達する。この天頂通過観測管は空を 1.5°の幅で受け入れるように設計されている。したがって天頂通過日の前後数日間少なくとも太陽の円盤の一部が見えるようになっているが、太陽の円盤が視界の真ん中に正確に収まるのは天頂通過日の 2 日のみであった。

　広場の向かい側には交差した棒をもった天文神官の姿があったかもしれない。天頂通過日の明け方、彼は南プラットフォームと呼ばれる最大の遺構の前に立つ建物 J（図 4-29 下）の最上部の小部屋に立つ。サポテカの丘の頂にあるこの建物は他の建物からわざわざ離して建ててある。天文神官が戸口の側柱の向きで方向を定めた視線を太陽観測所の入り口の部屋の向こうにまっすぐ伸

ばすと、東の地平線にはちょうど明るい星のカペラが昇って、太陽の天頂通過を予告したであろう（Aveni 2001：270）。

（4）テオティワカン

メキシコ中央高原にはクイクイルコ（Cuicuilco）という大きな円形ピラミッドを中心とした宗教センターがあった（Sugiyama 2005）。人口は1〜2万人ほどあったと推定される。このような中規模の都市が紀元前400年くらいには機能していた。しかしシトレ（Xitle）火山の噴火によって紀元後200年に完全に埋没し、住民はここを放棄し北に移住し、それがテオティワカン拡大につながったと考えられる。

テオティワカンは5km四方の規模をもつ都市で推定人口は10万人であった。ほとんどの居住施設は大きなモニュメントができたあとに作られた。紀元後200〜250年頃に現在見られるような明確な都市構造が出てくる。現代の測量機器を使って調査しても1°の狂いもないほどの正確さで都市計画がなされているといわれている。

構造を見る限り、この都市は巡礼地として始まっている。小さな村が少しずつ大きな町になったのではなく、かなり突然に今のような都市構造になったように見えるのである。その後何度も改築は行われているが、基本軸は変わっていない。そして月の広場や死者の大通りはたくさんの人が集まることを想定して作られている。

3つの大きなモニュメント、月のピラミッド、太陽のピラミッド、そして城塞と呼ばれる儀式場の中央部にケツァルコアトル（Quetzal cōātl 羽毛の生えた蛇）神殿があり、それらを中心にして都市設計がなされた。都市の南北軸を中心軸として「死者の大通り」があり、その真後ろにはセロ・ゴルド（Cero Gordo）（太った山）という聖なる山がある。これはテオティワカン盆地では一番高い山で山頂にも遺跡がある。「死者の大通り」は「月のピラミッド」の中心を通ってこの山の頂上に向けて設計されている（図4-30）。

その基本原理は北極星を中心として南北軸を定めたようにも思われるが、実

第4章　考古天文学の現状　173

1. 月のピラミッドから見た死者の大通り、左手に太陽のピラミッド
2. 月のピラミッド
3. 太陽のピラミッド

図4-30　メキシコ中央高地テオティワカン

際は北の軸が15°東に振れている。このずれた東西軸は8月12日と4月29日にちょうど太陽のピラミッドの西正面に太陽が沈むように設計されていることで説明される。両軸が直角になるような場所を探して「死者の大通り」の位置が決まったのである。この2つの日付の間が260日になる（図4-31）。

すでに述べたようにメソアメリカでは自然のサイクルである365日の太陽暦と、人の妊娠期間や日食の周期に関連する260日の宗教暦がもっとも重要な暦であった。マヤには長期暦というのがあって、この暦ではなぜか紀元前3114年の8月12日にこの世が始まったとされる。これに従うとテオティワカンができる200年くらい前に最初の日付が始まっているが、おそらくその頃、メソアメリカ全体に世界観の更新、新しい宇宙のとらえ方が生まれ、そのような思想が都市設計に組み込まれていると思われる。

「羽毛の蛇神殿」の調査から83 cmが長さの単位であったことがわかっている。そして太陽のピラミッドはその260倍、月のピラミッドは今の形になったときが105〜107倍で、105ならば365から260を引いた数字が出てくる。つまり太陽のピラミッドと月のピラミッドは補完的な関係にある。105日と260日は1年の中で雨季と乾季にほぼ一致する。260日は女性の妊娠期間にも相当する。

太陽のピラミッドは太陽、熱、火、乾季、男性、ジャガー（地下界をさまよう太陽）を象徴、月のピラミッドは雨、大地、豊穣、女性、月などを象徴しているといわれている。9月から4月まで続く乾季、5月から8月までが雨季であるが、太陽のピラミッドは乾季、月のピラミッドは雨季に相当するという二元性を表している（Sugiyama 2005）。

太陽は夏の間は天頂よりも北の天界を移動する。夏至の6月21日には一番北の空に行くが、メキシコではその頃がもっとも雨が強いときである。つまり太陽がもっとも北にあるとき、もっとも雨が強い。したがって町の北にある月のピラミッドが雨季を象徴し、対する南には厳しい乾季を象徴する太陽のピラミッドがある。

羽毛の蛇神殿は2月9日と11月1日の日の出の方角と、5月3日と8月11

第 4 章　考古天文学の現状　175

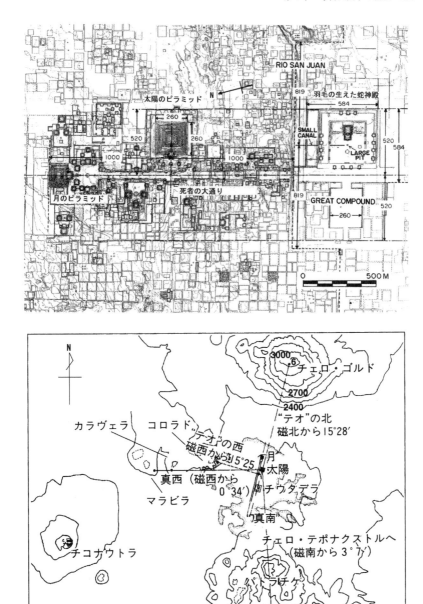

図 4-31　テオティワカンの構造と方位観（上：Sugiyama 2005 より改変、下：アヴェニ 1984）

日の日の入りの方向に向いている。これは1年を265日と100日に分割することと対応する（Iwaniszewski 2015b；Šprajc 2015a）。

（5）円形刻印
　テオティワカンには岩に刻印された円形のシンボルがある。同様の遺構はアメリカとメキシコ国境沿いの山岳地帯からグアテマラの熱帯雨林にかけて見つかっている。これは二重の同心円を直行する一対の軸で4つに仕切った形が多い。16個ほどはテオティワカンの大ピラミッドの近くにある。多くは観察者が遠くの風景を見渡せるような地点の大きな岩の露頭に彫られている。
　テオティワカンから北東33kmにあるテペアプルコ（Tepeapulco）の丘の中腹にある平らな岩に彫られた事例では、軸はまっすぐセロ・ゴルド山を指している。そしてその山頂にはもう一つの印刻があって、テペアプルコとテオティワカンの双方を見下ろしている。
　このような印刻は互いによく見える位置にある。一説では、このような図像はテオティワカンとその植民都市を結ぶ情報交換用のネットワークの一部であったという。また直行軸が夏至の日の出を指すケースが見つかっている。そのような図形が北回帰線にまたがる台地セロ・エル・チャヴィン（Cerro El Chavín）の上に並んでいる。北回帰線は北半球で、年1回、太陽が天頂を通る日が夏至と一致する場所であり、この図像が太陽観察と何らかの関係をもつことを示唆する。夏至の日には太陽が地平線でもっとも目立つ峰、セロ・ピカチョ（Cerro Picacho）の上に昇る様が見える。そして7km北のアルタ・ヴィスタ（Alta Vista）の太陽神殿からは春分・秋分の太陽が同じ峰の上に昇る様が見られる（アヴェニ 1984：121-123）。
　また穴で表現されるこの図像には260という数字が組み込まれている。穴のうち72個は放射状の軸を、84個は内側の円を、残りの104個は外側の円をなしている。軸を形成する穴の数は基本的に20でこの数字のパタンはメソアメリカの基本日数（週）を表す。そして数のパタンは春分から数えて天頂通過日、また2度目の天頂通過日から秋分までの日数を示す。これはテオティワカ

ンで知られる1年の区分（260+105日）に相当する（図4-32）。

しかし別のパタンも見られる。それは秋分に88日を足して冬至、冬至に88日を足して春分、というパタンで、これは古いメソアメリカの暦の考え方を示す可能性もあろう。一方、新しい考え方は春分に51日を足して天頂通過日、2度目の天頂通過日に51日を足して秋分、というものである（Iwaniszewski 2015c：741）。

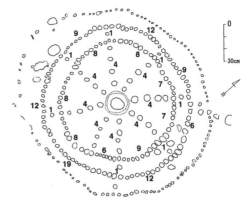

図4-32 メキシコ高原の円形刻印
（Iwaniszewski 2015c より改変）

C．ユカタン半島：マヤ
（1）ウアシャクトゥン：Eグループ

グアテマラのウアシャクトゥン（Uaxactun）遺跡は、ティカル（Tikal）の北24 kmに位置し、紀元前342年の碑銘が発見されていることもあって、マヤ文明初期の遺跡として知られている。またこの遺跡にはマヤ文明の中でもっとも有名な天文遺構の一つが発見されている。それはEグループと呼ばれる遺構群で、ピラミッドから見て東にある建築の左右と真ん中のモニュメントへ向けた視線が6月および12月の至点と分点に向いているといわれる（図4-33）。また近年の研究ではEグループは18°の幅の黄道帯に向いており、そこには太陽、月、惑星、そして黄道12星座が位置していると考えられている（Milbrath 2009：173）。

このマヤの黄道とは、西洋天文学の黄道を挟む18°の幅の帯でマヤの主要な星が現れ、星とともに惑星や月が現れる舞台なのである。Eグループ型建築は西側にピラミッド、東側に三頭の建物の組み合わせであり、類似の構造は約

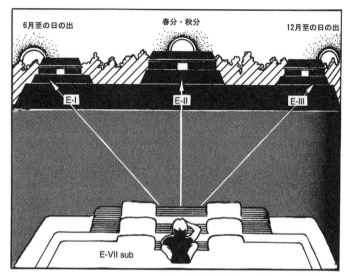

図 4-33 ウアシャクトゥン E グループ遺構群にて、ピラミッドに座り東方を見たときの概念図（Aveni 2001 より改変）

60 遺跡で見つかっている。この形式は前古典期から見られるが、最古ないし最新の型式では見られない。たとえばティカル（紀元後 4～9 世紀）の最古段階では、ピラミッドの東にある建築は頭がない長いプラットフォームだけである。E グループ建築の解釈の難しさは、離れた建造物がセットであることを証明しないとならないことである（Aylesworth 2015：785）。しかし E グループでは西のピラミッドの方が先に建造されたという指摘もある。その場合、建造当初はピラミッドは単独であるので、天体の観測はできなかったはずである。

E グループはコパンやチチェン・イッツァのように窓が金星や太陽の天頂通過などの方位に正確に向けられているのと違って、かりに天体と関係していたとしても観測所ではなく、プラネタリウムのような、天体を観察する場所であり、天体を背景に儀礼が演じられたのではないかと推測される（Aylesworth 2015：788）。

（2）コパン

　ホンジュラス領にあるコパンは、紀元5世紀から9世紀にかけて栄えたユカタン半島南東部の都市である。初代の王は紀元後435年に即位したが、古典期のコパンの文化が花を開くのは紀元後695年に即位した第13代の王の時代である。コパンでは洗練された独特の浮き彫りや丸彫りの技術が生み出された。しかし属国であったキリグア（Quiriguá）の反乱によって衰退し、16代の王が最後となったようである。

　コパンの天文神官は農業暦の開始すべき日の日没に注目していた。全長7kmの基線の両端に、彫刻を施した石碑が1本ず

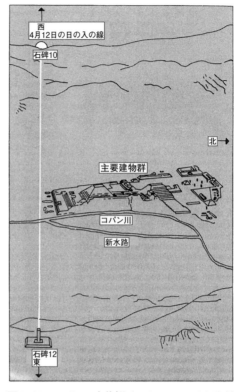

図4-34　コパンの方位観（アヴェニ 1984 より改変）

つ建てられている（図4-34）。コパンを見下ろす石碑12を基点に西方の丘に至る線は、至日と太陽の天頂通過日のどちらから数えても20日以内に当たるように神が便宜を図ってくれた日を知るためであり、その日が農業の開始日とされた。人々は毎年太陽がその位置に来ると、それを神の許しが出た証拠と考え、前年の収穫のあとに残された茂みを刈り取って燃やした。それは来るべき植え付けのための準備であり、人々は太陽の観測で恵みの雨がすぐ始まることを知っていたのである。

　この基線は暦をいくつかの区分に分割するのにも使われた。この暦は太陽年の他に、260日からなる聖なる周期も組み込まれていた。偶然コパンは太陽が

天頂の南側にいる日数が260日となるような緯度に位置していた。残りの105日、正午の太陽は天頂の北を通過する（Aveni 2001：252）。

（3）パレンケ

パレンケは、メキシコに存在するマヤ文明の古代都市遺跡である。ユカタン半島の付根にあたるメキシコ南東部のチアパス（Chiapas）州に位置し、7世紀に最盛期を迎えた都市の遺構としての宮殿を中心とする「マヤ遺跡の典型」といわれる。

パレンケが栄えた古典期後期は戦争と天文観察の時代である。パレンケの太陽の神殿はマヤ古典期後期の複数の太陽に向けた線形構造が見られる。神殿の主石版にはジャガーの戦争神が表現されているが、それが11月の天底通過日の日の出によって照らされる。それは乾季の始まりと一致する。6か月後、太陽の天頂通過日である5月、日の出は聖域の南東隅を正確に照らす。その何週間か後、6月至の日の出は主神殿の左の隅を照らす（Mendez and Karasik 2014）。さらに神殿は12月至や分点とも関係した構造をもち、太陽の神殿というのにふさわしい（図4-35）。パレンケは碑文も豊かで儀礼と天体との関係

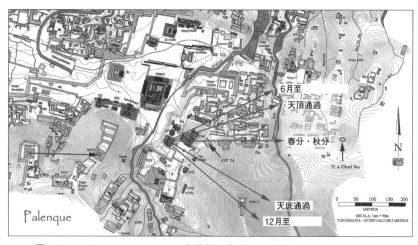

図4-35　メキシコ　パレンケの方位観と太陽の天頂通過（Mendez et al. 2014）

もわかっており、王自身の生涯もそれにそって進行したと考えられていた（Milbrath 2009：173）。

(4) ウシュマル

ウシュマル（Uxmal）は紀元後9～10世紀にかけて、チチェン・イツァと並ぶ政治・経済の中核都市であった。ウシュマルでは、すべての建造物の基軸が磁北より東に9～10°ずれた部分に集中している。また古代マヤ建築の傑作といわれるハウス・オブ・ガバナー（支配者の館）は他の建築物と少し離れた位置にある。9世紀頃建てられたこの遺構は王の居城というよりは庶民も集まって宗教儀式を行った場所である可能性も否定できない。

この遺構はウシュマル遺跡群を貫く直線から時計方向に15°ほどずれる形で建てられている。遺構の正面は真東に伸ばした直線から28°ほど南に向いた場所にあり、建物の入り口から伸ばした直線はまっすぐ地平線を向いている。アヴェニによると、中央通路から伸ばした直線は付近でももっとも大規模な建造物である、8.5 km 南東にあるノフパットの偉大なるピラ

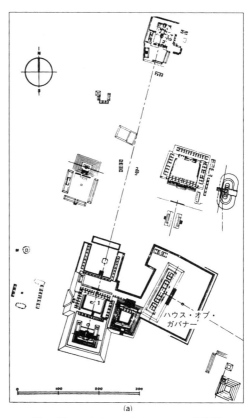

図4-36　メキシコ　ウシュマルの方位観
（アヴェニ 1984）

ミッド (Great Pyramid of Nohpat) 遺跡につながり、その延長上には明けの明星の南限位置を示していた（図4-36）。その位置関係は建築内部にある絵文字に記されていたことがわかっている（アヴェニ 1999：175-178）。

しかし別の意見もある。4.5 km 離れたマイナーな遺跡チェツック（Cehtzuc）には高さ8mの三角形の丘がある。ハウス・オブ・ガバナーの庭にあるジャガーの像を延長し、この小さなピラミッドに到達するが、実際に明けの明星は地平線に見ることができないようだ。逆にピラミッドからハウス・オブ・ガバナーを見て視線を延長し、熱帯の空気による屈折などを考慮すると、紀元後900年頃、宵の明星の北限を指しているのではないかと思われる。正確には建築の東の通路に垂直に北の隅を延長した線に相当するようである。

メソアメリカ一般に明けの明星の南限の時期（1月）はさほど重要ではなく、一方、宵の明星の北限は5月の初旬で雨季の始まりに相当するため重要である。これはトウモロコシの作付けの始まりできわめて重要な時期であった。8年周期で訪れる宵の明星の南限と北限であるが、南限は10月から12月の間に観察され、その時期は雨季の終わりと刈り取りの時期にあたる（Šprajc 2015b：779）。

また正面入り口の絵文字に加えて、その上部に雨の神チャックの紋章を取り巻く形で 350 個以上の金星を表す絵文字が刻み込まれている場所がある。これらの絵文字は「ドレスデン・コデックス（Doresden Cordex）」に何度も出てくる文字とまったく同じである。コデックスとはマヤの象形文字で書かれた文書である。残存する文書は数少ないが、その中でもドイツのドレスデンに保持されているものが天文知識においてもっとも重要とされる。

さらに遺跡に彫られたチャックの目が北東と北西の角に刻み込まれており、その間に点と横棒で示された数字は8であり、様式化された双頭の蛇も8匹である。この8は、金星が見えなくなる8日間を意味していた可能性がある。ドレスデン・コデックスの金星移動周期表は、いったん見えなくなった金星が8日後に再び東の空に昇ることが示されていることと対応するのではないか。あるいは5匹縦に並んだ雨に神チャックの像も合わせると、もっと可能性がある

解釈も可能である。それは金星に基づく8年周期（太陽の8年＝金星の5年）を意味していたのではないか（Šprajc 2015b：775）。ウシュマル遺跡で金星の絵文字と雨の神チャックの紋章が同じ場所で彫られているのは、この遺構だけであり、それゆえその重要性を示すのではないかと考えられる（アヴェニ 1999：175-178）。

（5）チチェン・イッツァ

ユカタン半島南部のマヤ文明の都市国家が崩壊したのは紀元後10世紀頃であった。同じ頃チチェン・イッツァはウシュマルやマヤパン（Mayapan）と並んでユカタン半島北部の大都市となった。当時のチチェン・イッツァではマヤ族の伝統とトルテカ族の新しい思想が混じりあった新しい文明が生まれようとしていた。トルテカはメキシコ中央部で生まれた文明であり、ユカタンに南下してきたのだ。

トルテカでもっとも多く使われるモチーフは人間の心臓をむさぼり食うジャガーや鷲の姿だが、羽の生えた蛇もある。羽の生えた蛇はテオティワカンまで遡ることができる。チチェン・イッツァのカスティーヨ（Castillo；スペイン語で城の意味）と呼ばれる神殿は正方形に近い幅の広い建築に階段が設けられている。春分と秋分の太陽がこの建物を照らすと、階段の影が天から地上に降りてくる巨大な蛇＝ククルカンのように見えるのだ（図4-37）。

またこの神殿の基本軸は5月25日頃および7月20日の天頂通過の日の入りを向き、雨季の始まりとトウモロコシの作付け開始日の日暮れの陽光が、頂上にある神殿内部を照らすようになっている。また4月にプレアデスが通路から沈むのを見ることは、天頂通過日が近いことを示したであろう。この神殿の東側にある戦士の神殿の西側にある階段の延長もほぼ同じ方向を向いている。またカスティーヨ神殿の東側階段軸の延長は逆に11月22日と1月21日の太陽天底通過日の日の出の方位を示す。それは乾季の始まりで収穫の開始と戦争の季節を同時に意味する。カスティーヨの東側に位置する戦士の神殿もほぼ同じ軸をもっている（Milbrath 1999：66, 2009：174）。

1. カスティーヨ（ククルカンの神殿）
2. 戦士の神殿
3. ジャガーの神殿

図 4-37　ユカタン半島北部のチチェン・イッツァ

カスティーヨの北西にあるジャガーの神殿の最上部の構造物は、4月29日と8月13日の沈む太陽が背後の壁に丸く光をあてるようになっているようだ。この日は105日と260日という1年の区分をする日に相当する。4月29日は雨季の始まりの1か月前、また8月12日ないし13日は夏至の52日後で、メソアメリカ中で重視される日なのである（Milbrath 2009：175）。

以上の遺構群は新チチェンと呼ばれる新しい地区に造られている。一方、それより古い時代の地区、旧チチェンにあるカラコル（Caracol）の塔は奇抜な形態である（図4-38）。巻貝を原義（スペイン語）とするこの建物には対称的な構造がまったくない。塔は奇妙な蝸牛型の塔が乗せられた方形の土台と、さらにその下に基盤部がある三層構造になっている。基盤部は紀元後800年頃、マヤ民族によって作られた。正面にある階段は北西を向いており、塔の土台に

図4-38 チチェン・イッツァのカラコルの塔

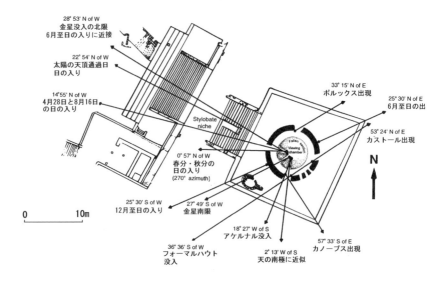

図 4-39 チチェン・イッツァのカラコルにみる方位観（Milbrath 1999 より改変）

作られた階段とは微妙にずれている。土台部分の階段から見ると夏至の太陽の日没はここから約 2°の位置で起こるが、この階段は金星の動きと密接な関係をもつようである。

　基盤部の上に塔の土台部分が乗せられているのだが、ここにも階段がある。この階段の中央部には 2 本の柱で支えられた祭壇のような施設が設けられた切り込みがある。この祭壇は塔と対称的な位置にあるわけではないが、ここから伸ばした直線は宵の明星の北限の位置を示している。祭壇を支える 2 本の柱は赤と黒に塗り分けられている。赤い柱は「ドレスデン・コデックス」にも示された金星が姿を現す場所を意味し、黒は一般的にいって西を表すために使われる色である。この赤と黒は、東天の明けの明星と西天の宵の明星を示すために建てられたのではないかと考えられる（アヴェニ 1999：173）。

　一番上にある塔に到達するためには狭い通路を進んで行かねばならない。塔の上部の小部屋に空気孔のような穴が 3 個あり、この穴を通して南と西の地平線がよく見える。これも宵の明星の北限と南限を観察したためのものではない

か。マヤの伝承では、現人神のククルカンが羽の生えた蛇エヘカトルの姿で人々の前に現れたといわれる。その姿はメソアメリカ全域で信仰の対象となっている。ドレスデン・コデックスでは金星の移動周期について詳しく記されているが、そのためのデータがカラコルの塔で収集された可能性がある（アヴェニ 1999：174）（図4-39）。

（6）トゥルム

ユカタン半島の海岸部、カリブ海に面したトゥルム（Tulum）はマヤの遺跡の立地としては珍しく海岸部にある（図4-40）。この遺跡はマヤ文明末期、13～15世紀に居住され、海岸交易なども行われていた集落と考えられる。スペイン人が大西洋を渡ってきて、最初に発見したのがこの遺跡で、カヌーに乗るマヤ人などを目撃している。

この遺跡は石垣で囲まれているが、本来トゥルムとは石垣の意味で、スペイン人が集落の名前だと誤解したのであった。マヤ語の名称はサマ（Zama）で、太陽の昇る場所という意味であった。実際にトゥルムはマヤ文明圏では東端に位置し、もっとも早く日が昇る場所なのである。

遺跡は基本的に東西南北軸にそって建築が作られている。海岸にあるもっとも大きな建造物（カスティーヨ）には建物を結ぶ壁に四角い穴が開けられており、それがほぼ東西方向を向いている。これは分点の昇る太陽を拝むための仕掛けではないかと思われる。遺跡南端にある海の女神神殿もほぼ真東に向いており、分点の太陽の光が神殿内部に射すように設計されている（図4-40-4）。

また、カスティーヨの北方にある「降臨する神の神殿（the temple of descending god）」は292°4′の方位を向いているが、これはおそらく太陽の天頂通過日の日の入りの方位であろう。そして東側の窓からは12月至あたりの日の出の光が射し、「降臨する神」の像の足元を照らすのであろう（Milbrath 1999：69）。

1. 風の神殿
2. カスティーヨ（大神殿）
3. カスティーヨに開けられた真東を向く穴（窓？）
4. 海の女神神殿

図 4-40　カリブ海に面するトゥルム遺跡

6. 南米

A．形成期の遺跡

アンデス考古学では紀元前3000～前50年にわたって形成期という時代が設定されている。リマの北182 kmのところにあるチュパシガリョ／カラル（Chupacigarro/Caral）は北チコ（Chico）地方にある著名な石壇遺跡である。そこの大ピラミッドからは紀元前2627年という年代が得られる。ピラミッドの南側には窪んだ円形の庭があってその中心から階段にのばした軸が主軸であると思われるが、それは12月（夏）至の日の出と6月（冬）至の日の入りの方角に相当する。同じような方位性は小ピラミッドや円形劇場（Amphitheater）とされる遺構でも観察される。他の遺構にもほぼ同じような方位性が観察される（Malville 2015a：796-797）。

その後に続く宗教センターであるチャビン・デ・ワンタル（Chavín de Huántar）遺跡（1200-200B.C.）も東側にある鋭い峰から現れる12月至の太陽の観察を中心に建造されていたという意見がある（Malville 2015a：802）。

さて形成期末期の遺跡群がチャスマ（Chasma）渓谷にある。遺跡群の中で天文学的に注目されるのは紀元前400～100年とされるチャンキーヨ（Chankillo）である。この遺構は防御のため作られたとされる環状遺構群の近くにあり、その一部をなすのかもしれない。その中にU字形の迷路（labyrinthine）とされる遺構があり、それは線対称なのであるがその対称軸が6月至の日の入りを向いている。太陽はその対称軸から見て環状遺構群の背後に沈む。またその日近くにある13の塔の影がU字形遺構の中央部に落ちるが、この13の塔はより明確に天文現象と関係する（図4-41）。

13の塔遺構とはほぼ南北に連なる遺構で約5 mおきに作られた高さ2～6 mの塔ないし台からなっている。遠望するとまるで恐竜の背骨のように見える一連の塔は南側が若干北東・南西方向に曲がっている。高さが違うのは地面の高さに合わせたもので、塔の高さはほぼ同じになるように調整されている。塔は

図 4-41　13 個の塚が並ぶチャンキーヨ（渡部森哉氏提供）

上が平らになっており、塔というより台といった方がよく、形も比較的まちまちで、その上を歩くことも不可能ではないが、実際にこの上で何らかの活動が行われたとは思えない。

むしろこの塔はその両側にある観察ポイントらしき地点から眺めると、ちょうど6月および12月至の太陽の出現ないし没入地点を両端とした太陽観察の施設のように思われる。両端の中央には分点が規定でき、さらにその両側に太陽3個分離れた地点が太陽の天頂通過および天底通過日の日の出、日の入りが観察できるようであった（Ghezzi and Ruggles 2015）。これは中国で発見された陶寺遺跡の遺構を想起させる。

B．ナスカ

ナスカ（Nazca）文化は紀元前100年頃から紀元800年頃までペルー南部の海岸部で継続した文化で、特徴的な土器や織物で有名である。しかしナスカは同時期のモチェ（Moche）文化などと対比しても社会的な内容がはっきりしない。地域は乾燥地で地下水路が供給する水の量を考えても人口がそれほど大きかったようには思えない。モチェのような大建造物や都市も見当たらない。唯一の見るべき建造物であるカワチ（Cahuachi）にしても自然丘を利用した中規模の祭祀場にすぎない。有名な地上絵も実験によるとそれほど手のかかる大事業ではない。

地上絵の大部分は直線や台形、ジグザグ、渦巻きなどの幾何学文様である。英語では「絵」ではなくナスカラインとされる所以である。有名な動物の絵は一部の地域に固まっている。高所から見ないとわからないので地上絵の発見は1920年代になってからである。最初に天文学的な考察をしたのはP. コソックの『古代ペルーの生活と大地と水』である（Kosok 1965）。コソックはナスカ人が天文の規則性に気づいてそれと水利との関係から農耕システムを発達させたと考えた。ただしなぜ天文観測ためにあれほど大きな、何百メートルもの、あるいはフットボールフィールドよりも幅の広い大通りを作ったのか。また霧の多い砂漠で、日没などが見えることがほとんどないところでなぜこのような

ことをしたのかは説明されなかった。

　それを受け継いだのがマリア・ライヘであった（Reiche 1968）。彼女は乾燥地の農耕民は正確な暦が必要だったと考え、雨季の予測などのために天文観測を行ったと考えた。彼女はラインと天文との関係から絵の意味を分析し、たとえばサルの絵はしし座に相当するとか、ある線が子午線や12月至の日の出の方向に一致している、などの解釈を行った（図4-42）。

　このあとG.ホーキンスも研究し、成果を発表した。しかし彼の天文学的解釈は北半球高緯度地帯の思考方式を無理やり適応したものであった。たとえば彼は、夏至と冬至は考慮したが、熱帯地方特有の太陽の天頂通過日のことは考慮しなかった（Hawkins 1973）。

　一方、アヴェニの分析では、天頂通過日と関係がありそうなラインが見つかった（Aveni 1990：98）。それは11月初めと2月10日頃であるが、前者はナスカの水路に水が最初に流れてくる時期であった。ラグルスはプレアデスとの関係を示唆している（Ruggles 2015d）。

　ラインの上で発見される土器の分析から、動物画の多くは初期中間期に作られ、ラインは中期ホライズン（600-1000A.D.）から後期中間期（1000-1450A.D.）に作られたことになる。ラインが動物画より新しく、直線が動物画を横切っていることもあることと一致する。

　さてナスカラインの解釈であるが、インカにはセケ（ceque）という土地区分システムがある。土地を放射状あるいは格子状に区分し、そのラインの目印をワカ（huaca）と呼んだ。ワカとは聖地や聖なるもの一般を意味する。セケとワカは社会組織、水利、季節暦そして天文に関するインカの考え方を体系的に示したものであるが、この習慣がヒントになるであろう。

　ラインはインカ道と似た特徴をもつ。「話す」行為と似て、「歩く」行為は場所から生じる空間的行動、すなわち地形をわがものとする行為だといえるだろう。インカ道のようなナスカラインは歩く、走る、踊るといった「動き」に関連する何らかの目的で使われていたのではないか。ボリビアの民族例では村人が丘の上の聖所まで、踊ったり山の神を礼拝したりしながらラインにそって登

第4章 考古天文学の現状 193

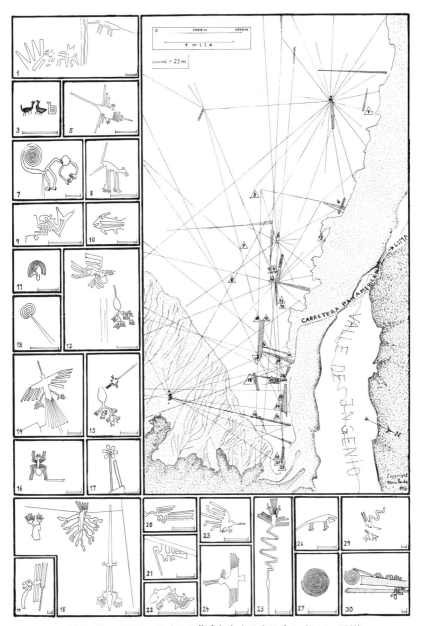

図4-42 マリア・ライヘの作成したナスカライン (Reiche 1968)

り雨を祈願する。あるいはセケ・システムのように大地の精霊、神々に雨を祈願するための歩道であり、それを常に清掃ないし浄化する行為も重要だったのではないかと思われる。

　動物画について、なぜこのような動物たちが選ばれたのだろうか。描かれた動物は食用でもないし捕食動物でもないので通常の生物学とは違った論理で選ばれているようだ。動物の体も正確さというよりはむしろ宗教的、道徳的、政治的な理念を伝えることが目指されたのではないかと推測される。

　ナスカラインは水と関係しているようだが、空とも無関係ではない。後述するクスコのセケの線の一部が天体の方向を示していたのと同じことがいえるのではないか。太陽の天頂通過日の日の出・日の入りの方向を示すラインが他のラインよりも若干多い。この日はアンデスの記録にはよく残っており、ナスカでは水路に最初の水が流れてくる時期の目安として理想的であったろう。水、歩行、天文学、血縁、労働と儀式上の責務の分担、清掃、放射性、これらの変わった組み合わせがナスカラインの物語に含まれている（Aveni 2000）。

C．ティワナク

　ボリビアの首都ラパスの西72 km、チチカカ（Titicaca）湖の岸にあるティワナク（Tiwanaku）の遺跡は紀元後300～1000年、インカの出現以前まで使われていた。この遺跡は気候変動による乾燥化によって放棄されたと考えられている。アカパナ（Akapana）のピラミッドはワカ（聖地、聖なる物一般）やウシュヌ（Ushnu、国家的儀礼用の祭壇）など、多様な意味づけをされていたと考えられている。ピラミッドに隣接して、2つの主なる宗教施設がある。それは半地下式神殿とカラササヤ（Kalasasaya）である。

　カラササヤは基本的に東西軸にそって建てられており、東側にある太陽の門（gate of the sun）から入る仕組みになっている。中庭には中央基壇が設けられ、その基壇の先64 mには直立する10個のモノリスが立つバルコニーが設けられている。モノリスは高さ4 mで4.8 m間隔で立てられている。前述のチャンキーヨと同じような構造で用途も同様であったのではないか。ただし

図 4-43 ボリビア西部カラササヤと太陽の門
（佐藤吉文氏提供）

チャンキーヨの塔は瘤状、カラササヤは角形という形態の違いはある（図 4-43）。

　さてカラササヤの中央基壇から見ると、南端の塔は 12 月至の日の入りから 0.9°、北端の塔は 6 月至の日の入りから 0.9°だけずれている。その中間の方位はほぼ真西であり、また太陽の天頂および天底通過日に相当する塔もある。この一連の塔は至点を両端として太陽の運行を観察する施設であったと考えられる（Malville 2015a）。

D．インカのクスコ

インカにおいても天体に対する注目度は高かった。インカの首都、クスコ（Cusco）中心にあるサントドミンゴ（Santo Domingo）教会の本来の名前はコリカンチャ（Coricancha）で、それは太陽の神殿を意味する（図4-44）（アヴェニ 1999：182-217）。スペイン人はもともとインカの神聖な場所を教会にすることで精神的な支配をもくろんだのだ。この神殿は当初金で飾られ、スペイン人はそれを見て豪華な装飾品を大量に持ち帰ったといわれる。コリカンチャのコリは黄金の意味であった。

インカの王は居城の東壁に向いた玉座に座った状態で1日の大半を過ごしたといわれる。そしてコリカンチャは太陽と月、そして太陽と同じ天体と考えられていた金星に捧げられた。太陽の直前に出現（旦出）する明けの明星、また直後に沈む（旦入）宵の明星は太陽の衛星のように見えていたのだろう。また七ツ星は月の従者とされていたというスペイン人の記録もある。

図4-45は有名なインカの宇宙図で、これはスペイン人歴史家のサンタクルーズ・パチャクティ・ヤムキ（Santa Cruz Pachacuti Yamqui）が残したメモ書きである。ここにはインカ人の宇宙観の二大原理、二元性と縦方向の階層性が示されている。この二元性は、昼と夜、夏と冬、男と女、などがあげられる。天体なら太陽と月、明けの明星と宵の明星、といった具合だ。また12月、すなわちこの地の夏に現れるプレアデスと冬場に現れる南十字の対立も見られる。総じて左側は男性界、右側は女性界を表す。

図の上から下に向かって天界、地上界および地下界という三界が階層的に描かれている。まず天体のある天界があり、中央部には雲や虹や雷光、さらに木や人間の存在する地上界、そしてその下には暗い地下界が表現されているのである（図4-45）。

さて、クスコはアンデス山脈の標高3300mという高地に存在する（図4-46）。その場所は2本の大きな川が合流する場所である。そしてクスコは北西・南東、北東・南東軸を基本に4つに区分されていた。川の上流域にある北東部は上位とされるハナン（Hanan）、南西部は下位とされるフリン（Hurin）

第4章　考古天文学の現状　197

図4-44　インカの太陽神殿跡教会

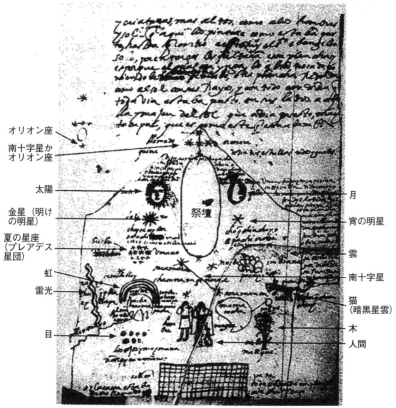

オリオン座
南十字星かオリオン座
太陽
金星（明けの明星）
夏の星座（プレアデス星団）
虹
雷光
目

月
宵の明星
雲
南十字星
猫（暗黒星雲）
木
人間

祭壇

図4-45　インカの宇宙図（Aveni 1997より改変）

図 4-46 クスコの町並と中央広場

と呼ばれていた。各々はさらに二分され合計 4 つの区分となり、その区分はスユ (suyus) と呼ばれていた。スユはさらにピザパイのようにセケという小区分に分かれていた。

またワカと呼ばれる聖地があり、そこでは女神パチャママ (Pachamama、母なる大地) に捧げ物をする場所として使われていた。ワカには寺院ないし塔のような施設があり、太陽がさしかかると人々はトウモロコシの種をまいた。捧げ物は生きた羊、衣類、金や銀でできた羊の像などであった。捧げ物はそれ

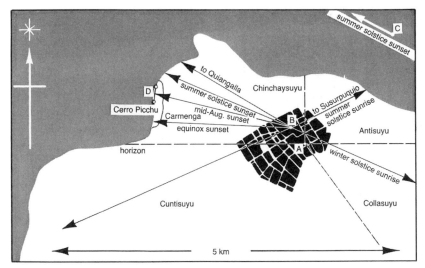

図 4-47 クスコの天文地図（Aveni 2001）

ぞれのセケに住む、王族、王族との血縁者、そして平民という順で行われた。

　このようにインカの人々は太陽を観察して農作業を行っていたことがうかがわれる。さらにインカの王が太陽の地平線での出現位置を観察するために小窓のついた天文台が存在していたとする記述がある。この観察によって、リャマやアルパカの放牧、そしてトウモロコシなどの種まきが行われていたのであろう。

　クスコの西にある丘にはセロ・ピチュ（Cerro Pichu）という峰があって、太陽の動きを観察する4本の柱が立てられていた。この柱はウシュヌ（ushnu）と呼ばれていた。人々はコリカンチャから見てこの柱と沈む太陽の位置関係から種まきなどの季節を知った。インカにおいて種まきの開始は8月の半ばであり、太陽の天底通過日となっている。この時期は大地がもっとも豊穣になる時期で、この時期に種をまけば最高の収穫が得られた（Aveni 1997）。

　一方、収穫の時期を告げたのはプレアデスであった。クスコではプレアデスが37日間見えなくなる時期があるが、そのときが収穫の終わりを意味したのだ。そしてプレアデスの出現が1年の始まりを意味していた。

5月25日は6月至と太陽3つ分ずれている時期で、約1か月のずれとなっている。5月25日は6月至の直前における月の満ち欠けの1サイクルが終わりを告げる日である。プレアデスも見えなくなり、1年の締めくくりとしては申し分ない日といえる。

　コリカンチャの建物正面は、5月25日の太陽の日の出およびプレアデスの方向に面している。またプレアデスが見える場所に位置するセケの方向にも面している。クスコでプレアデスが旦出する日を計算すると、これは6月至の1.5朔望月前、日付でいえば6月8日であることになる。インカの王がコリカンチャから三日月を見た日付が5月25日であったとしたら、次の満月になるのはちょうど6月（冬）至の頃である。換言すると、毎年プレアデスの旦出とその後の最初の満月は、必ず6月至を含む月に見ることができるはずである。コリカンチャには太陽と月、そしてプレアデスなどを簡単な方法で観察できる機能が担わされていたのである。

　プレアデスが見えない日は毎年平均37日間であるが、365から37を引くと出てくる数328はクスコのワカの数と一致する。それでワカのあるセケを基本に成り立っているクスコの町の小区分自体が暦であったと主張する研究者もいる。プレアデスが旦出する日から始まって時計回りにセケを移動していくというサイクルで、たとえば満月に合わせて各ワカで儀礼が行われたのではないかというのである（Aveni 1997；Ziółkowski 2015）。

E．マチュピチュ

　有名なマチュピチュ（Machu Picchu）（図4-48）およびその南西にある対岸の峰上に作られた対応するリャクタパタ（Llactapata）の遺跡には天文との関係が知られている。これらの遺跡には二重門（double-jamb doorway）と呼ばれる、門のための窪みが二段になっているような作りの門がある。ヤクタパタ遺跡の中央にある二重門はマチュピチュ中央の聖なる広場の方角を向き、その延長上には6月（冬）至の日の出が見え、その陽光が遺跡の内部にまっすぐ射すようになっている。日の出といっても山間部であるので地平線ではなく、

第 4 章　考古天文学の現状　201

図 4-48　ペルー　マチュピチュ遠景

図 4-49　マチュピチュの太陽神殿

1. 王墓（太陽神殿の下にある墓） 2. ３つの窓の神殿
3. コンドルの神殿 4. インティワタナ

図4-50 マチュピチュの天文関連遺構

高い山の峰の背後から昇る地点のほうに門は向いているのである。

　さてマチュピチュで天文学的にもっとも顕著なのは太陽神殿、すなわちトレオン（Torreon）と呼ばれる半円形の特徴的な形をした遺構である（図4-49）。この遺構の丸い曲がった壁は特徴的でクスコの太陽神殿コリカンチャと同じ構造をしているといわれる。東側の窓は６月至の陽光がこの遺構の中にまっすぐ射すように設計されている。これは観測のためとは思われない。というのは上述のように６月至を観測するのであれば他の施設でも可能であるからだ。むしろこの遺構は陽光が遺構中央にあるワカに触れることが重要だったのではないか。同じ日の陽光はトレオンの下にある王墓と呼ばれる洞窟上の遺構の奥まで射すのである（図4-50-1）。またこの遺構の中には黄金の神像を置

いたと思われる出窓に囲まれており、太陽の光を取り入れながら儀礼が行われたことが推測される。

次に遺跡中央の聖なる広場に面する3つの窓の神殿がある（図4-50-2）。インカの創世神話、すなわち神々が飛び出てきたといわれる3つの窓は6月至の太陽が真正面に見えるように作られている。またマチュピチュには二重門が11個作られているが、その中でコンフント（Conjunto 1）と呼ばれる地区の門は人が出入りするためというよりは、6月至の日の出の光を迎え入れるように作られているようだ。

コンドルの神殿と呼ばれる遺構（図4-50-3）は、小さな洞穴の岩に様式化されたコンドルが彫られているところから名付けられた。マチュピチュの中で二重門によって入ることが制限されている唯一の遺構である。この遺構では8月19日と4月21日の太陽の光がコンドルの頭に到達する。陽光はさらに奥の、地上に降りる飾りの階段を抜けて大地そして地母神パチャママ（Pachamama）にまで到達する。8月18日はクスコにモルモットを大量に届けて供犠にする儀礼が行われる日であり、太陽の天底通過日でもある。この遺構の北にはモルモットを飼育していた檻があった。檻には水が引いてある。

またしばしば日時計と呼ばれるのはインティワタナ（Inthiuatana）と呼ばれる遺構である（図4-50-4）。これは日時計にするには棒が太すぎるので、太陽をつなぎ止めて光や熱を保った、という神話に由来する宗教施設と見る方がいいだろう（Malville 2015b）。

7. 太平洋諸島

A．ハワイ
（1）天体観測の神殿

ポリネシアのハワイにおいて、石組みで作られた神殿は、ヘイアウ（heiau）と呼ばれる。神殿には戦争や人身御供用のルアキニ（lukani）タイプから、農耕儀礼、漁撈儀礼、多産や病気治癒儀礼などのため多くの形式があった。宗教

図 4-51　ハワイの神殿
　　1. ヘイアウの中の供物台
　　2. マウナケア山頂遥拝の祠

図 4-52 星座と関係するハワイの神殿
1. コナの天を見る神殿を示す説明板
2. カワイハエの航海師の神殿

施設の中には霊峰マウナケア（原義：白い山＝標高 4200 m で雪が降る）山頂を遥拝する祠もあった（図 4-51）。

第 3 章で紹介したように、ハワイ人は太陽運行の両端である 6 月（夏）至と 12 月（冬）至時の太陽の軌道にカーネ（Kāne）およびカナロア（Kanaloa）神の道と名付け、生活時間の基本としていた。また空間的には北半球なので常に目視できる北極星と南十字星の南中によって南北軸を定めていた（Da Silva and Johnson 1981）。このような時空間原理を基本として 1 年の始まりを告げるプレアデス、あるいは天空ではそのほぼ真逆に存在する蠍座のアンタレスなどをはじめとして、「星見神官」たちが天体を観測する神殿も知られている。

たとえばハワイ島コナにあるヘイアウ・キロ・ラニ（Heiau Kilo Lani）は文字通りラニ＝天、見る＝キロ、つまり「天を観察する神殿」であった（図4-52-1）。

またハワイ（Hawai'i）島北西部カワイハエ（Kawaihae）地方の近くには航海師の神殿マカ・オ・フレ（Maka o Hule）がある。林立する石棒が航海に使う星座の方位を示すのではないかといわれている（図4-52-2）。

（2）カウアイ島

まず事例が多いハワイ諸島の研究から紹介していこう。

主要ハワイ諸島最北端のカウアイ（Kauai）島およびその西に浮かぶニイハウ（Ni'ihau）島はフラ（ダンス）の発祥の地として神話では語られる。それに関しフラの起源に関連する一つのチャントがある。このチャントでは、フラの女神カポ（Kapo）がニイハウ島の首長ハラリイ（Halali'i）を訪ねたときにカポがハラリイに憑依し、首長がこれを口ずさみそれにあわせて踊り、それがフラの始まりであるとされる。カポはさらに妹のケウェラニ（Kewelani）に憑依し、ケウェラニがこのチャントを歌って踊ったとされる。この物語は夏至である6月21日、神話では「カーネ神が戻ってきた日」に起こったとされる（Meech and Warther 1996：28）。

このチャントの隠れた意味（ハワイ語ではkaona）から次のような推測がなされる。このチャントが歌われ、フラの起源地とされるニイアウ島のキハ・ワヒネ（Kiha Wahine）神殿からカウアイ島西端のマクア・イキ（Makua-Iki）、そしてカウアイ島北西の断崖が続くナパリ（NāPali）海岸を望む断崖に視線を延長すると、海から昇る太陽を、もっとも北に来る夏至のときに見ることができる。さらにキハ・ワヒネ神殿から北に1マイルほど北に行ったところにあるカ・ウノ・オ・カハ（Ka-Uno-o-Kaha）神殿から同じ方角を見ると、夏至の太陽がマカナ・クリフ（Makana Cliff）の背後から、フラの免許皆伝を行うもっとも権威のある神殿、ラカの舞台すなわちケ・アフ・ア・ラカ（Ke-Ahu-a-Laka）を囲むカ・ウル・ア・パーオア（Ka-Ulu-a-Pāoa）神殿の背後から昇る。

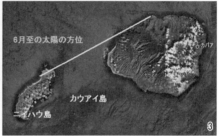

図 4-53　フラの神殿と太陽との関係
1. カウアイ島北岸のケエ（Ke'e）ビーチ　2. フラの神殿の舞台石組
3. ニイハウ島とカウアイ島北岸の方位関係

マカナはチャントに登場しないが、マクア・イキとマカナ（Makana）は共通に松明儀礼が行われるので連動するであろう（Meech and Warther 1996：29）（図4-53）。

　すなわち太陽の特別な日に島を隔てた2つの神殿でフラに関する同じような儀礼や踊りがなされたのではないかというのである。ニイハウ島では、北東にある大きなカウアイ島に隠れて海から出現する日の出を常には見ることができない。したがってそれが見える夏至の日の出に祈念したであろうというのである（Meech and Warther 1996：28-29）。

　しかし別の分析結果もある。ニイハウ島からナパリ海岸方面を見たときに問

題となっているいくつかの地形の高度や方位、そして地点の赤緯を算出し、さらに太陽のような大きな天体の見える割合なども考慮すると、キハ・ワヒネ神殿からの視線は夏至の太陽の出現ではなく、むしろ太陽の天頂通過（zenith pass）日の太陽の出現方位に相当する（7月13日頃）との指摘もある。また逆にカ・ウル・ア・パーオア神殿からニイハウ島のキハ・ワヒネ神殿方面を見ると、その視線は天底通過日の太陽の没入地点に向いている。そして件のチャントもそれに対応する解釈ができることを指摘する意見もある（Ruggles 1999b, 2001）。

（3）マウイ島

P. カーチはマウイ（Maui）島の最高峰ハレアカラ（Haleakalā）山南部の風下側傾斜地カヒキヌイ（Kahikinui）にある遺跡群の調査をまとめている（Kirch 2004a）。これらの遺跡はおおむね紀元後1500～1800年に入ると思われる。23個の神殿の方位を分析すると主軸の方位は真東が一番多く、次に東北東、そして真北、若干ではあるが北北西という結果が得られた。

ハワイにはクー（Kū）、ロノ（Lono）、カーネ、カナロアという4神が代表的な神格として知られる。カーネは原義が男性で、男性的な豊穣性や灌漑農耕と強く結びつく。そして一方で太陽、とくにそれがもっとも北にあるとき（夏至）と関係づけられる。そのため東に方位をもつ神殿はカーネに農業の豊穣を祈る目的があったのではないか。一方、東北東の方位は1年の最初を意味するマカヒキ（Makahiki）祭りと関係するであろう。マカヒキはプレアデスが夕刻に東天に現れる11月半ばに相当する。この時期からハワイは雨季に入り、農耕の神ロノが再来する。プレアデス出現の方位に近い東北東方位の神殿はこの新年の祭りとロノ神の到来と関係するのではないか。

次に北の方位をもつ神殿は、同時にハレアカラ山頂を遥拝するように見える。ハレアカラとは「太陽の家」という意味で、マウイ神が早く動きすぎる太陽を捕まえて現在のスピードにしたという有名な神話の舞台である。また大型の神殿ほど北を向く傾向がある。ハワイでもっとも大型の神殿ルアキニ型神殿

は戦争神クーを祀ることで知られている。「直立」する、が原義のクーは、高い山の頂に比定されるので、これらの北向きの神殿はクー神と関係するのではないかと推測される。

しかし、この推論に若干の修正意見が表明されている。まず海岸部にある神殿は漁撈用神殿コア（ko'a）であり、それはカナロア神に捧げられているが、特定の方位観は観察できない。次に北向きといわれる神殿群は実際の方位ではなく、北の方にあるハレアカラ山、とくにこの地から見える特徴的な赤い噴石という地形的な特徴物に向けられていると思われる。したがってクーが北に比定されるからだということではなく、山全体に対して何らかの象徴的観念があったと解釈すべきである。東向きの神殿に関しては、その方位に太陽があるのは春と秋の月であり、夏至・冬至点に至るためのちょうど半分位の位置に太陽がある時期であろう。東北東方位の神殿群であるが、実際は当時のプレアデスの出現地点より5度ほど北に向いているので再検討が必要である（Ruggles 2007：310）。

（4）ハワイ島

ハワイ島ではアフ・ア・ウミ（Ahu-a-'Umi）神殿の天文学的な分析が行われている。この遺跡は北コナ（Kona）地方内陸にある神殿で'Umi とは神話上でハワイ島を統一した王とされる人物である。この遺跡は北北東に長軸をもつ方形の石垣（22.8 m×17.4 m）で囲まれた神殿で、その周辺にはいくつか石塚がある。それらの関係からこの神殿および周囲の遺構群は天体の観測のために建てられた施設であったとされた。石垣は真北を向いておらず、北北東を向いており、それはウミの生まれ故郷であるハワイ島北東部のワイピオ（Waipio）谷の方角を意味する。それは、そこに昇る北斗七星の α 星ドゥーベ（Dubhe ハワイ語では na hiku＝7の意味）を王の星として、入り口から正面に眺めるためである。そして入り口の左角にそって南北線を引き、また遺跡の西にある四角い囲いの対角線を伸ばすと正確に東西線になることから、神殿に南北・東西線の交点で中央を求めることができる。その中央点から周囲の石塚に線を伸

ばすと航海などに使われる主要な星座の出現と没入点に相当することがわかる。いわばミクロネシアで使われるスターチャートのような原理を遺跡で示しているようである。

さらにハワイの神話では夏至、つまり太陽がもっとも北に来たときの太陽の軌道はカーネ神の暗い道（ke alahui polohiwa a Kāne）、もっとも南に来る冬至の軌道はカナロア神の暗い道（alanui polohiwa a Kanaloa）と呼ばれる。プレアデスとアンタレスによって示されるこの２点の間を太陽はゆっくり行き来するが、そのルートは（宇宙）蜘蛛の道（ke ala a ke kuʻukuʻu）と呼ばれる。さらに月の出没の北限と南限に相当する、北はポルックス、南はフォーマルハウトの方位と一致する塚も存在する。このように、この神殿・遺構群はウミ王権の起源や再生を意味すると同時に、星や太陽・月など宇宙全体の動きを観察ないし表現したコスモロジーの具現化であると推測される（Da Silva and Johnson 1981）。

B．ラパヌイ（イースター島）
（１）先駆的研究

オセアニアの天文の考古学的な解釈の先駆けはノルウェーのトール・ハイエルダール率いるラパヌイ（Rapanui）調査に由来する。調査隊の考古学者 E. フェルドン（Ferdon）は島南西部の儀式村オロンゴ（Orongo）にあった石を太陽石（sun-stone）と呼んだ（Ferdon 1961）。それは石の上の小溜の並びが６月至（冬）および 12 月（夏）至や春分・秋分の太陽の出現方向に向いていると考えたからだ。しかしこの解釈は後に否定された（Lee and Liller 1987）。同じ調査で W. ムロイ（Mulloy 1961）らは海岸部に立つモアイ像の台座（ahu）が太陽の運行と関係がある可能性を指摘している。たとえばアフ・ヴィナプ（Ahu Vinapu）Ⅰの上のモアイは内陸を向いているが、その逆方向、つまりアフの長軸に垂直な方向を海側に伸ばすと 12 月至の太陽の出現方向に相当すると考えられた。同様にアフ・ヴィナプⅡの上のモアイは春分・秋分の太陽の出現と、さらにアフ・テペウ（Ahu Tepeu）が 12 月至の太陽の出現

と関連するというものである。

　また、次に内陸に1個だけ立つという珍しい立地のモアイ、アフ・フリ・ア・ウレンガ（Ahu-huri-a-urenga）が6月至の太陽の昇る方角を向いているとされた（Mulloy 1975）。この説は別の研究者によっても検証された。さらに遺跡周辺にある石も星座の観測に使われた可能性が指摘された（Liller and Duarte 1986）。

　その後、アフ（モアイ像の台座）の方位の組織的調査が行われ、アフの約90%は長軸が海岸に平行に立てられ、その上のモアイ像は海岸から陸を眺めるように作られているので天文現象とは関係ないとされた（Liller 1993）。しかし海岸に平行でない26個のアフの中では、台座の上に立つモアイの見ている方位が圧倒的には東、おそらく分点の太陽の出現方角だろうとした。また2つの事例ではモアイが至点の太陽の出現ないし没入方角と関係するようであった。内陸にあるアフ上のモアイは6月至の太陽の出現方角を向く傾向があり、上述のアフ・フリ・ア・ウレンガはその典型である。

（2）新たな見解
　しかしその後、ラパヌイにおける遺跡は太陽ではなくむしろ星座と関係するという別の解釈が提唱されている（Edwards and Belmonte 2004）。民族誌ではプレアデスやオリオンベルトが暦の指標として農業と儀礼のサイクルに重要であったからである（Van Tilburg 1994：100-103）。逆にラパヌイでは太陽の運行に関する儀礼は貧困であった。問題は紀元後1500年頃、6月至の太陽の出現・没入の方位はプレアデスの出現・没入の方位にほぼ一致し、また春分・秋分の太陽の出現・没入の方位はオリオンベルトの出現・没入の方位とほぼ一致することであった。

　ポリネシアにおいてハワイなど赤道から北半球にある島々では一般に、プレアデスが11月後半、東空に夕方に出現するのが1年の始まり、マカヒキ祭りとされた。しかしラパヌイはニュージーランドのマオリ、マンガレヴァなど南半球の島々と同様、プレアデスが東天に明け方に出現する6月至頃を新年とし

た。ラパヌイの暦ではアナケナ（anakea；最初の王ホトゥ・マトゥア Hotu Matua の上陸地点の名称）月にあたる。

オロンゴの鳥人儀礼が紀元後1500年に始まったとすると、太陽の赤緯とプレアデスのそれはきわめて近く、プレアデスが2時間後に太陽を空に導いてくるような状態になる。プレアデスは仰角18°でフア（hua）月の黎明に見える。hua は、花咲くとか芽が出るとか豊穣を意味する単語である。この時期プレアデスは他の明るい星、アルデバラン、次にオリオン座（Tautoru）、そしてシリウス（Reitanga）などを導いてくるように見える（Van Tilburg 1994：103）。

さて13基のモアイ像で有名なのはアフ・トンガリキ（Ahu Tongariki）である（図4-54-1）。そのアフの壁はおおむね海岸線に平行になっており、長軸に垂直方向、すなわちモアイの向く方向は12月至の太陽の没入方位に一致するという意見がある。しかしモアイ像はむしろプレアデス（Matariki＝首長の目）がラノ・ララク（Rano Raraku）山に沈む方角を見ているというのである（Edwards and Belmonte 2004）。ちなみにラノ・ララクの山腹からすべてのモアイ像が掘り出されている。

また内陸に立っていることで有名なアフ・アキヴィ（Ahu Akivi）は、モアイが海の方を向いていることでも他の事例と異なる（図4-54-2）。モアイ像が向いている方位角から春分・秋分の太陽の没入地点に向いているのではないかとも考えられたが、むしろオリオン座（Tautoru＝3人の美男子の意味）、とくにζ星（三ツ星の真ん中の星）の旦入（heliacal set）に向いているのではないかと推測される（図4-55）。とくにこの遺構が作られた1千年紀後半の星座の位置を歳差運動から推定するとこの推測はより正確になるという（Edwards and Belmonte 2004：427）。

アフ・ヴィナプⅠはモアイが背を向ける方向は12月至の日の出に、アフ・ヴィナプⅡのそれは春分・秋分の日の出の方向に向いていると考えられていた。しかし再計測の結果、これらの推定建造時の西暦1200年頃の状況を考えると、アフ・ヴィナプⅠのモアイの向く方向がプレアデスの没入地点に、ア

図 4-54 ラパヌイのモアイ
と太陽仮説
1. アフ・トンガリキ
2. アフ・アキヴィ

フ・ヴィナプⅡのモアイはオリオン座の没入方向に向いているのではないかという。ただし両者とも海岸にそってアフの長軸が造られているようにも思えるので、天文学的推測は保留すべきである（Edwards and Belmonte 2004：427-428）。

太陽の方向と関係づけられたことで一番有名なアフ・フリ・ア・ウレンガの1基だけ立っているモアイであるが、紀元後1200年前後の状況を考えるとプレアデスの出現方向を向いている蓋然性が高いのではないか（Edwards and Belmonte 2004：428）。

図 4-55　アフ・アキヴィとオリオン座（Edwards and Belmonte 2004）

　ラパヌイにおけるこれらの議論を再検討してC. ラグルスは、人工物と天体との関係と同時に、自然地形と天体との関係も注目すべきであると主張する。たとえば島の西端にあるオロンゴ儀礼村から東を見ると、ポイケ半島の頂上は6月至の太陽の出現方向に相当する。この時期の直後に春の儀礼が始まるので神官たちはそれを観察したであろう。マオリ系の学者テ・ランギ・ヒロア（Te Rangi Hiroaまたはピーター・バックPeter Buck）によるとpoikeとは「地平線の直上に見える」という意味で、天体観察と何らかの関係があったことをうかがわせる（Ruggles 2005：140）。

C. マンガレヴァ

宣教師の H. ラヴァル（Laval）は 19 世紀前半にこの島で行われている天体観測や季節区分について詳しい記録を残している。それをカーチの要約にそって紹介する。

1) 他のポリネシア社会のように、マンガレヴァ（Mangareva）では月齢にそった月の区分が行われた。1 年は 2 つの季節 tau、すなわち雨季 pureva と乾季 pipiri に分けられる。6 月至および 12 月至がその境目になる。

2) 太陽の観察をする特別な場所 'akano 'oga ra がマンガレヴァ島、アカマル島（Akamaru）、アイトゥイティ（Aituiti）島に設置されていた。アイトゥイティ島の観察所はテ・ルア・ラー（te rua ra ＝ 太陽の穴）と呼ばれ、この場所は理想的な観察場といわれた。というのは 12 月至の太陽の出現と没入の両方が観察できたからである。

3) これらの観察所の一つでは 12 月至の太陽の出現地点を確認するために立石が使われた。そしてそれを観察する「物知り」たちは平たい石の上に座って観察を行った。

4) 12 月至の太陽の没入地点はアイトゥイティの観察所からアカマウイタイ（Akamauitai）島にあるラグーンの先に観察された。とくにアナ・テテア（Ana Tetea）と呼ばれる高い崖の上に沈むのが観察される。そこはテ・アカリキ・テア（Te akariki-tea）とテ・アカリキ・パグ（Te akariki-pagu）と呼ばれる洞穴があり、それは地位の高い首長の埋葬場であった。

5) 太陽が至点の場所に到達すると、観察者は「太陽が休息ないし居住のために穴に入った」と宣言する。多義的な穴（rua）という語彙はポリネシア中で天体が出没する地平線の場所を表現するのに使われる。

6) アイトゥイティ島では 6 月至の太陽も観察されたが観察方法は違う。すなわちアウオロティニ（Auorotini）山、別名ダフ（Duff）山の影の動きを見て、それが標高 441 m のアティトゥイティ・ルガ（Atituiti Ruga）高原に迫るのを観察する。もしこの影がある岩にさしかかったら、観察者は「影が休息ないし居住のために穴に入った」と宣言する。ラヴァルはこの

現象は 6 月 21 日に起こり、それは乾季 pipiri の開始を意味する。このことは、この太陽現象が太陰暦と季節を合わせるための鍵であったことを示唆する。

7) もっとも重要なことは、12 月至の太陽の観察は季節の調整だけではなくパンの実の収穫シーズンを予測するものであったということである。太陽が背後から昇る山頂から急速に離れるならば収穫は少ない。もし大気が湿っていて太陽の素早い離別を曖昧にするのであれば収穫はよい。マンガレヴァの生計は季節的な作物であるパンの実に依存していたので、この予測は重要な意味をもっていた（Kirch 2004：4-5）。

最後の項目における 12 月至はパンの実の儀礼と関係していた。この儀礼はマラエテ・ケヒカ（Te Kehika）で行われた 5 日間の儀礼のことである。この儀礼の目的はパンの実の生育を促進するためであった。パンの実の儀礼は、実が成熟する 2 か月前から行われるとすれば、12 月至の頃行われることになる。またパンの実の儀礼が明け方昇る太陽に向かって行われることが強調されることも示唆的である。これは儀礼の 4 日目に唱えられる以下のチャントからも明らかである。「黎明がたくさん／神々の黎明が／音が聞こえる／神聖な黎明が／その穴から出てくる黎明が／登ってくる！」。このように昇る太陽、神々、そしてパンの実の収穫は明確に関連していた（Kirch 2004：6）。

カーチらは、マンガレヴァ島南部のアティトゥイティ・ルガ（ruga とは上の意味）の考古学的調査を行い、プラットフォーム、立石、穴、石垣などの遺構の複合を発見した。その中でもっとも大きな paepae と思われる石作りのプラットフォーム状遺構について報告している。発掘の結果、遺跡は 15～17 世紀、西洋人が進出してくる直前の遺跡のようであると報告された（Kirch 2004：12；Ruggles 2011）。

正方形に近いプラットフォームは、その各辺が南北ないし東西方向に向いているように見える。東側にある通路はほぼ真東に向いている。またこの遺構に立って視界の広がる東～南～西に見える島の方位や島影の頂点の赤緯を計算すると、12 月至の太陽が沈むのがアカマウイタイ島のアナ・テテアの高い崖に

相当するようであった。マンガレヴァ人は太陽は穴に沈むと考えるが、アナ・テテアの西側の崖であれば前述の首長の埋葬場所である洞穴あたりに沈むように見えるであろう (Kirch 2004：14-16)。

一方12月至の太陽が昇る方向にはアカマル島があり、その周りの小さな岩が目印になったのではないか。また民族誌には出てこないが、もし春分・秋分の太陽を観測したら、そのときの太陽はアウケナ島の頂上から昇るように見えるであろう (Kirch 2004：15)。

またラヴァルの報告では、アウオロティニ山の影が6月至のときに観測場にかかると書いてある。このプラットフォームから北に見えるアウオロティニ山の山頂の方角とその背後に見える太陽の動きを正午過ぎに理論的に割り出すと、12:20頃太陽は峰の東側に迫り、その直後頂上の影をプラットフォームに投げかけるであろう。ラヴァルが Te rua ra (原義は太陽の穴ないし道) と書いている場所は、このプラットフォームかその近くではなかったかと推測される (Kirch 2004：16)。

D．他のポリネシアおよびミクロネシア

本格的調査はまだ行われていないが、いくつか可能性が指摘されている (Esteban 1999)。他のポリネシアにおいて天文と関係するのがほぼ確実なのは、トンガのトンガタプ島ヘケタ (Heketa) に紀元後1200年頃建造された有名な石門である。この門はストーンヘンジのように3つの石を鳥居型に組み合わせた三石塔である。門の長軸の方角が12月至、また斜めに延長した方向が春分・秋分の太陽の出現方向であることはほぼ確実である (Esteban 2002-2003：39) (図4-56-2)。

またサモアのサヴァイ島西端のファレアルポ (Falealupo) 半島は、島の西端であるだけではなくサモア全体の西端に位置している。ここに地下界への入り口といわれるムリヌウ (Mulinu'u) 洞穴がある。またこの地区にある星形のスターマウンド、ティア・セウ・ルペ (Tia Seu Lupe) であるが、そこから付近の展望を考えマタファオ (Matafao) 山とピオア (Pioa) 山の頂の延長上

図4-56 天文と関係する可能性のあるポリネシアの遺構
1. ライアテア島のタプタプアーテア神殿
2. トンガの三石門

に白鳥座のデネブと双子座のカストールが見える可能性がある（Esteban 2002-2003：40-41）。

次にソシエテ諸島であるが、リラーらはタヒチを含むソシエテ諸島の神殿マラエの方位を再分析したが、多くは海岸線に平行に建てられているということ以外に特段の傾向は見いだせない。唯一ライアテア島にある、ポリネシアでもっとも神聖といわれるマラエ・タプタプアーテア（Taputapuātea）の祭壇は、大きな石を薄く削って屏風状に建てられている。その方位は建造当時

1000年頃の状況を勘案すると、オリオン座、オリオンベルト、オリオン・ネビュラ、およびリゲルと関係するのではないかと推測されている（Liller 2000：145-146）（図4-56-1）。

またミクロネシアでは、ポーンペイ島の有名なナンマドール遺跡の北東・南西という基本的方位には紀元後1200年頃だと目立つ星はないが、ヴェガかフォーマルハウトと関係する可能性があると言われている。さらに遺構によっては南十字やケンタウルス座のα、β星、あるいはオリオン座に関係する可能性が指摘されている（Esteban 2002-2003：43）。

以上オセアニアの事例において、ラパヌイではスバル星団やオリオンなど星座の重要性が指摘されたが、マンガレヴァやハワイでは太陽との関係が指摘された。等質性の高いポリネシアでも天体に関する認識が異なっていたのか否かを引き続き検討していく必要がある（Goto 2014b）。ここで一つだけ問題点を指摘したい。

C.ラグルスはハワイのモロカイ島北海岸中央カラウパパ（Kapaupapa）半島東海岸の神殿の方位を分析する中で、かりにそれらの平面線形と天体が関係していたとしても、その関係の実態について単純に夏至や冬至あるいは春分や秋分の太陽の出現点など、西欧的な概念で推測する危険性を指摘する（Ruggles 2007：315）。たとえばプレアデスを意味する名称がつけられた地区にある神殿の方位は真東でもプレアデスの出現方向でもなく、その中間点を向いているようである。

しかし見ようによっては、この遺跡の方位は当時（西暦1600年頃）のスバル星団の出現地点ではなく、その右（南）に見える特徴的なモカプー島の方を向いているのではないか。ハワイではプレアデスが夕方に東天に見えはじめたときを新年とするのであれば、必ずしも水平線からの出現点を観察したとは限らないであろう。たとえば第3章で紹介した沖縄の八重山の民俗例では、11月頃プレアデスが夕方東天に見えはじめたときの高さを星見石や棒を使って確認し、麦をまく指標とした（Goto 2011）。同じように、件のハワイの遺跡は

丸いモカプー島の真上にプレアデスが見えたときを確定するための遺跡と考えられないだろうか。

　これはオセアニアに限らず、世界の他地域にもあてはまる議論であるが、天体と遺構・遺跡が関係していたとしても、後者は前者の正確な観測の場とは限らない。むしろ天文現象を社会や文化的慣習と連結するための思考の枠組みなのである。考古天文学が生産的となるためには、数学的な厳密性をひたすら求めていくのとは違った方向性をもつ必要があろう。このためには従来別々に論じられてきた宇宙創世神話（cosmogony）やコスモロジー（cosmology）、そして星を使った実践的な知識を統合的に理解する枠組みを構築し、考古学資料の解釈に適応していくような方法が重要であろう（後藤 2014a, 2014b, 2014d）。

8. 琉球列島

A. 考古学の枠組み

　台湾・中国大陸と九州島の間を走る琉球列島に、最初に人類が海を渡って来たのは後期旧石器時代、約35,000年前のことであった。そして今から9000年前、九州以東では縄文時代にあたるが、琉球列島では狩猟採集段階の貝塚時代が始まった。そして紀元後10～12世紀には農耕文化に移行し、グスク時代に入る。グスク（城）とは、地域の首長たちによって作られた聖域、あるいは城郭と思われる遺構が丘の上などに建てられた時代である。

　13世紀から14世紀になると、有力な地域の首長たちは中国や東南アジアとの交易で勢力を競うようになった。首長たちは交易で手に入れた鉄器、陶器などを威信財として勢力の拡大を狙っていた。やがて14世紀には沖縄本島は3つの王国、北山、中山、南山へと統合されていった。その中で最終的に統一を果たしたのが中山でうまれた首里王朝であった。

　その起源は首里の北隣にある浦添といわれている。その過程は後述するが、浦添から首里に移って尚氏による首里王朝が建設されたが、1406～1468年ま

でが第一尚王朝、1470〜1879年までが第二尚王朝とされる。王朝の終わりは日本による沖縄併合であるが、実際は第二尚王朝の1609年、島津氏の侵略によって島津、そして究極的には徳川幕府に服属する立場となっていた。しかし一方、琉球王朝は中国の明、そして清、また朝鮮半島とも朝貢関係を保つという独自の立場を保っていた。したがって首里王朝の文化は、たとえば風水による建築プランや天文学など、中国の影響も色濃く受けていた（安里 1998）。

王朝時代の1531〜1632年の間に編纂された『おもろさうし』には数多くの詠唱歌が記され、当時の文化を知る手がかりとなっている。その中で特筆されるのは、琉球王はしばしば「てだ」、つまり太陽として歌われている点である。

B．三王朝時代と統一

琉球列島は15世紀には中山の浦添王朝によって統一された。首里から5kmほど北に位置する浦添では首里に移動する前に10代の王がいたとされる。しかしその系譜は単系的ではない。むしろ3つの異なった系譜が交代したとされる。最初の王舜天は源為朝の子供であるとされる。

為朝は保元の乱で平清盛に破れ、伊豆大島に流罪となった。しかしその途中、あるいは幽閉中に舟で脱走して南方に行ったという伝説があって、江戸時代には『椿説弓張月』などの小説が書かれた。さて沖縄ではその脱出先が浦添であったという伝説があり、浦添城の南東端には通称・為朝岩、方言ではハナレジー（離れ岩）という岩が存在する。

舜天は為朝の子供として生まれ、浦添王朝の最初の王となった。彼の系譜は3代続く。4代目は血がつながっていないが、優れた人望ゆえに禅譲を受けた英祖王となった。この辺の伝承は中国の影響であろうが、英祖から5代続いた王統を滅ぼして王位についたのが、察度王である。彼も禅譲で首里に招かれ居城を移した。その息子は武寧であるが15世紀の初頭に尚氏に討たれた。尚氏はその後南山、北山を平定し、統一を果たした。第一尚王朝は7代、第二尚王朝は19代続いた。

C．浦添王朝の太陽信仰

浦添城の為朝岩や城内のある場所からはもっとも神聖とされる久高島が望める。そしてそこから見ると冬至の太陽が久高島の背後から昇るのである。『おもろさうし』には「テダガアナ」つまり「太陽の穴」という表現があり、そこから太陽が昇ると唄われる。久高島は低い島であり、遠望するとまるで海に開いた穴のように見える。浦添城から眺めると冬至の太陽は島の北端ではあるが、まるでテダガアナから昇るように見えるのである（湧上 1982；小島 1987a）（図4-57）。

図4-57　浦添城ハナレジー（上）と久高島から昇る冬至の太陽（浦添城から望む）

浦添城が建つ丘の斜面には王墓、浦添ようどれが造られている。この墓は浦添王朝の4代王の英祖（1260-1299A.D.）によって造られたといわれる。英祖こそが太陽王と呼ばれ、浦添王朝の太陽信仰の鍵を握る人物である。伝説によると伊祖アジ（アジ＝地方の首長）の妻が、太陽が口の中に入ってくる夢を見た。次の朝妻は妊娠し、生まれたのが英祖であった。長ずると彼は禅譲で王位についた。

　王墓は2つの空間からなっている。城から階段を下って行くと、まず暗心門に至る。戦争で天井が壊されたが、もともとこの門は自然の洞穴であり、暗い空間を通って墓に至るようになっていた。そこを過ぎて中門を入ると突然、真っ白く輝く前庭に出る。自然の洞穴を珊瑚の石と漆喰で加工した空間で英祖

以下の墓がある。この暗い空間から明るい空間への移動は死の世界から沖縄でいう「ニライカナイ」への移行を意味するであろう（安里 2006：72-83）。この王墓も冬至の太陽が昇ると前庭が照らされ、それが中門の中に輝くという。背後から冬至の太陽が昇る久高島自体がニライカナイのように象徴されていたのであろう。

D．久高島

12年おき、午年にイザイホーが行われることで有名な久高島は、沖縄でもっとも聖なる島である。その北にある類似した津堅島にそのような風習がないのは不思議であるが、それは久高の独特な位置があったからだといわれている。

久高島の島民は太陽の昇る方向が神聖だと考えていた。それはニラハラあるいはニライカナイの方角であり、実りや豊漁がやってくる方角である。また太陽はニライカナイの方にあるテダガアナから昇る。一方、太陽は西のテダ・バンタ（バンタ＝崖）の方に隠れるとされる。汚れや虫送りを流す方角は西である。また人々は太陽が南中する前、東天にある間に祈りを拝げる（比嘉 1993；湧上 1992）。

島北東端にあるカベールの浜は神が遊ぶ庭という意味であるが、最初の天神アマミキヨが降り立った場所でもある。ここで旧暦2月と6月に儀礼が行われる。6月の儀礼はミルクグァティ、すなわち美しい6月という意味で太陽の再生を祝う。この日太陽神が北東沖に浮かぶ拝願島（うがんじま）に最初に降り立ち、夏至の太陽はその背後から昇ると島の人から聞いた。実見はしていないが、現場で方位を確認しその可能性はあると思われる。

神話によると、この島は麦の起源地である。実際に久高島では米は生産しない。神話では昔、島の東にあるイシキ浜に白く輝く壺が流れ着いた。その中に麦が入っていた。麦は王室に献上されそれ以降、王がこの出来事を祝うために島に訪れた。もう一つの伝承では久高島出身の娘が王室に仕えていた。美しい娘は王に愛され、身ごもった。しかし他の女達に嫉妬され、放屁したのを嘲られたので恥じて島に戻った。生まれた少年が7歳になったとき海岸で神に祈

と金の瓜子(うりざね)が流れ着いた。彼はそれをもって当時の王に会いに行った。そして、その瓜子を王に献上して「放屁しない人間などおられましょうか」と尋ねると、王は過ちを悟り、この賢明な少年、つまり実の息子を次の王として迎えた。それ以来王は二年に一度久高島を訪れるようになった（末次 1995：168-173）。

2つの伝承に共通するイシキ浜に流れ着いた輝く壺ないし瓢箪が太陽の象徴であることは明確である。

E. 太陽信仰の系譜

『おもろさうし』には、特定のグスクの新しい門を「あがるい」の方に向けて作ったという記述が複数ある。沖縄では東を「あがり」、西を「いる」というが、これは太陽の出現・没入が語源である。門を東に向けるとは、太陽の光を場内に取り入れて、聖なる力セジを受ける意味が込められている。

たとえば首里城と今帰仁城と並ぶ大グスクの中城に関しては、「名高い中城は、東方に向かって、板門を建て直して、他国にまで知られた中城。又鳴り響く中城、太陽の穴に向かって……」と『おもろさうし』に詠まれている。この城は何度か建て増しが行われており、ここに謡われているのは、三の郭の東側の門、通称裏門が東側に向かって作られたことを意味している。

その方位は東北東であるが、沖縄本島中南部の主なるグスクである勝連城の主門（三の郭）、知念グスク、糸数グスク、そして玉城の一の郭の門が同じような向きである（名嘉 1978：238）。これらのなかにも「あがるい（＝東方）」に向くグスクと謡われているものがいくつかある。琉球列島の緯度を考えると、夏至の日の出方向の可能性はないかと思って踏査してみたが、現在、知念と糸数グスクの門の前には木々が生え、日の出は門内部からは拝むのは不可能なようであった。

勝連城も城門の外に立てば真南に久高島が見えるが、夏至の太陽は平安座島の背後から昇るように見えるようだ。しかしもっとも可能性があるのは玉城である。

玉城城は現在、内部の郭しか確認できないが、その郭は石壁に開けられた穴（門）を通して入るというユニークな構造になっている。そして内部には『おもろさうし』にも唄われるアマツツの御嶽という神聖な場所がある。このおそらく自然穴を広げて作られた城門には夏至の太陽が昇るといわれている。筆者も2015年の6月22日に地元の方々と一緒にこの城門に登り、その事実を確認した（図4-58）。ただし至点の太陽は動きが遅いので、同じ現象は1週間近く観察できるそうである。興味深いのは夏至の日

図 4-58　玉城城の城門と夏至の日の出

の出の光が神聖なアマツツの御嶽を照らしたことである（Goto 2016）。

　このことは女性シャーマンであるノロが夏至の太陽の放つ強いセジをこの御嶽に呼び入れるような儀礼を行っていたことの証左ではないか。それは後述する首里城でも受け継がれるようである。また興味深いことに城の外から玉城の城門を見上げると、冬至の太陽がちょうどこの中に沈む様子を観察できる。氷河によってできた溝に偶然、夏至の太陽が射したのを見て、あの場所に太陽観察の遺跡ストーンヘンジが造られたのではないかといわれているが、玉城城もまた、自然の穴に偶然、夏至の太陽が昇るのを見てそこを門として広げ、聖地として城が造られたと推測できないであろうか。

　安里進は城の中に造られる拝殿ないし王宮の向きが時代によって変化するこ

とを指摘している。琉球王朝成立以前の13～14世紀の事例、たとえば山田グスクや今帰仁グスクのⅡ期では王宮の入り口は南面する傾向がある。それはセジを目一杯取り入れるための仕組みではないか。一方、15世紀以降の大型グスクは首里城にも受け継がれるように、正殿が西向きになるという。実際現在首里城にいくと、王が配下の者に謁見するバルコニーは西向きになり、配下は東に立つ王を遥拝するようになっている。これは王自身太陽として人々を照らすようになったことを示しているのではないか（安里 2006：38-47）。

F．首里の太陽王国

　尚氏による統一のあと、王が太陽の化身とされていったことを示す証拠は多い（末次 1995；福 2002）。たとえば、王を歌った『おもろさうし』には以下のような表現が見られる。

　　首里におわすてだこは

　　美しい城門を作ることよ　[巻5の217]

　テダとは太陽であり地方のアジにも使われる表現であるが、太陽の子供であるテダコは王にしか適応されない。つまり元来、権力者を太陽としてたとえた表現は存在したが、太陽の子供という表現は首里王だけに適応される（末次 1995：63-168）。首里王朝の記録では、冬至と新年に王は宮殿の西面するバルコニーに立って配下に謁見する儀礼を行う。これは中国紫禁城で行われた儀礼の影響であろうが、王が太陽として太陽の再生儀礼と新年を祝ったのであろう。

　王が死ぬと、新しい王は首里城の南東にある継世門から美福門を通って宮殿に入るといわれる（小島 1987a：134）。それらの方位を確認すると冬至の太陽の出現方向に近い。12月22日朝8時から10時の間の太陽の方位と仰角をシミュレートすると、これらの門の延長に冬至の太陽が見える可能性がある。

G．首里の二重王権

　首里王朝は男性が政治、女性が宗教や神聖さを担う、いわゆる二重王権とい

う特徴をもっていたことが知られている。女性神官はノロと呼ばれ、その最高位に聞得大君（きこえおおきみ）が存在した。聞得大君は王の叔母など近い親族の女性がつとめた。男性にとってそのような女性は自分を守るオナリガミであった。

　首里城の王宮の北東部には京の内という空間があって、女性神官しか入れない場所といわれた。1年の特定の日にここでは建物の扉をあけて太陽の光、セジを導き入れる儀礼が行われた。『おもろさうし』にも「最高位の聞得大君と王は固く協力して国を守れ、太陽が美しく輝く国を」とされた歌がある［巻7の362］。これは古代王権にしばしば見られる神婚（Hieros Gamos）を想起させる（末次 1995）。

　首里城から久高島が望めたか否かには諸説あるが、首里城の東方の丘に弁ケ嶺御嶽を造り、城から石畳を引いて、王や神女が儀礼に訪れ、久高島を遥拝したと言われている（末次 1995：180-181；2012：116-129）。ここからは冬至の太陽が久高島の南端に昇るのが見えたといわれる。

　また聞得大君の即位儀礼がある。そのときは島東南部の聖地を回って夜9時頃にもっとも神聖な御嶽である斉場御嶽に着く。そこには仮小屋が造られており、中には金の枕が2つ並べてある（小島 1987b：208；湧上 1992：372）。聞得大君はそこで仮眠につくが、やがて太陽が久高島の背後から昇り、神聖な岩を照らすとき、太陽神と聞得大君の「神婚」が達成されるといえる。

　沖縄ではもともと民衆の間にニライカナイや太陽に関する信仰が根づいていたと思われる。そして地方の首長が太陽と象徴されたのも自然であろう。その中から一部の城に見られるように、南面する宮殿あるいは夏至の太陽を取り込む城門が造られたのであろう。しかしやがて琉球王朝が誕生し、元来神聖であった女性の役割に王権儀礼を司るという公的な立場も加わって、二重王権、そして中国の王権儀礼の影響もあって、太陽の再生を祝う冬至の儀礼が中心的になっていったのではないか。琉球王朝時代の文献記録の中に冬至の儀礼に関する言及は見うけられるが、夏至に関してはきわめて少ない。夏至と冬至の意

味づけが王朝の確立とともに変化したのではないか。一つの可能性として王は太陽の象徴ではなく、自らが太陽となったことと関係するのではないかと推測される。

9. 東日本（先史時代）

A. 縄文ランドスケープ論

日本先史考古学における天文学的な分析というと、まっさきに思い浮かぶのが秋田県大湯町の環状列石であろう。これはしばしば縄文時代の日時計といわれてきた遺構である。

大湯の環状列石に最初に注目したのは川口重一という人物であった（富樫 1995：31）。川口は、列石の配置は夏至の太陽の没入地点を意識して作られていたという。彼は歳差運動を考慮するために天文学者に依頼し、3000年前の夏至の太陽の出現方位を計算してもらっている（川口 1956）。

大湯の環状列石は野中堂と万座、2つの遺構が知られている。時代は縄文後期前半であるが同時期に作られたか否かはわからない。ただし両者の中央部から見て、北西側に特殊組石があり、それを延長すると両者の中心線を結んだラインと一致し、それが夏至の太陽の没入地点であるという。地形を無視すれば、その逆に延長すれば理論的には冬至の太陽の出現地点となる（富樫 1995）。

同じ秋田県の縄文後期、環状列石遺構が見つかっている伊勢堂岱遺跡でも、山並みと太陽との関係を意識して遺構が造られていたとされる（佐野 2002）。さらに富樫によると、これらの遺構に伴う墓の方位もクラスターが2つあるようだが、その中の1つのグループが同じ方位をもつのではないかと推測している（富樫 1995：38）。

また近年天文との関係で議論が盛んなのは、世界遺産化を目指す青森県の三内丸山遺跡である。この遺跡では3本ずつ並んだ巨大柱の列が知られている。その柱はどのような構造物のためのものか議論が分かれている（岡田 1995）。

しかしそれが櫓状の構造物であり、主軸が夏至の太陽の出現および冬至の太陽の没入に向かっているという意見がある（小林 1998：128）。

これら以外にも東日本の縄文遺跡で天文との関係を推測されている遺跡がある。

青森県縄文後期前半の小牧野遺跡は八甲田山や岩木山といったランドマークを望める位置に設けられているが、これらの山頂と至点や分点の太陽の出没が天文シミュレーションによって検証されている（児玉 2002）。同様に青森県の縄文晩期・大森勝山遺跡は環状列石が伴う遺跡である。この遺跡に関してもコンピューターのシミュレーションによって冬至の太陽が岩木山の山頂に沈み、春分・秋分の太陽は八甲田山の北端から昇ることが推定されている。とくに冬至の太陽と岩木山の関係から、太陽再生のような冬至儀礼の祭祀場であったことが推測される（大工原 2002）。

同じく東北地方の山形県長者原遺跡では、縄文中期の集落址に伴う柱穴から特定の日の日の出や日の入りが観察できたのかどうか検証されている。確定的なことはわからないが、ほぼ東西南北に正方形に並んだ4本の柱は何らか方位を意識してものであると推測される（岩崎 2002）。また岩手県北上市の樺山遺跡では立石を伴った配石遺構と住居址が発見されており、構造上、大湯の環状列石との関連が推測されると同時に、太陽観察の可能性も議論されている（稲野 2002）。

また群馬県中野谷松原遺跡では縄文前期の大規模集落が発掘されている。この遺跡は真西にある妙義山への春分・秋分の日没ラインと、大桁山への冬至の日没ラインの交点にあたる（大工原 2002：10）。その北に位置する野村遺跡では、前期前葉の環状集落と中期末葉の敷石住居を伴う環状列石が存在する。この地は浅間山がランドマークのようにそびえるが、むしろこの場所から見ると山頂が三角形に見える妙義山の背後に冬至の太陽が落ちることの方が重要かもしれない（大工原 2002）。さらに同じこれらの近隣にある縄文後期・天神原遺跡でも配石遺構に伴う配石墓の方位の分析、またやはり遺跡から望める妙義山や大桁山と太陽との関係も指摘されている（大工原 1995）。

長野県阿久遺跡では縄文前期の集落が形成される。周りを日本アルプスに囲まれるこの遺跡は蓼科山や八ヶ岳をはじめさまざまな嶺の背後から太陽の出現ないし没入地点が観察され、季節の指標になっていたのではないかと推測されている（今福 2002a）。さらに中期中葉にあたる、環状列石を伴う山梨県牛石遺跡から見ると春分・秋分には太陽は三ツ峠山山頂に沈み、夏至にはおそらく鶴ケ鳥山の背後に沈むようである（今福 2002b）。

　また富山県極楽寺遺跡は縄文早期末葉から前期初頭にかけての遺跡であるが、ランドマークのように見える大日岳の頂上からは冬至の太陽が昇る様子が観察される。ただこの地で冬にそのような天候に恵まれることはめったにないので、もしこの現象が季節推定に使われたとしても、何日間かの太陽の動きを尾根にそって観察した結果であろう（藤田 2002）。石川県真脇遺跡の中期中葉には 3 本の等間隔に並んだ柱によって造られるラインが立山連峰の南端の山頂を指し、秋分に毛勝山の山頂に沈んだ太陽は南に移動し、剣岳、大日岳を経て、鷲岳付近の山頂で当時の日の入りを見るというのである（小林 2002）。ホピ・インディアンの地平線暦ならぬ北アルプスの尾根暦とでも呼ぶべき現象であろうか。

B．北海道

　日本考古学においてもっとも初期に遺跡と天文現象との関係を指摘したのはN．マンローであった。彼は北海道小樽市の縄文遺跡の忍路環状列石の形態を分析し方位観と関連づけ、さらにこれらを特殊な墓と見て人身供犠とも関連づけて考察した（Munro 1908：637）。なお彼は当時知られていた古墳の石室の方位と太陽の出現方位を関係づける推論も行っている（Munro 1908：383-384）。

　その後、忍路の環状列石に対して左合勉らが幾何学的な分析を加え、天文と遺構との関係を推測している（Sago, Yamada and Borst 1986）。佐合はアレキサンダー・トムの方法を援用して忍路三笠山の環状列石の構造からいくつかのラインを導き出し、夏至、冬至、立夏、立春の太陽の出没地点のみならず、

月の極大点、さらにカペラ、スピカ、ベテルギウス、リゲル、また今は見えないが当時は歳差運動のために見えていたであろう南十字やケンタウルス座に向かう視線があるという大胆な仮説を提唱した（左合 2005）。

いまひとつ天文学的な解釈が問題となってきたのは、墓における頭位方向が関連している。この頭位方向と天文現象あるいは社会構造を結びつけたのはL.ビンフォードであった（Binford *et al.* 1970）。そして北海道では藤本英夫が一連の業績において先駆的な解釈を提供した。

藤本によると縄文晩期、静内御殿山の墳墓群は西向きに集まるが、藤本はそれは近世アイヌの墓が東向きになる傾向と対照的であるとして、異なった他界観の存在を推測した。とくにその方位が夏至と冬至の太陽の没入地点の間に収まる傾向があることから、何らかの太陽信仰の現れではないかとした。

同じ傾向は噴火湾に面した高砂貝塚からも見いだせるが、中には一体だけ東向きの墓があった（藤本 1964：180）。それは女性の墓で、大腿骨付近から8〜9か月の胎児骨が発見された。アイヌには産月近くで死んだ女性の腹を裂いて胎児を取り出し、母親の苦しみを軽減してあの世に送る風習があることを指摘して、そのように異常な理由で亡くなった人を通常の人とは異なった方法で他界させる思想があったのではないかとも推測した。

類似した事例は、津軽海峡を渡って秋田県能代市の柏子所貝塚にも見られるという。さらに時代が下って、続縄文時代の恵山貝塚の墳墓も西向きが卓越しているという。恵山式は縄文晩期の亀ヶ岡式時の系統をたどり、北海道の縄文晩期の思想が継続していたものと思われるとした（藤本 1964：186）。

また藤本は北海道には屈葬と伸展葬という2種類の埋葬法と西向きおよび東向きの頭位方向と大別される傾向があると指摘する（藤本 1964：198）。東向きの墓は少し遅れて島東部の続縄文文化である後北式土器の時代から見られ、さらに続く擦文時代の初頭に東向きの伸展葬は受け継がれるとする。一方、続縄文時代の後半から擦文時代の前半期にかけてオホーツク海沿岸に到来したオホーツク文化では西向きの屈葬が卓越する。そして近世アイヌは東向きの伸展が特徴である（藤本 1964：199）。アイヌの墓が東向きなのは死者の国ポクナ・

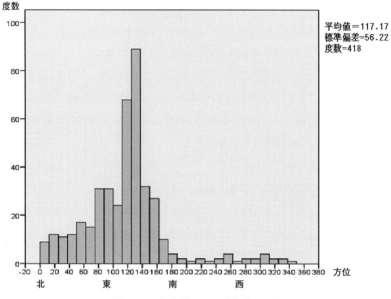

図 4-59　北海道アイヌ近世墓の頭位

モシリは太陽の沈む西にあるので、死者が立ちあがったときにその方向を向いているようにという思想に由来するという（藤本 1971：129-130）。

　北海道の墓をめぐっては、藤本の前後に大塚和義（1964）や林謙作（1977）などによって検討されている。とくに林は御殿山を含め、必ずしも頭位が夏至・冬至の太陽没入点には収まらない事例も存在し、それを無視することはできない、と論じ、またクラスターが複数ある可能性を指摘し、死の世界に関するコスモロジーよりも双分制あるいは社会集団、という社会構造的な次元の解釈の可能性を指摘している。しかし山田康弘は頭位方向の偏りを社会構造的次元で解釈してしまうことの問題も指摘している（山田 2003）。

　第4章で紹介した地中海の墓に見られる頭位の偏りの意味づけについては未だ十分な解明がなされていない（Hoskin 2001）。そして氏族（クラン）など社会集団と一致するという民族事例も、寡聞にして、筆者は多くは知らないので今後さらなる分析が必要である。

近世アイヌ期やそれ以前の方位観、具体的には墓の方位、聖山、またアイヌ期の住居における「神窓」の方位については、太陽や地形などさまざまな要因から説明が試みられてきた（大林 1973；渡辺 1990；内山 2005, 2006, 2007, 2008）。今後はそのような議論と末岡外美夫が示したアイヌ民族の天文知識に関する詳細なデータ（末岡 1979, 2009）との比較検討が重要な課題となろう。

　たとえば宇田川洋が集成した近世アイヌ期の墓における頭位方向に関する1000を越すデータ（宇田川 2007）のうち、方位の数値データのある400あまりの頭位をヒストグラム化すると図4-59のようになる。そこには明らかに東向きの傾向が指摘でき、全体では東と南の間に集中が見られる。さらに近世アイヌ期の住居集成を見ると(小林 2010)、神窓があったと推測される側の方位も東向きが多いようである。しかし幾人かの研究者が指摘しているように（内山 2005, 2006, 2007, 2008；末岡 1979, 2009；林 1977；藤村 1995；松居 1999；渡辺 1990）、これらの傾向を単純に天体と関連づけるのではなく、各集落や墓地の周辺の微地形、川筋あるいは「聖山」の存否などさまざな要因を複眼的に検討して、アイヌのコスモロジーに迫るべきであろう。

第5章　古代人と天体

1. 古代建築のコスモビジョン

　本書では遺跡や遺構と天文現象との関係を論じてきた。考古学的な分析の場合、主体は遺跡の線形構造、すなわち建築構造ないし建築物の平面分布関係と天体の出現・没入地点との関係であった。

　考古学で扱う古代建築のような伝統建築（vernacular architecture）の研究には2つの視点がある。まず機能的・生態学的な視点である。つまり環境がどのような建築素材を提供するか、また建築は気候のような環境条件とどのように関わるか、という視点である。もうひとつは象徴論的視点で、人体をモデルとして擬人化（anthropomorphism）される建築は、ジェンダー観、社会階層的なイデオロギーあるいは世界観（worldview）を象徴するという視点である（Blier 2006）。

　しかし、建築はコスモロジーの象徴か否かといった議論は、特段新しいものではない。むしろわれわれは米国の民俗建築学の大家ヘンリー・グラッシー（Henry Glassie）がいうように、建築は文化的ニーズに沿って個人が行う世界への参加と、それを通した経験の蓄積の所産と見るべきであろう（Glassie 2000）。これはすなわちティム・インゴルド（Tim Ingold）が「住まう視点（dwelling perspective）」で主張するように、建築とは人間が世界と絶えず関わっていく媒体であるという視点である（Ingold 2000）。一つの建築物が何度も建て替えられる事実を知っている考古学者には、このような考え方は理解できるであろう。

　そして人類は長きにわたる観察から天文現象、あるいはより適確にはスカイ

スケープの規則性を見つけたとき、宇宙の秘密あるいは原理を手に入れた。そしてその原理と社会の仕組みとの間に対応があるという考え方、あるいはそう思わせるイデオロギー、すなわちコスモビジョン（cosmovision）が成立する。天体は自然の中でもっとも正確に時の流れを示す指標である。それが季節のリズムと生計活動のスケジュールを知らせると同時に、儀礼の時期を示し、社会が再生産されるための重要な枠組みとなるのである。一方、流星や隕石あるいは降星は不規則な現象ゆえに、未曾有の出来事、たとえば大災害、戦争あるいは王の死などと関係づけられることが多いのである。

コスモビジョンとは中米研究者のJ.ブローダ（Broda）が唱えた概念である。ブローダによると、メキシコ・アステカ社会のコスモビジョンは正確な知識によって宇宙の動きを一貫して説明すると同時に、社会的イデオロギーの創出と維持に資する役割をもっていた。一般的に自然環境は別々の社会では異なった認識をされる。それはすなわち自然の概念化は社会文化的制度に媒介されているからである（Broda 1993：254）。

メソアメリカでは宇宙と社会が統一体であると認識されるので、自然の法則を学ぶことは同時に社会生活を制御することになるのである。そして宗教理論（神話）と実践（儀礼）は既存の社会政治的および経済的条件を正当化する中で重要な役割をもっていた。社会システムの構造と連結およびその自然との間には一貫した公式があり、天文現象の規則性はその公式を支える基盤であった（Broda 1982：100-103）。

2. 観測から観察へ

古代建築の一部が天体観測の施設だったという仮説はストーンヘンジをはじめ、ヨーロッパの「緑の天文学」において盛んな発想だった。遺跡の配置と天体の出現や没入地点がどれほど厳密に規定できるか、また歳差運動などを考えて、遺跡年代をどの程度正確に押さえることができるかなどテクニカルな問題はさておき、学史上指摘されてきたその発想に潜む問題を列挙し、今後の考古

天文学の発展につなげたい。
 1) 真っ平らな地平線や水平線は別として、ふつう地上には山や丘など何らかの参照物がある。観測が主なら自分が立つ地点だけ決めて、そこから自然の参照物との関係で天体の出現を観測すればいい。ホピ族の地平線暦のようにである。しかし、季節を知る手段は天体だけではない。花の開花や渡り鳥の到来などさまざまな自然現象が利用できたはずである。それゆえ、そのような現象と天文現象がどのように関係づけられたかを追究する必要がある。また文化によっては神聖なものを直視したり指差したりすることはタブーであった。たとえば北米のクロウ（Crow）族では星を指差すのは無礼とされ、必ず柳の枝などで示したという（McCleary 1997：12）。したがって天体を観測するために遺跡が作られたという推測は、特別な場合を除いて蓋然性が低いのではないか（Hutton 2013：386）。
 2) 人類が天体に注目するのは出現地点だけではない。天体のどの時点を観測したか一概には決められない。むしろそのとき光がどう射すか、あるいは天体がある高さまで上がった時点、または南中や天頂通過の方が大事だったかもしれない。アイルランドのニューグレンジ遺跡は太陽を見るためではなく、冬至の日の出の光が参道の奥まで射すように入り口の上の小窓が設計されていた（O'Kelly 1982）。ポーニー族のアースロッジも聖なる祭壇や炉を太陽や星の光が射す効果が考えられている。北米チャコ渓谷では、ファジャダ・ビュートの南東崖に作られた石板群は特別の日の太陽が螺旋状の岩絵にあたるように作られている（Sofaer 2008）。しかしそれは光の反射を計算してその効果を利用しているのであって、太陽の出現や没入方向を見るために光が入る溝が向いているわけではない。沖縄のいくつかのグスクも、太陽を観測ないし観察したのではなく、むしろ陽光に象徴されるセジ（霊威）を神聖な祭壇に取り入れるために門が開けられたのではないかと考えられる。
 3) そもそも何らかの意図（例：季節推定）のために観測したのではなく、多くの場合、むしろ観察することに意味があったと考えるべきではない

か。ポーニー族の家の天窓では、そこに冠座やプレアデスが見えたときに儀礼をした。冠座やプレアデス星団が天頂を通過するのを皆で一緒に見る行為自体が大事なのであって、その位置を正確に観測することが重要なのではない。イギリスのストーンヘンジもウッドヘンジと対になって夏至ないし冬至の太陽を皆で観察し、祝宴を行うための施設ではなかったか。

4) この種の問題は一つの建築、あるいは一つの遺跡（集落）でのみ完結すると考えてはならない。また一つの遺跡のすべての類似遺構が一様にある天体の方向を向いている必要はない。たとえば太陽信仰と関係するといわれるエジプト古王朝のギザのピラミッドは夏至や冬至の太陽の方角に向いているわけではなく、太陽信仰の中心地ヘリオポリスの方角を向いており、ヘリオポリスにおいては太陽の出現や没入方向に向く遺構が存在したであろう（Belmonte 2015）。北米ミシシッピーの事例では、中心となる神殿が天体と関係する方位をもち、周りの集落は天体儀礼が行われたであろう神殿の方を向くということが指摘されている（Pauketat 2013）。那覇の首里城と弁ケ峯御嶽も同様で、首里城から久高島が見えたか否かは諸説あるが、この2つの遺跡はセットとなって久高島崇拝というひとつのシステムを完成させているのである。以上、これらの遺構はセットないし「束（bundle）」として機能しているのである。

3. 天体と時空間概念の発達

　天文現象の観察が方位や季節、または1日の時間、すなわち時空間認識の基礎となったことはまちがいないだろう。しかし人類にとって時空間の観念はどのように発達してきたのだろうか。第3章で見た北米の民族誌を概観すると、ある傾向が見えてくるように思われる。

　まず空間の区分基準としての四方位と同様、現代に生きるわれわれは1年の区分として春分、夏至、秋分、冬至を、1年を四分する時点として等価値に考えている。しかし北米の民族誌を見る限り、彼らの関心は圧倒的に至点に向い

ており、分点は必ずしも意識されていない。

　北米諸民族の暦を集大成して比較したL. コープの研究では、先住民の1年の開始は気象や動植物の生態、たとえば花の開花などを基準にした記述 (descriptive) 型が広く見られるが、北西海岸、南西部およびイヌイットの一部に天文 (astronomical) 型が存在するという (Cope 1919)。天文型とは天文現象を基準とするが、そのほとんどが太陽、とくに12月至 (北米なので冬至) を基準としている。その他夏至や特定の星を基準とする場合もあるが、春分・秋分を重要な指標としている事例はほとんど見られない。

　春分と秋分の時期は太陽がもっとも早く移動する時期であるので、何らかの目標がなければ観察は至点よりも難しいのである。世界の考古天文学をリードする英国のC. ラグルスは至点と分点は本質的に異なった概念であるとする。6月至と12月至は太陽がもっとも北ないし南に来た時点と定義できる。しかし春分・秋分は至点の真ん中から太陽が出現するときという意味で空間的に定義されるか、あるいは2つの至点の中間日という意味で時間的に定義されるかによって異なるという。空間的な定義は緯度や地形、空気の屈折率などの関係で一概には決まらない。一方アレキサンダー・トムが主張したことからトムの春分・秋分 (Thom equinox) といわれるように、日にちから割り出す方がより正確だが、古代人が日数をカウントしていたか否かは不明である (Ruggles 2015c)。

　そもそも春分・秋分の概念ができたのは、ギリシャの天文学で数学的な知識を得られてからであった。ラグルスは多くの文化では、たとえば太陽が聖なる山の頂から昇る日を重視するとか、雨季や乾季の始まり、あるいは特定の動植物の出現などと合わせて太陽の出現を崇めるなどが自然であって、数学的に計算された分点を注目する事例は少ないという。しかし西欧ではキリスト教の復活祭が春分に近いなどの理由で重視されてきた (Ruggles 2005：148-152)。

　第4章で見てきた考古学の事例でも支点の方が分点よりも意識されているように思われる。もちろんマヤのチチェン・イッツァのように春分・秋分の太陽の効果を意識した建築は存在する。アンコールワットが春分・秋分の太陽が塔

の背後に沈むように見えるのはどうだろう？　もし南北軸が知られており、それを基本軸に方形の建築物を作れば当然、東西軸ももう一つの基本軸として組み込まれる。ラグルスはこのような建築構造に春分・秋分の意味づけを重ねるのは、往々にして西欧のそして近代的な思考のあてはめであると警鐘を鳴らしている（Ruggles 2005：148-152）。

　暦の基点として夏至・冬至がもっとも注目されるときであり、春分・秋分への注目は少ないという事実は、方位観や空間認識についてもいえるのではないだろうか。つまりホピ族のアメンボ神話のように夏至と冬至における太陽の出没方向がもっとも基本的な方位軸であったのではないか。アイヌ民族の日の出の頭、日の出の尻、日の入りの頭、日の入りの尻という表現も同様である。

　では南北軸はどうだろう。過去2000年以内の北半球ならば、動かない星、北極星ないし太陽の南中を使って南北軸が定められていたかもしれない。しかし毎日出現位置の動く太陽出現範囲の中点をとって、つまり春分と秋分の太陽の出没地点を観察して東西軸が定められたかどうかは疑問である。多くの民族が太陽を観察して太陽の昇る方向と沈む方向を認識していたはずである。沖縄のアガリとイリのように、である。しかしそのような表現を安易に東・西と訳すべきではないだろう。西洋文明、中国、インド、あるいはイスラムなどの発達した古代文明的天文学の影響があったとき、それに合わせる形で「太陽の昇る側・沈む側」という民俗語彙が東・西と表現されてしまった事例も少なくないのではないか。

4. 意味に満ちた時空間

　北米のポーニーやホピ、ズニ、ナバホなどの事例を見ればわかる通り、東西南北、あるいは夏至や冬至の方位は抽象的なポイントないし軸を意味するのではないし、また方位は空虚な入れ物ではない。それは世界を分節しそして統合的に理解するための、意味に満ちたものなのである。

　時間も同様である。多くの民族では太陽の動きや星の動きで1日を細かく時

間区分している。その時間帯も抽象的な入れ物ではない。たとえば北米のクロウ（Crow）族は太陽や星の動きで1日の時間端を区切っていく（McCleary 1997）。薄暗い時間は太陽が隠れ、宵の明星や、季節によっては特定の星座が瞬きはじめる時間帯であり、物が大きく見える時間帯と表現される。やがて日が落ちると聴覚が鋭くなる時間になると言われる。明るいうち支配的であった視覚は暗くなるにつれて役割を減じ、聴覚や嗅覚が重要性を増すということはわれわれも経験しているであろう。このような体で感じる五感の意味変化に加えて、さらに夜は神話を語る時間、悪霊が跋扈するので出歩くのは禁止の時間、などの意味を付与されてくる。つまり方位あるいは空間軸と同じく時間軸も意味に満ちた、いや、満ちみちたものなのである。

　北海道の近世アイヌ以降、伝統的家屋チセに必ず設けられる神窓の方位に関する議論がある。神窓はしばしば東に向くとされるが、実際にはそれ以外の方位に向く事例がたくさん見つかる。一方、川上、あるいは聖山の方位に向くという意見がある。アイヌの星を研究した末岡外美夫によると、アイヌにとって東とは太陽の昇る方向という広い概念であるようだ（末岡 2009）。そしてこの表現は太陽の昇る方向の頭（夏至の出現点）、太陽の昇る方向の尻（冬至の出現点）という表現に伴っていた。

　そしてアイヌの人々の春分・秋分点、つまり真東・真西は「至点の真ん中」のような表現であり、これは北米先住民のようにアイヌの人々は太陽の至点により注目していたことを示唆するのではないか。そして太陽の昇る方向の幅は北海道のように緯度が高いと相当に広い（末岡 2009：34）。したがって「太陽の昇る方向」を「東」と訳してしまったとたんに、今われわれが使っている方位観にとらわれ、それはどこに相当するかというピンポイント的議論になってしまっていないだろうか。

　北海道のような島では、太陽が海から昇る地方、逆に山から昇る地方がある。同様に、川上が太陽の出現や没入に一致したりしなかったりする。アイヌの人々にとって太陽、聖山、川、などの自然はすべて重要な指標であったのだろう。それが地形によって彼らのコスモロジーにおけるアイヌモシリや死者の

国の方向の参照物となったりならなかったりするのであろう。

　死者が赴く方向が、太陽の昇る方角または逆に沈む方角といわれ、方位を一義的に結びつけることができない、沖縄のニライカナイやポリネシアのハワイキ（Hawaiki）の方位も同様である。さらにその理解には方位（空間軸）だけではなく、太陽の運行、祖先からの系譜など時間軸も重層的に組み込まれ、意味を形成しているのである。

　このような状況を理解するのが「束ね」理論（バンドリング）、である。

5. 天体と共に生きる──「束ね」理論と宇宙への関与──

　ポーニー族のアースロッジの例でわかるように、古代建築は信仰や神話、あるいは儀礼、さらに他の人工物（スターチャートや聖なる束）との関連性、あるいはそれらのコンテクストに置いてみて初めて意味をなすものである。建築からの天体の観察もまた同じである。建築の構造と天体の関係を彼らがどれだけ「正確」に知っていたかは意味をなさない。

　建築は何かの目的のために天体を「観測」のために作られるのではない。むしろそこで皆で天体を「観察」する行為自体に意味がある。あるいは、皆で天体の動向に「関与」（engagement）することに意味があるといえる。そのために種々の神話、動植物、方位、季節、儀礼、人工物（星のチャート、聖なる束、生け贄台、等）が束（bundle）となって、相互参照（mutual citing）の関係になる。

　T. プーキタットのいう「束ね理論（bundling）」というアプローチはエージェントを覆う諸関係を強調する束ねと巻き込みの理論の一部を形成する（Pauketat 2013）。これら網の目のようなネットワーク、すなわち T. インゴルドがメッシュワーク（meshwork）を呼ぶものの交差によって、各要素が相互にアフォードされると考えるのである（Ingold 2011）。

　天文観察は本来的に天文現象の予測ではなく関与の手段である。もし天体や天文現象が規則的に認知されるなら、そのような現象を生活の実践で引用しな

いことはむしろ不自然である。このような天文学的観察は遂行的（performative）であるが予測的（preditive）ではない。多くの場合、天体を観察して時を予測するために建築物は特段必要ではないので、観測道具や建築が正確な測定手段ではなかったことを予想できる。おそらく古代の建築物の多くは天文学的な現象を予測するために建てられたのではなく、むしろ出来事を記憶し、あるいは人間が神々や宇宙と関与するための扉として存在したのである（Pauketat 2013：60-66）。

建築構造、天体を含めた自然現象、儀礼などは経験の諸領域で交差する出来事への共関与（co-engagement）である。それに参加する要素は天体、大気の状態、地上の要素、人間の身体などから構成される。人間と宇宙の動きはある側面では宗教的な隠喩が存在するために似通っていなくてはならない（＝アフォーダンスをもつ）。そして天文学的観察は予測や計算として知る行為というよりも、身体を使い、天体的および地上的な経験の感覚が造り上げる時空間的枠組みを通して隠喩的に世界を知ることである（Pauketat 2013：87）。

このように建築とは、宇宙あるいは世界と関与しながら生活基盤を再構築してきた人類の営みの継続的結節点といえる（Glassie 2000；Ingold 2000, 2011；後藤 2016a）。

本書も、このような、未開拓であるが豊かな可能性をもったフィールドへの扉となれば幸いである。

参考文献

〔邦文〕

アヴェニ、アンソニー 1984「新旧両世界の肉眼による天文学」K. ブレッヒャー・M. ファイタグ編（花野秀男訳）『古代人の宇宙：考古天文学への招待』pp.101-142、白揚社。

安里 進 1998『グスク・共同体・村：沖縄歴史考古学序説』榕樹書房。

安里 進 2006『琉球の王権とグスク』山川出版社。

アストロアーツ 2014『ステラナビゲータ10：公式ガイドブック』アストロアーツ社。

稲野裕介 2002「北上市樺山遺跡」小林達雄編『縄文ランドスケープ』pp.16-17、ジョーモネスクジャパン機構。

今福利恵 2002a「長野県阿久遺跡」小林達雄編『縄文ランドスケープ』pp.12-13、ジョーモネスクジャパン機構。

今福利恵 2002b「山梨県牛石遺跡」小林達雄編『縄文ランドスケープ』pp.24-25、ジョーモネスクジャパン機構。

岩崎義信 2002「山形県長者原遺跡」小林達雄編『縄文ランドスケープ』pp.18-19、ジョーモネスクジャパン機構。

ウォーターズ、フランク（林陽訳）1993『ホピ：宇宙からの聖書』徳間書店。

宇田川洋 2007『アイヌ葬送墓集成図』北海道出版企画センター。

内田武志 1973『星の方言と民俗』岩崎美術社。

内山達也 2005「アイヌの他界観―他界観、その多様な構造と意味づけ―」『物質文化研究』2：1-26。

内山達也 2006「樺太アイヌの埋葬形態についての一考察」『物質文化研究』3：32-51。

内山達也 2007「アイヌの方位観―神窓方位と埋葬頭位に関する一私論（平取を中心として）―」『物質文化研究』4：11-36。

内山達也 2008「アイヌの〈太陽〉に関する信仰について」『物質文化研究』5：1-25。

エディ、ジョン・A. 1984「メディシン・ホイールと平原インディアンの天文学」K. ブレッヒャー・M. ファイタグ編（花野秀男訳）『古代人の宇宙：考古天文学への招待』pp.13-48、白揚社。

大塚和義 1964「北海道の墓址」『物質文化』3：43-58。

大林太良 1973「アイヌの方位観」『自然』28（5）：76-81。

岡田康博 1995「青森県三内丸山遺跡」小林達雄編『季刊考古学・別冊6 縄文時代に

おける自然の社会化」pp.10-29、雄山閣。
勝俣　隆　2000『星座で読み解く日本神話』大修館書店。
川口重一　1956「大湯町環状列石の配置」『郷土文化』11（1）：1-4。
北尾浩一　2001『星と生きる：天文民俗学の試み』ウインかもがわ。
北尾浩一　2002『星の語り部：天文民俗学の課題』ウインかもがわ。
北尾浩一　2006『天文民俗学序説：星・人・暮らし』学術出版。
黒島為一　1999「資料紹介『星圖』」『八重山博物館紀要』16/17：38-52。
小島瓔禮　1987a「首里城：王権を讃える神々」谷川健一編『日本の神々：神社と聖地　第13巻：南西諸島』pp.133-167、白水社。
小島瓔禮　1987b「聞得大君御殿：琉球神道を支配する神女」谷川健一編『日本の神々：神社と聖地　第13巻：南西諸島』pp.168-210、白水社。
後藤　明　1991「仙台湾・三陸周辺の漁撈民俗」『海と列島文化　第7巻：黒潮の道』pp.601-629、小学館。
後藤　明　2014a「天文と人類学」『文化人類学』79（2）：164-178。
後藤　明　2014b「ポリネシアにおける考古天文学の動向」『東南アジア考古学』34：75-81。
後藤　明　2014c「アボリジニの天空観と天文神話」『南方文化』44：1-13。
後藤　明　2014d「外伝・天文と人類学」『南山考人』43：35-48。
後藤　明　2015「スカイロアとしての降星伝説」篠田知和基編『神話・象徴・儀礼』II、pp.63-72、樂瑯書院。
後藤　明　2016a「古代建築のスカイスケープ：建築に見るコスモビジョン」『物質文化』96：3-44。
後藤　明　2016b「北米先住民のコスモビジョン」『南山考人』44：21-40。
児玉大成　2002「青森県小牧野遺跡」小林達雄編『縄文ランドスケープ』pp.30-31、ジョーモネスクジャパン機構。
小林孝二　2010『アイヌの建築文化再考 - 近世絵画と発掘席から見たチセの原像』北海道出版企画センター。
小林達雄　2002「縄文ランドスケープ：自然的秩序からの独立と縄文的世界の形成」小林達雄編『縄文ランドスケープ』pp.3-7、ジョーモネスクジャパン機構。
近藤二郎　2010『星座神話の起源：エジプト・ナイルの星座』誠文堂新光社。
桜井邦朋　1982『天文考古学入門』講談社現代新書。
左合　勉　2005『縄文の循環文明：ストーンサークル』叢文社。
佐野一絵　2002「伊勢堂岱遺跡」小林達雄編『縄文ランドスケープ』pp.36-37、ジョーモネスクジャパン機構。
末岡外美夫　1979『アイヌの星』旭川叢書12巻。
末岡外美夫　2009『人間達（アイヌタリ）のみた星座と伝承』私家本。

末次　智　1995『琉球の王権と神話：『おもろさうし』の研究』第一書房。
末次　智　2012『琉球宮廷歌謡論：首里城の時空から』森話社。
杉山三郎・嘉幡茂・渡部森哉　2011『古代メソアメリカ・アンデス文明への誘い』風媒社。
スタジオ海工房　2004『チェチェメニ号の冒険』DVD（オリジナルは1976年の北斗映画制作像のオンデマンド作品）。
スタジオ海工房　2007『ミクロネシアの伝統航海術』DVD。
大工原豊　1995「群馬県天神原遺跡」小林達雄編『季刊考古学・別冊6：縄文時代における自然の社会化』pp.56-72。
大工原豊　2002「野村遺跡」小林達雄編『縄文ランドスケープ』pp.22-23、ジョーモネスクジャパン機構。
千田守康　2015『ふるさとの星：和名歳時記』河北新法出版センター。
富樫泰時　1995「秋田県大湯遺跡」小林達雄編『季刊考古学・別冊6：縄文時代における自然の社会化』pp.30-41、雄山閣。
名嘉正八郎編　1978「沖縄県」『日本城郭体系　第1巻：北海道・沖縄』pp.235-343、新人物往来社。
ニーダム、ジョゼフ（吉田忠ほか訳）1991『中国の科学と文明　第5巻：天の科学』思索社。
野尻抱影　1955『星の神話・傳説集成』恒星社厚生閣。
野尻抱影　1958『星座遍歴』恒星社厚生閣。
野尻抱影　1973『星の方言集：日本の星』中央公論社。
林　謙作　1977「御殿山墳墓群ノ埋葬頭位ヲ論併セテあいぬ族ノ他界観念ニ及フ」『北方文化研究』2：1-28。
比嘉康雄　1993『神々の源境　久高島』上下、第一書房。
福　寛美　2002「沖縄の太陽神」松村一男・渡辺和子編『太陽神の研究』pp.171-190、Lithon。
藤田富士夫　2002「富山県極楽寺遺跡」小林達雄編『縄文ランドスケープ』pp.14-15、ジョーモネスクジャパン機構。
藤本英夫　1964『アイヌの墓：考古学からみたアイヌ文化史』日経新書。
藤本英夫　1971『北の墓』学生社。
ブレッヒャー、K.・ファイタグ、M.編（花野秀男訳）1984『古代人の宇宙：考古天文学への招待』白揚社。
北海道文化財保護協会　1987『アイヌ民俗文化財調査報告書』IV（沙流・十勝地方）。
目加田誠　1991『詩経』講談社学術文庫。
柳田国男・倉田一郎　1938『分類漁村語彙』民間伝承の会。
山田康弘　2003「頭位方向は社会組織を表すのか──縄文時代の人骨出土例による再検討

—」『立命館大学考古学論集』III（1）：341-366。

湧上元雄 1982「南島の聖域とイザイホー」『日本の聖域 第7巻：沖縄の聖なる島々』pp.106-136、佼成出版社。

湧上元雄 1992「久高島と神事：御新下りとイザイホーを中心に」『海と列島文化 第6巻：琉球弧の世界』pp.363-3979、小学館。

渡辺 仁 1990「北方狩猟民社会の聖山信仰：アイヌを中心とする外観」小谷凱宣編『北方諸文化に関する比較研究：文部科学省科学研究費補助金・総合研究A「日本周辺北方諸文化に関する比較研究と基本文献データベース」研究成果報告書』pp.237-278、名古屋大学教養部。

〔欧文〕
略称
※ UP：University Press
※ *Handbook*：*Handbook of Archaeoastronomy and Ethnoastronomy*（ed. by C. Ruggles, Springer, 2015）3 Vols.

Aller, Alba and Juan A. Belmonte 2015 "Statistical Analysis of Temple Orientation in Ancient India." SEAC 2011 *Stars and Stones: Voyages in Archaeoastronomy and Cultural Astronomy, Proceedings of a conference held 19-22 September, 2011*, pp.120-123. Archaeopress/British Archaeological Reports.

Atkinson, R.J.C. 1956 *Stonehenge*. London: Hamish Hamilton.（アトキンソン、R.J.C.『ストーンヘンジ』（服部研二訳）中央公論社、1986）

Atkinson, R.J.C. 1966 "Moonshine on stonehenge." *Antiquity* 40: 212-216.

Atkinson, R.J.C. 1975 "Megalithic astronomy-a prehistorian's comments." *Journal of History of Astronomy* 6: 42-52.

Aveni, Anthony F. 1990 "Order in the Nazca lines." In: A.F. Aveni (ed.), *The Lines of Nazca*, pp.41-113. Philadelphia: The American Philosophical Society.

Aveni, Anthony F. 1997 *Stairways to the Stars*. New York: John Wiley and Sons.（アヴェニ、A.『神々への階：超古代天文観測の謎』（宇佐和通訳）日本文芸社、1999）。

Aveni, Anthony F. 2000 *Between the Lines*. New York: Greenhouse（アヴェニ、A.『ナスカ地上絵の謎』（増田義郎監修・武井摩利訳）創元社、2006）。

Aveni, Anthony F. 2001 *Skywatchers*. Austin: University of Texas Press

Aveni, Anthony F. 2003 "Archaeoastronomy in the ancient Americas." *Journal of Archaeological Research* 11（2）: 149-191.

Aveni, Anthony F. 2008 *People and the Sky: Our Ancestors and the Cosmos*. London:

Thames & Hudson.
Aveni, Anthony F. (ed.) 1975 *Archaeosstronomy in pre-Columbian America*. University of Texas Press.
Aveni, Anthony F. (ed.) 1977 *Native American Astronomy*. University of Texas Press.
Aveni, Anthony F. (ed.) 1982 *Archaeoastronomy in the New World*. Cambridge: Cambridge UP.
Aveni, Anthony F. (ed.) 1989 *World Archaeoastronomy: Selected Papers from the 2nd Oxford International Conference on Archaeoastronomy Held at Merida, Yukatan, Mexico 13-17 January 1986*. Cambridge UP.
Aveni, Anthony F. (ed.) 2008 *Foundations of New World Cultural Astronomy: A Reader with Commentary*. UP of Colorado.
Aveni, Anthony F. and Yonathan Mizrachi 1998 "The geometry and astronomy of Rujim el-Hiri, a Megalichic site in the southern Levant." *Journal of Field Archaeology* 25 (4): 475-496.
Aveni, Anthony F. and Gary Urton (eds.) 1982 *Ethnoastronomy and Archaeoastronomy in the American Tropics*. Annals of the New York Academy of Science, 385. The New York Academy of Science.
Aylesworth, Grant R. 2015 "E-Group arrangements." In: *Handbook*, Vol.1: 783-791.
Baity, Elizabeth C. 1973 "Arachaeoastronomy and ethnoastronomy so far" *Current Anthropology* 14 (4): 389-449.
Beaglehole, Ernest and Pearl Beaglehole 1938 *Ethnology of Pukapuka*. B.P. Bishop Museum, Bulletin 150.
Belmonte, Juan Antonio, Mosalam Shaltout an Magidi Fekri 2009 "Astronomy, landscape and symbolisms: a study of the orientation of ancient Egyptian temples." In: J.A. Belmonte and M. Shaltout (eds.), *In Search of Cosmic Order: Selected Essays on Egyptian Archaeoastronomy*, pp.215-283. Cairo: Supreme Council of Antiquities Press.
Belmonte, Juan A. 2015a "Orientations of Egyptian temples: an overview." In: *Handbook*, Vol.3: 1501-1518.
Belmonte, Juan A. 2015b "Karnak." In: *Handbook*, Vol.3: 1531-1539.
Binford, Lewis R., S. Binford, R. Whallon and M.A. Hardin 1970 *Archaeology at Hatchery West*. Memoirs of the Society of American Archaeology, No. 24.
Blier, Suzanne P. 2006 "*Vernacular architecture*". In: C. Tilley *et al.* (eds), *Handbook of Material Culture*, pp.230-253. London: Sage.
Blomberg, Mary, Peter E. Blomberg and Göran Henriksson (eds.) 2003 *Calendars,*

Symbols, and Orientations: Legacies of Astronomy in Culture. Uppsala Astronomical Observatory, Report 59.

Boutsikas, Efrosyni 2015 "Greek temples and rituals." In: *Handbook*, Vol.3: 1573-1582.

Brecher, K. and M. Feirtag (eds.) 1979 *Astronomy of the Ancients*. Massachusetts: MIT Press. (K. ブレッヒャー・M. ファイタグ編『古代人の宇宙：考古天文学への招待』(花野英男訳) 白揚社、1984)

Broda, Johanna 1982 "Astronomy, cosmovisión, and ideology in pre-Hispanic Mesoamerica." In: A. F. Aveni and G. Urton (eds.), *Ethnoastronomy and Archaeastronomy in the American Tropics*, pp.81-110. New York: New York Academy of Science.

Broda, Johanna 1993 "Astronomical knowledge, calendrics, and sacred geography in ancient Mesoamerica." In: C.L. Ruggles and N.J. Sunders (eds.) *Astronomies and Cultures*, pp.253-295. Niwot: UP of Colorado.

Broda, Johanna 2000 "Mesoamerican astronomy and the ritual calendar." In: H. Seln (ed.), *Astronomy Across Cultures*, pp.225-267. Dordrecht: Kluwer Academic.

Broughton, Jack M. and Floyd Buckskin 1992 "Racing Simloki's shadow: the Ajumawi interconnection of power, shadow, equinox, and solstice." In: R.A. Williamson and C.R. Farrer (eds.) *Earth and Sky: Visions of the Cosmos in Native American Folklore*, pp184-192. Albuquerque: University of New Mexico Press.

Campion, Nicholas 2015 "Astrology as cultural astronomy." In: *Handbook*, Vol.1: 103-116.

Carrasco, José L.E. 2015 "Orientation of Phoenician temples." In: *Handbook*, Vol.3: 1793-1800.

Čaval, Saša 2015 "Church orientations in Slovenia." In: *Handbook*, Vol.3: 1719-1726.

Ceci, Lynn. 1978 "Watchers of the Pleiades: ethnoastronomy among native cultivators in Northeastern North America." *Ethnohistory* 24 (5): 301-317.

Chamberlain, Von Del 1982 *When Stars Came Down to Earth: Cosmology of the Skidi Pawnee Indians of North America*. Ballena Press.

Chamberlain, Von Del 2006 "American ideals patterned in the stars: native American emblems in the sky." In: Todd W. Bostwick and Bryan Bates (eds.), *Viewing the Sky: Through Past and Present Cultures*, pp.169-179. Pueblo Grande Museum Anthropological Papers 15.

Chamberlain, Von Del, John B. Carlson and M. Jane Young (eds.) 2005 *Songs from the Sky: Indigenous Astronomical and Cosmological Traditions of the World*. Ocarina Books in Cooperation with Center for Archaeoastronomy.

Chippindale, C. 2004 *Stonehenge Complete*. 3rd Ed. London: Thames and Hudson.

Cruchet, Louis 2005 *Le Ciel en Polynésie: Essai d'Ethnoastronomie en Polynésie Orientale*. Paris: L'Harmattan.

Cushing, F.H. 1896 "Outlines of Zuni creation myth." 13th *Annual Report, Bureau of American Ethnology*.

Cope, Leona 1919 "Calendars of the Indians north of Mexico." University of California Publications in *American Archaeology and Ethnology* 16 (4).

Da Silva, Armando M. and Rubellite K. Johonson 1981 "Ahu a 'Umi heiau: a native Hawaiian astronomical and directional register." In: A. F. Aveni and G. Urton (eds.), *Ethnoastronomy and Archaeoastronomy in the American Tropics*. pp.313-331. New York: The New York Academy of Science.

Eddy, John A. 1974 "Astronomical alignment of the Big Horn Medicine Wheel." *Science* 184: 1030-1043.

Eddy, John A. 1977 "Medicine wheels and Plains Indian astronomy." In: A. Aveni (ed.), *Native American Astronomy*, pp.147-169. Austin: University of Texas Press.

Edwards, Edmundo and Juan A. Belmonte 2004 "Megalithic astronomy of Easter Island: A reassessment." *Journal for the History of Astronomy* 35: 421-433.

Esteban, César 1998 "Astronomical monuments in Polynesia and Micronesia." In H. Selin (ed.) *Encyclopedia of the History of Science, Technology and Medicine in Non-Western Cultures*, pp.284-292. Dordrech: Kluwer Academic.

Esteban, C. 2002-2003 "Some notes on orientations of prehistoric stone monuments in Western Polynesian and Micronesia." *Archaeoastoronomy* 17: 31-47.

Fabian, Stephen M. 2001 *Patterns in the Sky: An Introduction to Ethnoastronomy*. Waveland.

Farrer, Claire R. and Ray A. Williamson. 1992 "Epilogue: blue astronomy." *Earth and Sky*. R.A. Williamson and C.R. Claire (eds.): pp.278-289. Albuquerque: University of New Mexico Press.

Ferdon, Edwin 1961 "The ceremonial site of Orongo." In T. Heyerdahl and E.N. Ferdon (eds.) *Archaeology of Easter Island: Reports of the Norwegian Archaeological Expedition to Easter Island and the East Pacific*, Vol.1: 221-255. Santa Fe: School of American Research and Museum of New Mexico.

Fountain, John W. and Rolf M. Sinclair (eds.) 2005 *Current Studies in Archaeoastronomy: Conversations Across Time and Space*. Durham: Caroline Academic Press.

Fowler, Melvin L. 1989 *The Cahokia Atlas: A Historical Atlas of Cahokia Archaeology*. Revised Edition.Univesity of Illinois at Urbana-Champaign Studies in Archaeology, No.2.

Fowler, Melvin. L. (ed.) 1977 *Explorations into Cahokia Archaeology*. Illinois Archaeo-

logical Survey, Bulletin 7.
Ghezzi, Iván and C.L. Ruggles 2015 "Chankillo." In: *Handbook*, Vol.2: 807-820.
Glassie, Henry 2000 *Vernacular Architecture: Material of Culture*. Bloomington: Indiana UP.
Gonález-García, A.C. 2015 "Lunar Alignments: identification and analysis." In: *Handbook*, Vol.1: 483-492.
Gonález-García, A. C and J.A. Belmonte 2015a "Interactions between Islamic and Christian traditions in the Iberian Peninsula." In: *Handbook*, Vol.3: 1695-1702.
Gonález-García, A. C and J.A. Belmonte 2015b "Orientation of Hittite monuments." In: *Handbook*, Vol.3: 1783-1792.
Goodenough, Ward H. and Stephen D. Thomas 1987 "Traditional navigation in the Western Pacific." *Expedition* 29 (3): 3-14.
Goto, Akira 2011 "Archaeastronomy and ethnoastronomy in the Ryukyu Islands: a preliminary report." In: C. Ruggles (ed.), *Archaeoastronomy and Ethnoastronomy: Building Bridges between Cultures*, pp.315-324. Cambridge UP.
Goto, Akira 2014a "The anthropology of nightscape: an applause of starry night of Polynesia." IUAES、幕張、口頭発表
Goto, Akira 2014b "Cognitive challenges on nature among ancient seafaring pioneers of Polynesia." *Journal of Cultural Symbiosis Research* 8: 93-207.
Goto, Akira 2016 "Solar Kingdom of Ryukyu: the formation of a cosmovision in the southern Islands of the Japanese Archipelago" *Journal of Astronomy in Culture* 1 (1): 78-88.
Gowland 1877 *Baugeschichte des Dendera Temples*.
Griffith-Pierce, Trudy 1992 *Earth Is My Mother, Sky Is My Father: Space, Time, and Astronomy in Navajo Sandpainting*. Albuquerque: University of New Mexico Press.
Griffith-Pierce, Trudy 1995 *The Encyclopedia of Native America*. New York: Viking.
Grimble, Arthur Sir 1972 *Migrations, Myth and Magic from the Gilbert Islands*. London: Routledge & Keagan Paul.
Hamacher, Duane W. and Ray P. Norris 2011 "Bridging the gap'through Australian cultural astronomy." In C. Ruggles (ed.), *Archaeastronomy and Ethnoastronomy: Building Bridges between Cultures*, pp.282-290. Cambridge: Cambridge UP.
Hammond, Tooke, W. 1886 "*The star lore of the South African natives*". Transactions of the South African Philosophical Society 5: 304-312.
Hansen, Rahlf and C. Rink 2008 "Kalender und Finsternisse: Einige Überlegungen zur bronzezeitlichen Astronomie." In: G. Wolfschmidt (ed.), *Prähistorische As-

tronomie und Ethnoastronomie, pp.131-167. Nuncius Hamburgensis Beiträge zur Geschichte der Naturwissenshaften, Band 8.

Hawkes, Jacquetta 1967 "God in the machine." *Antiquity* 41: 174-180.

Hawkins, Gerald S. 1964 *Stonehenge Decoded*. Doubleday.（ホーキンス、G.S.『ストーンヘンジの謎は解かれた』（竹内均訳）新潮社、1983）

Hawkins, Gerald S. 1966 *Astro-archaeology*. Washington D.C. Smithsonian Institution Astrophysical Observatory.

Hawkins, Gerald S. 1973 *Beyond Stonehenge: From Ancient Egypt to the Peruvian Desert Lines*. New York: Harper & Row.

Hawkins, Gerald S., R.J.C. Atkinson, Alexander Thom, and C.A. Newham, D.H. Sadler, and R.A. Newall 1967 "Hoyle on stonehenge: some comments." *Antiquity* 41: 91-98.

Haynes, Roslynn 1998, "Astronomy of the Australian aboriginal people." In H. Selin (ed.), *Encyclopedia of the History of Science, Technology and Medicine in Non-Western Cultures*, pp.299-303. Dordrech, Kluwer Academic.

Haynes, R. 2000 "Astronomy and the dreaming: the astronomy of the aboriginal Australians." In: H. Selin (ed.), *Astronomy across Cultures: the History of Non-Western Astronomy*, pp.53-90. Dordrecht, Kluwer.

Hayness, R. 2009 "Dreaming the stars." *Earth Song Journal* Spring 2009: 5-12.

Heggie, D.C. 1981 *Megalithic Science: Ancient Mathematics and Astronomy in Northwest Europe*. London: Thames and Hudson.

Heggie, D.C. (ed.) 1982 *Archaeoastronomy in the Old World*. Cambridge: Cambridge UP.

Henry, Teuira 1928 *Ancient Tahiti*. B.P. Bishop Museum, Bulletin 48.

Hoare, Peter G. 2015 "Orientation of English Medieval Parish Churches." In: *Handbook*, Vol. 3: 1711-1718.

Hoskin, Michael 2001 *Tombs, Temples and their Orientations: A New Perspective on Mediterranean Prehistory*. Bognor Regis: Ocarina Books.

Hoyle, Fred 1966 "Speculations on stonehenge." *Antiquity* 40: 262-275.

Hoyle, Fred 1977 *On Stonehenge*. San Francisco: W.H. Freeman.（ホイル、フレッド『ストーンヘンジ：天文学と考古学』（荒井喬訳）みすず書房、1983）

Hudson, Travis and Ernest Underhay 1978 *Crystals in the Sky: an Intellectual Odyssey involving Chumash Astronomy, Cosmology and Rock Art*. Ballena Press Anthropological Papers, No. 10.

Hudson, Travis G. Lee and K. Hedges 1979 "Solstice observers and observatories in native California." *Journal of California and Great Basin Anthropology* 1: 39-63.

Hutton, Ronald 2013 "The strange history of British archaeoastronomy." *Journal for the Study of Religion, Nature and Culture* 7 (4): 376-396.

Incerti, Mauela 2015 "Light-shadow interactions in Italian Medieval Churches." In: *Handbook*, Vol.3: 1743-1754.

Ingold, Tim 2000 "Building, dwelling, living: how animals and people make themselves at home in the world." In: T. Ingold, *The Perception of the Environment*, pp.172-188. London: Routledge.

Ingold, T. 2011 "Rethinking the animate, reanimating thought." In: T. Ingold, *Being Alive*, pp.67-75. London: Routledge.

Iwaniszewski, Stanislaw 2015a "Concepts of space, time and the cosmos." In: *Handbook*, Vol.1: 3-14.

Iwaniszewski, Stanislaw 2015b "Astronomy in Teotihuacan." In: *Handbook*, Vol.1: 729-736.

Iwaniszewski, Stanislaw 2015c "Pecked cross-circles." In: *Handbook*, Vol.1: 737-742.

Jones, Alexander 2015 "Transmission of Babylonian astronomy to other cultures." In: *Handbook*, Vol.3: 1877-1881.

Kak, Subhash 2002 "Space and cosmology in the Hindu temple" *Vaastu Kaushal: International Symposium on Science and Technology in Ancient Indian Monuments*, pp.1-17.

Kepelino. 1932 *Traditions of Hawaii*. B.P. Bishop Museum, Bulletin 95.

King, David A. 1982 "Astronomical alignments in Medieval Islamic religious architecture." In: A. F. Aveni and G.. Urton (eds.) *Ethnoastronomy and Archaeoastronomy in the American Tropics*. 303-312. New York: The New York Academy of Science.

Kirch, Patrick V. 2004a "Temple sites in Kahikinui, Maui, Hawaiian Islands: their orientations decoded." *Antiquity* 78: 102-114.

Kirch, P.V. 2004b "Solstice observation in Mangareva, French Polynesia: new perspectives from archaeology." *Archaeoastronomy* 18: 1-19.

Koleva, Vesselina and Dimiter Kolev (eds.) 1996 *Astronomical Traditions in Past Cultures*. Sofia: Bulgarian Academy of Science.

Komonjinda, Siramas 2011 "The sun and fifteen doorways of Phnom Rung. " In: C. Ruggles (ed.), *Archaeology and Ethnoastronomy: Building Bridges between Cultures*, pp.325-330. Cambridge: Cambridge UP.

Kosok, P. 1965 *Life, Land and Water in Ancient Peru*. New York: Long Island University.

Krämer, Ausustiin 1937 *Zentralkarolinen*. Hamburg: Friederichsen. Institute of Astronomy, Bulgarian Academy of Sciences and National Astronomical Observatory.

Krupp, E.C. 1983 *Echoes of the Ancient Skies: the Astronomy of Lost Civilizations*. New York: Dover.

Krupp, E.C. 1997 *Skywatchers, Shamans, and Kings: Astronomy and the Archaeology of Power*. New York: John Wiley and Sons.

Krupp, E.C. 2015a "Astronomy and power." In: *Handbook*, Vol.1: 67-91.

Krupp, E.C. 2015b "Rock art of the Greater Southwest." In: *Handbook*, Vol.1: 593-606.

Krupp, E.C. (ed.) 1984 *Archaeoastronomy and the Roots of Science*. American Association for the Advancement of Science.

Lankford, George E. 2007 *Reachable Stars: Patterns in the Ethnoastronomy of Eastern North America*. Tusculoosa The University of Alabama Press.

Lankford, George E. 2008 *Looking for Lost Lore: Studies in Folklore, Ethnology, and Iconography*. Tuscaloosa: The University of Alabama Press.

Laužikas, Rimvydas 2015 "Church orientations in Central and Eastern Europe." In: *Handbook*, Vol.3: 1727-1732.

Lewis, David 1994 *We, the Navigators*. 2nd ed. Honolulu: University of Hawaii Press.

Lee, Georgia and William Liller 1987 "Easter Island's 'Sun stones', a critique." *Journal of the Polynesian Society* 96: 81-93.

Liller, William. 1993 *The Ancient Solar Observatories of Rapanui: the Archaeoastronomy of Easter Island*. Old Bridge: Cloud.

Liller, W. 2000 "Ancient astronomical monuments in Polynesia." In H. Selin (ed.) *Astronomy Across Cultures: the History of Non-Western Astronomy*, pp.127-160. Dordrecht: Kluwer Academic.

Liller, William and J. Duarte 1986 "Easter Island's "Solar Ranging Device," Ahu Huri A Urenga, and Vicinity." *Archaeoastronomy* 9: 38-58.

Lockyer, Norman 1894 *The Dawn of Astronomy: A Study of Temple Worship and Mythology of the Ancient Egyptians*. London: Cassell and Company.

Lockyer, Norman 1906 *Stonehenge and Other British Stone Monuments Astronomically Considered*. London: MacMillan.

Lockyer, Norman 1909 *Surveying for Archaeologists*. London: MacMillan.

Loeb, Edwin 1926 *Pomo Folkways*. University of California Publications in American Archaeology and Ethnology 19 (2).

Lomsdalen, Tore 2014 *Sky and Purpose in Prehistoric Malta: Sun, Moon, and Stars at the Temples of Mnajdra*. Sophia Center Master Monographs.

MacDonald, John 1998 *The Arctic Sky: Inuit Astronomy, Star Lore, and Legend*. Royal

Ontario Museum.

MacDonald, J. 2015 "Inuit astronomy." In: *Handbook*, Vol.1: 533-539.

MacKie, Euan W. 1977a *Science and Society in Prehistoric Britain*. London: Paul Elek.

MacKie, Euan W. 1977b *The Megalith Builders*. London: Phaidon.

Magli, Giulio 2005 *Mysteries and Discoveries of Archaeoastronomy: From Giza to Easter Island*. Roma: Praxis Publishing.

Makemson, M.W. 1938 "Hawaiian astronomical concepts I." *American Anthropologist* 40: 370-383.

Makemson, M.W. 1939 "Hawaiian astronomical concepts II." *American Anthropologist* 41: 590-596

Makemson, M.W. 1941 *The Morning Star Rises: An Account of Polynesian Astronomy*. Yale University Press: New Haven.

Malo, David 1903 *Hawaiian Antiquities*. B.P. Bishop Museum, Special Publication 2.

Malville, J. 1989 "The rise and fall of the Sun Temple of Konarak: the temple versus the solar orb." In: A. Aveni (ed.) *World Archaeoastronomy*, pp.377-388. Cambridge: Cambridge UP.

Malville, J. 2008 *Guide to Prehistoric Astronomy in the Southwest*. Boulder: Johnson Books.

Malville, J. 2015a "Pre-Inca astronomy in Peru." In: *Handbook*, Vol.2: 795-806.

Malville, J. 2015b "Machu Pichu." In: *Handbook*, Vol.2: 879-892.

Malville, John and John Fritz 1993 "Cosmos and kings at Vijayanagara" In: C. Ruggles and N. Saunders (eds.), *Astronomy and Cultures*, pp.139-162. Niwot: University Press of Colorado.

Malville, J. McKim and Claudeia Putnam 1989 *Prehistoric Astronomy in the Southwest*. Boulder: Johnson Books.

McCleary, Thimothy P. 1997 *The Star We Know: Crow Indian Astronomy and Lifeways*. Prospect Heights: Waveland Publisher.

McCluskey, Stephen C. 1977 "The astronomy of the Hopi Indians." *Journal of History of Astronomy* 8: 174-195.

McCluskey, Stephen C. 1982 "Historical archaeoastronomy: the Hopi example." In: A.F. Aveni (ed.) *Archaeoastronomy in the New World*, pp.31-57. Cambridge: Cambrige UP.

McCluskey, Stephen C. 2007 "Calendrical cycles, the English Day of the world, and the orientation of English churches." In: In: C. Ruggles and G. Urton (eds.), *Skywatching in the Ancient World*, pp.331-353. Boulder: University Press of Colorado.

McCluskey, S. C. 2015a "Analyzing light-and-shadow interactions." In: *Handbook*, vol.1:

427-444.

McCluskey, Stephen C. 2015b "Hopi and Puebloan ethnoastronomy and ethnoscience." In *Handbook*, Vol.1: 649-658.

McCluskey, Stephen C. 2015c "Orientation of Christian churches." In: *Handbook*, Vol. 3: 1703-1710.

Meech, Karen J. and Francis X. Warther 1996 "Kumu Kahi, first beginnings: astronomy and cosmic architecture in ancient Hawai'i." In V. Koleva and D. Kolev (eds.) *Astronomical Traditions in Past Cultures*. 25-33. Sofia: Bulgarian Academy of Sciences.

Mendez, Alonso, C. Karasik, E.L. Barnhart and C. Powell 2014 "The astronomical architecture of Palenque's temple of the Sun." In: G.A. Villalobos and E.L. Barnhard (eds.), *Archaeoastronomy and the Maya*, pp.57-75. Oxford: Oxbow Books.

Mendez, Alonso and Carol Karasik 2014 "Centering the world: zenith and nadir passage at Palenque." In: G.A. Villalobos and E.L. Barnhard (eds.), *Archaeoastronomy and the Maya*, pp.97-110. Oxford: Oxbow Books.

Miller, W. 1955 "Two possible astronomical pictographs found in northern Arizona." *Plateau* 27 (4): 6-13.

Milbrath, Susan 1999 *Star, Gods of the Maya: Astronomy in Art, Folklore, and Calendars*. Austin: University of Texas Press.

Milbrath, Susan 2009 "Archaeoastronomy, ethnoastronomy, and cultural astronomy." In: A.G. Darrin and B.L. O'Leary (eds.), *Handbook of Space Engineering, Archaeology, and Heritage*, pp.157-192. Boca Raton: CRC Press.

Mulloy, William 1961 "The ceromonial center of Vinapu." In: T. Heyerdahl and E.N. Ferdon (eds.) *Archaeology of Easter Island: Reports of the Norwegian Archaseological Expedition to Easter Island and the East Pacific*, Vol. 1: 93-180. Santa Fe: School of American Research and Museum of New Mexico.

Mulloy, William 1975 "A solstice oriented ahu on Easter Island." *Archaeology and Physical Anthropology in Oceania* 10: 1-39.

Munro, Neil G. 1908 *Prehistoric Japan*. Yokohama.

Munson, Gregory E., Todd Bostwick, and Tonny Hull, Tony (eds.) 2014 *Astronomy and Ceremony in the Prehistoric Southwest: Revisited*. Albuquerque: University of New Mexico Press.

Nimuendaju, Curt 1952 *The Tukuna* (ed. by R.L. Lowie, Translated by W.D. Hohenthal) University of California Publications in American Archaeology and Ethnology 42.

Norris, Ray P.and Cilla Norris 2009 *Emu Dreaming: an Introduction to Australian Ab-

original Astronomy. Sydney: Emu Dreaming.

O'Kelly, Michael 1982 *New Grange: Archaeology, Art and Legend.* London: Thames and Hudson.

Pankenier, D.W. 2013 *Astronogy and Cosmology in Early China: Conforming Earth to Heaven.* Cambridge: Cambridge UP.

Pásztor, Emília 2015 "Nebra Disk." In: *Handook,* Vol.2: 1349-1356.

Pauketat, Timothy R. 2013 *An Archaeology of the Cosmos: Rethinking Agency and Religion in Ancient America.* London: Routledge.

Pearson, Mike Parker. 2011 *Stonehenge: A New Understanding.* New York: the Experiment.

Penprase, Bryan E. 2011 *The Power of Stars: How Celestial Observations have Shaped Civilization.* New York: Springer.

Petri, William M.F. 1880 *Stonehenge: Plans, Descriptions and Theory.* London: British Library.

Prendergast, Frank 2015 "Boyne Valley tombs." In: *Handbook,* Vol.2: 1263-1276.

Rappenglück, Michael A. 2015a "Possible calendrical inscriptions on Paleolithic artifacts." In: *Handbook,* Vol.2: 1197-1204.

Rappenglück, Michael A. 2015b "Possible astronomical depictions in Franco-Cantabrian Paleolithic rock art." In: *Handbook,* Vol.2: 1205-1212.

Reiche, Maria 1968 *Mystery on the Desert.* Stuttgart: Offizindruck AG.

Rius-Piniés, Mònica 2015 "Qibla in the Mediterranean" . In: C. Ruggles (ed.), *Handbook,* Vol.3: 1687-1694.

Ruggles, Clive Frank Prendergast and Tom Roy (eds.) 2001 *Astronomy, Cosmology and Landscape: Proceedings of the SEAC 98 Meeting, Dublin, Ireland, September 1998.* Bogor Regis: Ocarina Books.

Ruggles, Clive and Gary Urton (eds.) 2010 *Skywatching in the Ancient World: New Perspectives in Cultural Astronomy.* Bowlder: UP of Colorado.

Ruggles, Clive 1999a *Astronomy in Prehistory: Britain and Ireland.* New Heaven :Yale UP.

Ruggles, Clive 1999b "Astronomy, oral literature, and landscape in ancient Hawaii." *Archaeoastronomy* 14: 33-86.

Ruggles, Clive 2001 "Heiau orientations and alignments on Kaua'i." *Archaeoastronomy* 16: 46-82.

Ruggles, Clive 2005 *Ancient Astronomy: An Encyclopedia of Cosmologies and Myth.* Santa Barbara: ABC Clio.

Ruggles, Clive 2007 "Cosmology, calendar, and temple orientations in ancient Hawai'i." In C. Ruggles and G. Urton (eds.) *Skywatching in the Ancient World: New Perspectives in Cultural Astronomy*. pp.287-329. Boulder: University Press of Colorado.

Ruggles, Clive 2015a "Nature and analysis of material evidence relevant to archaeastronomy." In: *Handbook*, Vol.1: 353-372.

Ruggles, Clive 2015b "Best practice for evaluating the astronomical significance of archaeological sites." In: *Handbook*, Vol.1: 373-388.

Ruggles, Clive 2015c "Basic concepts of positional astronomy." In: *Handbook*, Vol.1: 459-472.

Ruggles, Clive 2015d "Geoglyphs of the Peruvian coast." In: *Handbook*, Vol.2: 821-830.

Ruggles, Clive 2015e "Stonehenge and its landscape." In: *Handbook*, Vol.2: 1223-1238.

Ruggles, Clive 2015f "Monuments of the Giza Plateau." In *Handbook*, Vol3: 1519-1530.

Ruggles, Clive (ed.) 1988 *Records in Stone: Papers in Memory of Alexander Thom*. Cambridge: Cambridge UP.

Ruggles, Clive (ed.) 2011 *Archaeoastronomy and Ethnoastronomy: Building Bridges between Cultures*. Cambridge: Cambridge UP.

Ruggles, Clive (ed.) 2015 *Handbook of Archaeoastronomy and Ethnoastronomy*. 3 Vols. New York: Springer.

Ruggles, Clive and Nicholas J. Saunders (eds.) 1993 *Astronomies and Cultures*. Niwot: University Press of Colorado.

Sago, Tsutomu, O. Yamada and L.B. Borst. 1986 "Archaeoastronomical analysis of Oshoro stone circles in Hokkaido."『京都産業大学論集』16（1）: 100-120

Salt, Alun 2015 "Development of archaeoastronomy in the English-speaking world." In *Handbook*, Vol.1: 213-226.

Selin, Helaine (ed.) 1998 *Encyclopedia of the History of Science, Technology and Medicine in Non-Western Cultures*. Dordrecht: Kluwer Academic.

Selin, H. (ed.) 2000 *Astronomy across Cultures: the History of Non-Western Astronomy*. Dordrecht: Kluwer Academic.

Shylaja, B.S. 2015 "Use of astronomical principles in Indian temple architecture." In: *Handbook*, Vol.3: 1959-1967.

Silva, Fabio and N. Campion (eds.) 2015 *Skyscapes: the Role and Importance of the Sky in Archaeology*. Bogor Regis: Oxbow Books.

Snedegar, Kieth V. 1995 Stars and seasons in Southern Africa. *Vistas in Astronomy* 39: 529-538.

Snedegar, K. 1998 "Astronomy in sub-Saharan Africa." In: H. Selin (ed.), *Encyclopedia of the History of Science, Technology and Medicine in Non-Western Culture*, pp.368-375. Dorcrecht: Kluwer Academic.

Snedegar, K. 2000 "Astronomical practices in Africa, South of the Sahara." In: H. Selin (ed.), *Astronomy across Cultures: the History of Non-Western Astronomy*, pp.455-473. Dorcrecht: Kluwer Academic.

Sofaer, Anna 2008 *Chaco Astronomy*. Santa Fe: Ocean Tree Books.

Šprajc, Ivan 2015a "Astronomical correlates of architecture and landscape in Mesoamerica." In: *Handbook*, Vol.1: 715-728.

Šprajc, I. 2015b "Governor'Palace at Uxmal." In: *Handbook*, Vol.1: 773-781.

Staal, Julias, D.W. 1988 *The New Patterns in the Sky: Myths and Legends of the Stars*. Blacksburg: The McDonald And Woodland.

Stephen, Alexander M. 1936 *Hopi Journal of Alexander M. Stephen*. Columbia University Contributions to Anthropology 23 (Part 1 and 2).

Stout, Geraldine and Matthew Stout 2008 *Newgrange*. Cork: Cork UP.

Steward, Julian H. 1933 *Ethnography of the Owens Valley Paiute*. University of California Publications in American Archaeology and Ethnology Ethnography 33 (3).

Stevenson, Matilda C. 1904 *The Zuni Indians*. Smithsonian Institution Bureau of American' Ethnology, Annual Report 23.

Strong, William D. 1929 *Aboriginal Society in Southern California*. University of California Publications in American Archaeology and Ethnology 26.

Sugiyama, Saburo 2005 *Human Sacrifice, Militarism, and Rulership: Materialization of State Ideology at the Feathered Serpent Pyramid, Teotihuacan*. Cambridge: Cambridge UP.

Thom, A. and A.S. Thom 1966 "Megaliths and mathematics." *Antiquity* 40: 121-129.

Thom, A. and A.S. Thom 1971 *Megalithic Lunar Observatories*. Oxford: Clarendon.

Thom, A. and A.S. Thom 1978 *Megalithic Remains in Britain and Brittany*. Oxford: Clarendon.

Thom, A. and A.S. Thom 1981 "Statistical and philosophical arguments for the astronomical significance of standing stones with a section on the solar calendar." In: D.C. Heggie (ed.) *Archaeoastronomy in the Old World*, pp.53-82. Cambridge: Cambridge UP.

Tindale, Norman B. 2005 "Celestial lore of some Australian tribes." In Von del Chamberlain, J.B. Carlson and M.J. Young (eds.) *Songs from the Sky: Indigenous Astronomical and Cosmological Traditions of the World*, pp.358-379. Bognor Regis Ocarina Books.

Trump, D.H. and Daniel Cilia 2002 *Malta Prehistory and Temples*. Siena: ALSABA Industries

Tuggle, Dave 2010 "Lady Mondegreen's hopes and dreams: three brief essays on inference in Hawaiian Archaeology." In: T. Dye (ed.) *Research Designs for Hawaiian Archaeology: Agriculture, Architecture, Methodology*. pp. 157-184. Honolulu: Society of Hawaiian Archaeology.

University of the Philippines Visayas 1987 *Danyag: Journal of Studies in the Social Sciences, Humanities, Education, and the Basic and Applied Sciences*, Vol 3 (/1).

Urton, Gary 1981 *At the Crossroads of the Earth and the Sky: An Andean Cosmology*. Austin: University of Texas Press.

Urton, Gary 1982 "Astronomy and calendrics on the coast of Peru." In: A.F. Aveni and G. Urton (eds.), *Ethnoastronomy and Archaeoastronomy in the American Tropics*, pp.231-247. New York: New York Academy of Science.

Van Tilburg, Jo Anne 1994 *Easter Island: Archaeology, Ecology and Culture*. London: British Museum Press.

Vogt, D. 1993 "Medicine wheel astronomy." In: C.L. Ruggles and N.J. Sunders (eds.) *Astronomies and Cultures*, pp.163-201. Niwot: University Press of Colorado.

Warner, Brian 1996 Traditional Astronomical knowledge in Africa. In: C. Walker (ed.), *Astronomy before the Telescope*, pp.304-317. New York: St. Martin's Press.

Wegner, Jennifer H. 2012 "Inhabiting the heavens: a divine tour of the ancient Egyptian sky." In: C.M. Kreamer (ed.), *African Cosmos: Stellar Arts*, pp.63-81. National Museum of African Art, Smithsonian Institution.

Williamson, Ray A. 1984 *Living the Sky: the Cosmos of the American Indian*. Norman: University of Oklahoma Press.

Williamson, Ray A. 2015 "Pueblo ethnoastronomy." In: *Handbook*, Vol.1: 641-648.

Williamson, Ray A. (ed.) 1981 *Archaeoastronomy in the Americas*. Ballena Press Anthropological Papers 22. Los Altos: Ballena Press/Center for Archaeoastronomy Cooperative Publication.

Wiliamson, Ray A. and Claire R. Farrer (eds.) 1992 *Earth and Sky: Vision of the Cosmos in Native American Folklore*. Albuquerque: University of New Mexico Press.

Wissler, Clark 1936 *Star Legends among the American Indians*. Guide Leaflet Series 91, The American Museum of Natural History.

Young, M.J. 1988 *Signs from the Ancestor: Zuni Cultural Symbolism and Perception of Rock Art*. Albuquerque: University of New Mexico Press.

Young, M.J. 1992 "Morning star, evening star: Zuni traditional stories." In: R.A. Williamson and C.R. Farrer (eds.) *Earth and Sky: Visions of the Cosmos in Native American Folklore*, pp.75-100. Albuquerque: University of New Mexico Press.

Young, M.J. 2005 "Astronomy in Pueblo and Navajo world views." In Von del Chamberlain, J.B. Carlson and M.J. Young (eds.) *Songs from the Sky: Indigenous Astronomical and Cosmological Traditions of the World*, pp.49-64. Bognor Regis Ocarina Books.

Young, B.W. and M.L. Fowler (eds.) 2000 *Cahokia: the Great Native American Metropolis*. Urbana: University of Illinois Press.

Zelik, M. 1985 "The ethnoastronomy of the historic Pueblos, I: calendrical sun watching." *Archaeoastronmy* 8: S1-S24.

Zelik, M. 1986 "The ethnoastronomy of the historic Pueblos, II: moon watching." *Archaeoastronomy* 10: S1-S22.

Ziółkowski, Mariusz 2015 "Inca Calendar." In: *Handbook*, Vol.2: 839-850.

おわりに

　私は子どもの頃、宇宙に大きな興味を持ち、望遠鏡で月を眺めたりしていた。しかし天文少年というよりは、探検ないしSF少年であった。小栗虫太郎の「人外魔境」シリーズのような探検物が好きで、近所の薬師堂（陸奥国分寺）の心字池に自作の帆掛カヌーを浮かべ南海探検を想像したり、寺の境内で固形燃料式ロケット・キットの打ち上げを試みたりしていた少年時代であった。

　小中学生の頃には、学校の図書館にあった少年少女向けのSF小説を片っ端から読んだ記憶がある。余談になるが、本書の刊行と相前後して、その時代を対象にした（本音は懐かしむ）論考、「宇宙考古学の射程」を『貝塚』72号（2017）に発表した。

　しかし、私と「天文の考古学」、あるいは「天文の人類学」との出会いは遅く、オセアニア研究においてであった。1990年代初頭、ソロモン諸島の村で暮らしたとき、毎夜、海に映る天の川の感動を味わっていたが（『海の文化史』未來社）、その頃は別のテーマに夢中で、天文を学問の対象にしようとは考えていなかった。

　その後になるが、私の今に至る天文に関する直接のルーツは2つある。1つ目のルーツは神話研究である。私はこれまでに、オセアニアや東南アジアを中心とした神話の本を何冊か書いてきた。『ハワイ・南太平洋の神話』（中公新書）、『「物言う魚」たち』（小学館）、『南島の神話』（中公文庫）などがそれである。そのなかで宇宙創世神話、とくに太陽や月、そして星の神話に触れた。しかし、それらを文学ないし物語レベルではなく、象徴的な知識あるいはコスモロジーの基本としてとらえたいと思っていた。また、2009年の国際世界天文年の年、三鷹の国立天文台で開催された「アジアの星」プロジェクトに参加

できたことも大きい。ここでは、アジアの豊かな天文神話に触れ、また天文学者の方々とのコネクションを築くことができた。

　2つ目のルーツは、オセアニアの航海カヌーをめぐるウェイファインディング（way finding）とその根幹にあるスターナビゲーションへの興味であった。これはまた別の著作『海を渡ったモンゴロイド』や『海から見た日本人』（講談社選書メチエ）の主要テーマである。私は、オセアニアや古代日本の人々が天体をどのように航海の指標にしていたかを解明してみたいと思っていた。さらに、天体は季節の指標でもあるので、より抽象的には天文を通して「時空間認識」の枠組みに迫ってみたいと思うようになった。この分野に対しては、沖縄の海洋博公園にある海洋文化館のリニューアルの総監修を務め、カヌー文化の展示を行ったこと、また付設するプラネタリウムにおいて天文学者と共同監修でスターナビゲーションのプラネタリウム番組制作に携わったことも大きな刺激となった。

　実践的な民俗知識と、神話などに示される象徴的な知識やコスモロジーは、それぞれ別分野の研究者が扱う傾向がある。それに対し、私は両方を研究していたということもあり、本来統合すべきものだという思いを強く持っていた。人々にとってカヌーを正しく進めるための星や風の知識と、それらを支配する神々への祈りはシームレスなものであるからだ。両者を分けているのは研究者の視野の狭さである。

　このような問題を克服するため、私は勤務する大学で、その実践あるいはアウトリーチとして、ゼミの学生たちと「星空人類学」を実践している。移動式のプラネタリウムを借用して、その中でイヌイットやポリネシア、あるいはインカの星を提示し、緯度によって星の見え方や運行がどれほど違うか、市民に伝えている。同時にマヤのピラミッドやストーンヘンジの模型、さらにミクロネシアのスターチャートなどを展示し、解説はすべてゼミ生が担当している。

　そしていつか、天文に関する神話や儀礼と実践的知識を統合するような（私はそれをネオ・サイエンスと呼ぶ）、自分にしか書けない、といったら僭越に過ぎるが、文化天文学ないし天文人類学の本を書きたいと思っていた。

それが本書でどれほど成功しているかは読者の判断に任せたい。

2017年3月4日、早稲田大学で行われた「アジアの天空」のシンポジウムを聴講するために上京し、この道の先駆者である近藤二郎先生（早稲田大学）や大学時代の同期・谷豊信先生（東京国立博物館）などのご高説を拝聴した。時期的な問題で、このシンポジウムで学んだことを本書に含めることができなかったのは残念である。

しかし本書を書きはじめてから、とても読みやすい入門書がいくつか出版されている。興味を持った読者は進んで読んでいただきたい。また翻訳が待たれる所である。

Guilio Magli 著『*Archaeoastronomy: Introduction to the Science of Stars and Stones*』Springer。またアマゾンの kindle 版だが、Juan Belomonte ほか著『*Ancient Astronomy: India, Egypt, China, Maya, Inca, Aztec, Greece, Rome, Genesis, Hebrews, Christians, the Neolithic and Paleolithic*（English Edition）』などである。

「はじめに」でも触れたが、さして天文学に造詣が深いわけでもない私が、本書のような書物を非力も顧みずに書く決意をしたのは、ここ数年、国際学会に出席して抱いた危機感からであった。

2015年に刊行された『考古天文学・民族天文学ハンドブック』全3巻の中では学史や方法論に加え、世界各地の動向について論じられている。その第3巻の「中国と極東」のセクションには、中国関係が14本、朝鮮半島が4本に対して、日本はわずか1本の論考しか掲載されていない。

日本に関する唯一の論考は、これまで七夕民俗などを中心に日本の星民俗を海外に紹介してきたS.レンショウ（Renshaw）氏の論考である。これも含め氏の発表されている一連の論考は優れたレビューであるが、考古学は守備範囲には含まれていないように見受けられた。『ハンドブック』に掲載された中国や朝鮮半島の論考にはいわゆる「古天文学」を対象としたものが多く含まれ、単純に数の比較はできないが、インドやタイ国も含め、天文の考古学では日本

がアジアの国々からも著しく立ち遅れているのは明白である。

　そして具体的に、本書を書くに至った経緯は次の通りである。私は2011年にペルーのリマ、2014年に南アフリカのケープタウンで国際考古天文学会・文化天文学会（通称、オックスフォード会議）に参加してきた（2017年はスペインの予定）。また2015年、ハワイのホノルルで国際天文学ユニット（Internatinal Astronomical Unit）が開催された際に、文化天文学分科会にも参加した。そのあとハワイ島のヒロに移動して、本書でもたびたび引用したイギリスのC.ラグルス（Ruggles）あるいはスペインのJ.ベルモンテ（Belmonte）教授らと、合宿型式の研究会を行う過程で、本書を書く構想も固まってきた。

　ハワイから帰国後の2015年秋、山形大学ナスカ研究センターの坂井正人教授に招聘されて、山形大学で特別集中講義を行う機会があった。そのときの講義ノートを同成社社長の佐藤涼子さんに見せたところ、出版のお話を頂いた。きっかけを作っていただいた坂井正人教授、同成社社長の佐藤涼子さん、そして意味不明な文章を丁寧な編集作業で読むに耐える文章にしていただいた編集部の三浦彩子さんに感謝申し上げたい。

　なお本書は私が近年いただいている、次の日本学術振興会科学研究助成金の成果を含むものである。

　基盤研究（C）（一般）「ネオ・サイエンスとしての天文人類学：人類学者が作るプラネタリウム・コンテンツ」平成26年～28年（代表　後藤明）。

　基盤研究（B）（海外学術調査）「ミクロネシアにおけるスカイスケープ考古学の実践」平成28年～31年（代表　後藤明）。

　また、日頃からお世話になっている次の方々にお礼申し上げたい。

　まず多くの研究会の仲間である吉田二美（千葉工業大学惑星探査研究センター）、高田裕行（国立天文台天文情報センター）、大西秀之（同志社女子大学）、角南聡一郎（元興寺文化財研究所）、石村智（東京文化財研究所）の諸氏。

　さらにテオティワカン遺跡を自らご案内くださった杉山三郎（アリゾナ州立大学教授・愛知県立大学教授）、貴重な写真をご提供くださった荒川史康

(ニュー・メキシコ州立大学准教授・付属博物館館長)、佐々木憲一（明治大学教授)、西江清高（南山大学教授)、渡部森哉（南山大学教授)、佐藤吉文（南山大学人類学研究所非常勤研究員・神戸市外国語大学非常勤講師）の諸先生方にも心から御礼申し上げたい。

　最後に、本書が研究者の関心を少しでも高めることに寄与できたら幸いである。

　　2017年3月

後藤　明

ものが語る歴史シリーズ㉟

天文の考古学

■著者略歴■

後藤　明（ごとう・あきら）
1954年、宮城県生まれ。
東京大学文学部卒業、同大学院修了、専攻考古学。ハワイ大学人類学部博士課程修了、Ph.D（人類学）。
現在、南山大学人文学部教授、南山大学人類学研究所所長。
主な関心領域は、海洋人類学、天文人類学、物質文化研究。
〔主要著書〕
『海の文化史』（未來社、1996年）、『ハワイ・南太平洋の神話』（中公新書、1997年）、『「物言う魚」たち』（小学館、1999年）、『民族考古学』（勉誠出版、2001年）、『南島の神話』（中公文庫、2002年）、『海を渡ったモンゴロイド』（講談社選書メチエ、2003年）、『カメハメハ大王』（勉誠出版、2008年）、『海から見た日本人』（講談社選書メチエ、2010年）。

2017年5月25日発行

著　者　後　藤　　　明
発行者　山　脇　由紀子
印　刷　亜細亜印刷㈱
製　本　協栄製本㈱

発行所　東京都千代田区飯田橋 4-4-8　　㈱同成社
　　　　（〒102-0072）　東京中央ビル
　　　　TEL　03-3239-1467　振替　00140-0-20618

©Goto Akira 2017. Printed in Japan
ISBN978-4-88621-760-8 C3320